新浙商

子航◎著
XIN ZHESHANG

世界级商帮的商业智慧

时事出版社
北京

图书在版编目（CIP）数据

新浙商 / 子航著 .—北京：时事出版社，2017.11
 ISBN 978-7-5195-0140-2

Ⅰ.①新… Ⅱ.①子… Ⅲ.①企业管理 – 研究 – 浙江
Ⅳ.① F279.275.5

中国版本图书馆 CIP 数据核字（2017）第 230443 号

出 版 发 行：	时事出版社
地　　　　址：	北京市海淀区万寿寺甲 2 号
邮　　　　编：	100081
发 行 热 线：	（010）88547590　88547591
读者服务部：	（010）88547595
传　　　真：	（010）88547592
电 子 邮 箱：	shishichubanshe@sina.com
网　　　　址：	www.shishishe.com
印　　　　刷：	三河市华润印刷有限公司

开本：670×960　1/16　印张：20　字数：278 千字
2017 年 11 月第 1 版　2017 年 11 月第 1 次印刷
定价：40.00 元
（如有印装质量问题，请与本社发行部联系调换）

前言

古语有云，"天下熙熙，皆为利来；天下攘攘，皆为利往"，这句话可谓是普天之下商人的真实写照。然而，纵观历史，能把生意做得风生水起、遍及天下的人却寥寥无几。浙商，本书的主角正是其中最受人瞩目的群体之一。在当今中国的经济舞台上，浙商俨然崛起为第一商帮。

从古至今，中国历史上先后涌现出许多商帮，明清时期徽商、晋商、潮商三大商帮堪称翘楚，鲁商、粤商、蒙商则崛起于近代，中国经济史与这些商帮翘楚息息相关。然而，在激烈的市场竞争中，如今浙商成为成功的群体。在国内乃至世界舞台上，浙商一次次地谱写着"无浙不成市"的高歌。

作为"东方犹太人"，浙商紧跟时代潮流，从日化、百货、鞋业等轻工业到大规模的制造业，从高科技的电子软件业到金融业，从五花八门的教育机构到纵横四海的跨国贸易均有所涉及。如今是浙商全面出击的时代，他们就像一支训练有素的队伍，正浩浩荡荡地向全国乃至全世界进军。

不少经济学家指出，如今浙商已成为时代的"弄潮儿"，引领着整个中国民营经济的潮流。2015年公布的中国实力最雄厚的50家民营企业中，有24家为浙江企业，可以说中国民企的半壁江山乃是浙江企业。2012年，香港著名经济学家张五常教授曾赴温州实地考察，事后感慨道：如今浙商不仅在中国有名，在全球也很有名，现在全世界的目光都聚焦在浙江。

以下这些数据足以真实地反映浙商的实力和勃勃生机：2008年公布的《胡润慈善榜》中，共有包括李书福、鲁冠球、林圣雄在内的18位浙江企业家上榜；2012年，在中国500强民营企业中，有212家浙江民营企业上榜，占总数的42.4%，这已是浙江企业连续13年在全国占居首位；在2016年《福布斯》第10次颁布的中国富豪榜上，共有23位浙江籍企业家榜上有名，成为这份榜单上一道独特的风景线。

浙商不仅把生意做到了国内，在世界的各个角落都有操着浙江口音的商人。据不完全统计，仅在国内西部地区，就有300多万浙商将"义乌街""浙江村""温州路"办得红红火火，还有450多万浙江商人活跃在世界各地。就这一方面而言，浙商是当之无愧的"东方犹太人"。

较之历史上鼎鼎有名的"龙游帮""宁波帮"，"新浙商"有着更为丰富的内涵。新浙商既需要白手起家的草根精神，又需要对历史文化的传承意识，还要紧跟时代潮流与时俱进，以过人的胆识和惊人的创造力走在时代潮流的最前端。就新浙商群体而言，第一代浙商有着敏锐的市场嗅觉，牢牢把握市场先机，实现资本原始积累；第二代浙商有的从上一代接过帅印，继续书写商业传奇，有的自主创业，在资本市场开疆拓土；而第三代年轻浙商则有良好的教育背景，深受互联网熏陶，已经在新时代初露锋芒。第三代浙商有着与前辈如出一辙的勇气、魄力和胆识，同时较之前辈，他们又有着更开阔的视野和更深厚的知识储备。

作为中国首屈一指的优秀商人群体，浙商一次次地向世人展示了在危机面前力挽狂澜的勇气和魅力。浙商的成功值得研究，我们不仅要研究"个体"浙商的成功案例，更要研究他们作为"群体"的成功要素，这对于个人、企业和区域经济的发展都有着重要的启迪作用和借鉴意义。

第一章 从边缘到主流：浙商的历史演进

1. 风云浙商，孕于越土 // 003

2. 文哲底蕴，儒商伊始 // 007

3. 现实启迪：千年传承的商帮文化 // 010

4. 宁波商帮之崛起，当代之借鉴 // 013

5. 龙游乍起，商界翘楚 // 017

6. 改革开放，春风又绿江南岸 // 021

7. 科技新浙商，正在崛起的力量 // 024

第二章 在义与利之间觉醒：浙商的人文内涵

1. 浙商精神，浙江精神之鲜明内涵 // 031

2. 商业伦理，浙商的义利观 // 035

3. 义利兼顾：游走于正义与功利之间 // 038

4. 价值取向，新浙商成功的驱动力 // 042

5. 草根浙商，家族企业的天然优势 // 045

6. 血缘纽带，家族企业的显著优势 // 049

7. 当代"炒"家：野蛮生长，毫厘必争 // 052

8. 群体认同，浙商的另类归属感 // 055

9. 低调务实，浙商的商业性格 // 059

第三章　拓荒的英雄、创新的先锋：浙商的转型与创新

1. 浙江家族企业：家族进化，为财富护航 // 065

2. 新浙商，在创新中求变 // 069

3. 后危机时代的华丽转身 // 073

4. 黄金宝：一直走在创业的路上 // 077

5. 林东：在模仿中创新，在创新中前进，
　　用创意成就明天 // 079

6. 郑晓峰：做大家爱喝的"休闲啤酒"，
　　去有钱人的地方赚有钱人的钱 // 083

7. 廖春荣：让 Hello Kitty 定居中国，
　　让创意的种子把根扎牢 // 086

8. 蒋伟华：巧用互联网技术，用创意颠覆传统 // 089

9. 孙德良：互联网时代的产业拓荒者，
　　永不停歇地学习和创新 // 092

10. 徐冠巨：智能公路物流的引路人 // 095

第四章　醉翁之意不在酒：浙商的市场嗅觉

1. 浙商，嗅出商机的商场玩家 // 101

2. 了解市场，谨慎小心"吃螃蟹" // 105

3. 抓住先机，打造自身优势 // 109

4. 紧跟政策，嗅出商机 // 112

5. 把握市场风向，识别替代品 // 115

6. 宗庆后：以敬畏之心与市场相处 // 118

7. 任正非：拥有像狼一样敏锐的嗅觉 // 121

8. 马云：市场就是看不见的江湖 // 124

9. 钟睒睒："农夫"的市场抢占赛 // 128

第五章　眼光决定未来：浙商的战略眼光

1. 目光敏锐，紧抓"互联网+"机遇 // 135

2. "立体化扩张"，从"浙江经济"到
   "浙江人经济" // 138

3. 张亚波：改革应是企业的警醒与自觉 // 141

4. 戴天荣：把握时机，弯道超车，逆袭扩张 // 145

5. 钱金波：低调者攀登的高度始终以客户为中心 // 148

6. 周晓光：生有涯，学亦有涯 // 151

7. 姚新义：要做就做到业内顶尖水平，
   向高端制造起航 // 154

第六章　游走于规则与不规则之间：浙商的管理运营

1. 冲破樊笼，摆脱家族制 // 159

2. 儒商思想，成就浙商企业 // 162

3. 任正非：潜力比经验更重要 // 165

4. 宗庆后：高度集权的扁平管理追求简单和稳定 // 168

5. 吴志泽：从家族模式走向联合经营 // 172

6. 马云：管理企业，先管理人心 // 175

7. 马云：要唐僧团队，不要刘备团队 // 178

第七章　产品与文化的前世今生：浙商的品牌营销

1. 用品牌敲开市场大门 // 185

2. 品牌魅力，"再活五百年攻略" // 188

3. 以生动的语言讲述品牌故事 // 192

4. 丁磊：品牌营销的根本是态度营销 // 195

5. 宗庆后：把握好时机，让品牌绽放 // 198

6. 柳传志：融合东西方文化，走国际化道路，
让联想做世界的品牌 // 202

7. 屠红燕：从品牌起航，以文化立足 // 205

第八章　竞争是游戏，更是艺术：浙商的竞争谋略

1. 同学经济，为浙商插上翅膀 // 211

2. 从"团"到"群"：产业的集群式拓展 // 214

3. 郑莱莉：天道酬勤，做成功的创二代，
永远给自己充电 // 217

4. 丁磊：不急于一时，后来者居上 // 220

5. 张亚波：从"成本领先"走向"技术领先" // 223

6. 马云：颠覆，即拥有一支超高效执行力的队伍 // 226

第九章　黄金时代，以资本角逐市场：浙商的资本布局

1. 浙商时代：大步迈开，全球布局 // 233

2. 颠覆传统，全球资本布局 // 236

3. 李如成：从服装大王到资本大鳄，不断磨砺，
   提高抗风险能力 // 239

4. 郭广昌：用中国动力嫁接世界资源 // 242

5. 马云：战略至上，我的融资之道 // 245

6. 宗庆后：输入优质的资本血液 // 248

7. 李书福：中西合璧，让管理层有充分的自由，
   引领沃尔沃走向复兴 // 251

第十章 站在世界的舞台上：浙商的全球化

1. 用世界级思想成就世界级企业，从低调做起，
   才能成就高调 // 257

2. 紧跟浪潮，集体突袭海外品牌 // 260

3. 陈建成：一路驰骋，决不放弃崭露头角，
   成就"东方西门子" // 264

4. 徐文荣：让"好莱坞"崛起于东方，
   用最先进的技术和最低廉的成本 // 267

5. 鲁冠球：用海外资本去收购海外企业，
   把中国汽车开向世界 // 271

6. 陈爱莲：迈开大步，登上世界舞台 // 274

7. 庄启传：让宝洁棋逢对手，永不满足，超越自我 // 277

第十一章 犹太式中国人的经商法则：温商的风起云涌

1. 温商崛起：别具一格的地缘文化 // 283

2. 拿来主义：模仿是创新的基础 // 286

3. 抱团打拼：温商的资本纽带 // 290

4. 温州模式：不断追求突破 // 293
5. 不一样的树林：温州模式 PK 青岛模式 // 295
6. 邱光和：借力共赢，凝聚一切力量 // 299
7. 南存辉：将"正泰大道"写入德国历史 // 302
8. 郑秀康：勇闯世界的"中国狼" // 305

第一章

从边缘到主流：浙商的历史演进

1. 风云浙商，孕于越土

浙商，顾名思义，就是出生于浙江的商人。浙江是一片自由而灵动的热土，在那里孕育并培养出了许多优秀的商海骄子。而这一切若要追根溯源，则可以回溯到2000多年前的越地文明。

古时候，浙江被称为瓯越，也就是孔子所说的"蛮夷之地"，需要利用中原的礼乐文化进行教化。然而，浙江受山河湖海阻隔，偏安一隅，远离封建大一统思想的核心辐射地带，因此这里的文化别具一格。

古时候，浙江的先民们就注重以文化为手段来推动国计民生的发展，靠着天然的地理环境、交通位置和丰饶的物产，他们长期从事商业活动。西周末年至春秋初期，中国社会正从奴隶制向封建制过渡，工商业有了萌芽之势，并逐渐繁荣起来。在百花齐开的乱世里，浙人能臣经商治世者甚众。

若要回顾那段风雨飘摇的岁月，有两个名字是我们无论如何也避不开的，那就是勾践和范蠡。二人为越国揭开了新的序幕，并且身体力行，对越国的区域文化产生了巨大影响，这种影响一直持续到今日。

古时候的越国就是今天的浙江，当年越王勾践被吴国人打败，沦为俘虏，在吴国苟且度日，最终在范蠡等几位能人志士的相助下，他才返回了越国。勾践回到越国后，表面上低调内敛，对吴王俯首称臣、毕恭毕敬，暗地里却一心想要报仇雪恨。他和老百姓一起下到田地里参与耕种，勾践的夫人也与越国的其他妇女一同织布纺纱，推动越国的农业生产。当年，越国遭遇了亡国之灾，人口锐减，于是勾践制定了有针对性的政策，鼓励人们生育。勾践授予范蠡权力，让他训练兵马；也授予文种权力，让他精心管理国家各项事务。勾践还深入民间，听取老百姓的意见，并对处于贫困之中的百姓施以援手。勾践卧薪尝胆，花了十来年时间来推动本国人力与物资的发展，又花了十来年时间深入研究各项国家政务。他任人唯贤，对有识之士予以重任，最终打败了吴国，一雪前耻。

对于一代又一代浙江人而言，勾践卧薪尝胆的故事就是他们自己人生观、价值观的原型。对于整个浙商群体而言，他们每个人身上都流淌着先祖勾践的文化血统。浙商以"赵王勾践"为文化原型，这也是浙商作为中华民族最强大商人群体与其他地区商人的区别之所在。

其实，正是内心熊熊燃烧着的复仇火焰支撑着勾践，让他一步步走到了最后。对于大部分浙商而言，贫寒是他们出生时就被打上的烙印，他们迫切地渴望能摆脱贫困，进入社会的富裕阶层，这种心情与当年勾践熊熊燃烧的复仇之火是何其相似。

在浙江省诸暨市杭金衢高速公路上有一块广告牌，上面的广告语很是引人注目，那就是"越王卧薪尝胆地，诸暨工业创业园"。诸暨人把这块广告牌立在如此醒目的地方，就是为了表达其迫切的创业心理，而这也反映了所有浙江人的心声。浙商群体多是草根阶层出身，他们经商创业的目的也很单纯，那就是脱贫致富。在他们看来，贫困乃是人生最大的耻辱，亦是最危险的劲敌。于是，浙江人挣脱了各种外界条件的束缚，走出了家门，只要能挣钱，干什么脏活、累活都毫无怨言。在20世纪80年代，全浙江省共有200多万人远离家人，前往外省打工。这些讨生活的人们游走于社会的边缘，推动了历史的进程，大步向前地为历史书写着新的篇章。当年那些讨生活的人群中最优秀的部分脱颖而出，成为今天的浙商。在最开始创业的时候，他们以现实、低调、直接的方式追求着经济利益，并成就了今天的经济奇迹——浙商。

陶朱遗风的经商秘诀

范蠡是春秋战国年间才华横溢的政治家、军事家，同时还熟谙经济。范蠡是勾践手下最有威望的大臣，长期活跃在吴越精彩纷呈的政治舞台上。在范蠡的苦心辅佐下，勾践最终战胜了吴国，成功复国。而范蠡对名利毫不留恋，头也没回地退出了政治的舞台，改名为陶朱，开始在商业领域发挥他的才华。作为商人的陶朱同样也很成功，甚至被后人誉为商圣。

作为中国历朝历代商人的鼻祖，范蠡在绍兴留下了很多遗址。范蠡设立了经商要遵循的几大原则，如四通贸易、薄利多销、供求之盈缺决定价格之贵贱等，日后崛起的浙商将这些原则视为经商的不二法则。除此之外，范蠡对于后世浙商的人生观、价值观也产生了巨大的影响。当年，他毅然决然地放弃高位，投身商海，并最终成为富甲一方的巨贾，这让作为后来者的浙商明白了，官场并不是实现人生价值的唯一舞台，在商海里乘浪搏击也可能斩获荣光。正是在这种敢闯、敢拼的价值观的激励下，浙江人纷纷走出家门，投身于工商业中，并最终彻底摆脱了贫困。对浙江人而言，选择经商是他们融入血脉里的一种自发自觉。

"居商则致千金，居官则致卿相"，范蠡的一生生动地演绎了不同维度的成功，而作为后来者的浙江人也纷纷效仿他的经商法门。总结起来，范蠡在商业上获得巨大成功的原因可以归结为以下几个方面：

第一，洞悉先机。春秋末年，商业开始萌芽，自由经营的商人开始活跃在市场上。当时的市场形势复杂多变，要想谋取利润，就必须把握市场的信息脉搏。范蠡的一大优势就是善于了解并预测市场行情的走向，从而把握先机。在经商的过程中，他既能根据时令调整经营策略，又能适时把握未来市场的走势，从而以最具优势的产品迅速占领市场，将主动权一直紧紧抓在手里。

第二，把握商品价格的规律。在范蠡看来，任何商品价格的贵贱都不是恒定的，而是根据一定的规律起起伏伏的。正如他所说的"八谷亦一贱一贵，极而复反"，这本质上是一种朴素的辩证法，阐述的却是过犹不及、物极必反的道理。也就是说，市场规律不是固定不变的，而是可以扭转的。在此基础上，范蠡提出了"贱买贵卖"的经营理论，并从中获得了巨额利润。

第三，薄利多销。在范蠡看来，"薄利"的最终目的就是"多销"，这样一来，就可以使经济周转的周期缩短，让手头有更多流动资金。

第四，把信誉放在第一位。在做生意时，范蠡尤其强调"择人"的重要性，"择人"中最重要的一方面就是挑选进货商。范蠡指出，应该优先选择那些质量有保障的产地和进货商，从他们那里获取优质产品。唯有以产品的质量取胜，才能取信于民，稳定而持久地经营下去。

第五，仗义疏财，义薄云天。范蠡辞去官职后度过了20来年的经商生活，曾先后三次在大饥荒时仗义疏财，一掷千金。而他的重义轻利、诚信经营也为自己赢得了好口碑，他深受当地百姓信赖。

正是在"勾践原型"积极的心理暗示和范蠡极具操作性的经商法则的影响下，后世浙江人纷纷踏出家门，投身商场，在商海的狂风巨浪里历经千锤百炼，最终成为中华民族最不容小觑的一股商界力量——浙商。

2.

文哲底蕴，儒商伊始

古往今来，浙商素来被人们称为"儒商"。所谓"儒"，不仅是说浙江商人在生意场上和和气气、与人为善，还指浙江商人所崇尚的"儒商文化"。自古以来，浙江人在做生意时就遵循着"以民为本"的经商准则，也就是说，老百姓需要什么东西，他们就卖什么东西。仔细观察历朝历代的浙商，我们就会发现，他们很少"跟风"，一般都是踏踏实实地在自己最熟悉的领域里经商。

浙东学派，风潮乍起

儒商文化对浙江的商人影响深远，若要追根溯源，则要一直上溯到宋朝永嘉年间盛行的事功学派，也就是后人所说的"浙东学派"。提及宋朝年间的主流文化，"程朱理学"自然就会浮现在人们心头。程朱理学是宋明年间盛行的理学中最主要的一个派别，对后世产生的影响也是最大的。这一派别最具影响力的代表人物是朱熹，因此程朱理学又被人们称为朱子学。

程朱理学以维护封建统治为终极目标，主张"存天理，灭人欲"，备受当时的统治阶级推崇。然而，在浙江地区，一支反对程朱理学的学派却悄然兴起，并对当时乃至日后浙江地区的商业发展起到了推波助澜的作用。这一学派被后世称为浙东学派，以"经世致用"的"功利之学"为主要目标。对于当时的主流文化而言，浙东学派无异于一支另类的"摇滚乐",让当时的人们觉得匪夷所思。

那么,浙江地区为何会有这样一支反传统、反常规的学派兴起呢?原来,宋朝廷被迫将都城迁往临安,也就是今天的杭州,于是浙江一夕之间从偏安一隅的位置跃居为整个国家的政治、文化中心。那个时候,浙江东部的沿海地区的经济发展已经在全国位居前列,并很好地推动了文化、教育的发展。正是基于当时的特殊环境,在浙江东部兴盛的商品经济氛围的感染之下,永嘉学派和永康学派将曾经重农抑商的思想抛在一旁,开始追求能产生真正利益的"功利"。

浙东学派的思想言论并非一家之言,而是博采众家之长。当时的一批杰出学者纷纷站出来自立学派,包括永康学派、永嘉学派、金华学派、四明学派等。这些学派在遵循这个共同的理念同时,又在学术思想上各有所长:他们希望南宋能一统河山,领土能恢复完整;他们呼吁对社会存在的种种阴暗面进行整治,从现实的功利性出发,不再追求那些不切实际的虚妄。最具代表性的就是以陈亮为首的永康学派。

陈亮与永康学派的商业理念

古往今来,各朝各代英明的统治者无不将"国强民富"视为治理国家的终极目标,因此许多思想家、政治家、军事家也留下了很多寻求强国、富民之路的学术主张。到了南宋年间,"下富则上富,下贫则上贫"的论调早已经为人们所熟知。这时,永康学派的重要代表陈亮却以前人的思想与理论为基础,力图使"富民强国"的思想具体化、体系化,并为其注入符合时代脉搏的新内容。

在传统的封建社会,经济活动最主流的思想就是"重农抑商",这也被历朝历代的统治者视为代代相传的最基本国策。但是,商品经济在宋朝年间得到飞速发展,人们的观点也在实际生活中逐渐扭转,商业不再同以往一样被视为最下等的行业。于是,陈亮等人顺应时代发展的潮流,提出在发展社会经济时应该把商业摆在与农业同等重要的位置,甚至商业在某种情况下比农业更重要,因为商业直接决定了社会经济繁荣的程度。商业繁荣一来可以让百姓过上更富有的生活，二来可以集聚国家财富。为了推动商业发展，陈亮提出了很多颇有见地的主张：

第一，正视商人在社会中所扮演的角色。在陈亮看来，商人在社会中扮演着重要的角色，是推动商业不断发展的根本动力，并呼吁统治者放弃过去"重农抑商"的传统观念，接受"经商之人亦是才"的观念。他认为，比起那些迂腐、落后的世族、贵人，商人为社会和国家做出了更大贡献。对于那些才华横溢、品性端正的商人，陈亮也是推崇之至。

第二，实行相应的政策推动商业发展。一个国家的商业繁荣与否，很大程度上取决于政府所采取的政策合理与否，比如税收等。陈亮强烈反对向工商业征收重税，认为繁重的赋税会直接导致大量工商业从业者走向破产，最终商业会步入萧条，社会经济一片荒芜。同时，他也指出，政府可以适度、合理地向工商业者征收赋税，纳入国库，为国家所用，但前提是必须保障商业能够正常健康地发展下去。

陈亮还提出，必须明确经商的合法性，使商人的切身利益得到保护，政府可以推行一些切实可行的政策来保护商业和商人。在他看来，经商是这个社会上必不可少的一种正当合法的谋生手段，不同于任何非法勾当，政府理当予以保护。王安石变法中有意无意地流露出不少轻商、抑商的思想，陈亮对此进行了批驳。他指出，王安石"困商贾"的轻商行为非但不能缓解社会上的贫富差距，反而会让许多工商业从业者破产，加重政府的负担，让国家在"富民强国"的道路上举步维艰。

陈亮的相关学说如同一记重拳，在当时整个都城乃至南宋社会引起了滔天巨浪。对于商人而言，这实在是一个好消息。而统治者也采纳了其中的部分观点，免除了商人承受的某些不公平的待遇，在一定程度上予以商人和商业适度的保护。由此，社会经济步入良性循环，越来越多的人看到了商业的光明前景并投身其中。在浙东地区，人们在浙东学派思想主张的影响下，都以从商为己任。

3.
现实启迪：千年传承的商帮文化

古语说得好，"亲不亲，故乡人"，在中国人的传统思想中都保留着一方净土，那里安放着对乡土浓浓的眷恋。

在中国漫长的封建历史中，"重农抑商"和"重仕轻商"的思想可谓根深蒂固，这限制了中国商品经济的萌生与壮大。秦汉年间和唐宋年间，中国的商业活动均有过短暂的兴盛期，但却是昙花一现。当时，从主流文化的角度而言，无论商人还是他们从事的商业活动都是不受重视，甚至被轻视的。追溯古代历史，我们发现，每一个统治政权建立之初，封建政府为了恢复经济、稳定统治，往往会在短时间内推行一些措施，促进商业的发展。但是，一旦经济局势开始好转，传统文化"轻商""抑商"的那一面又显露出来。

明朝初年，经历了长期战争后，地主阶级取得并巩固了新生政权。但是，那时的大明王朝百业待兴、民不聊生，对于统治者而言最重要的事情莫过于恢复经济。于是，明朝初期的统治者也效仿前任，推行了一系列有利于工商业的政策。经过千百年来的历史教训，明朝年间的商人早就洞悉了其中的规律，知道发展商业并不是统治者的最终目的。于是，各地商人以地缘和学员为基础，集合成极具地方特色的商业集团，一方面是为了促进商业活动的开展，另一方面也是为了保护自身的利益。

以此为背景，十大商帮在明清年间声名鹊起，包括晋商、徽商、鲁商、闽商、陕商、粤商、洞庭商、宁波商、龙游商和江右商。十大商帮之中，晋商和徽商的实力最强，他们驰骋商海数百年，直到民国年间才被宁波帮赶超。

十大商帮是在特定的历史条件和历史机遇下应运而生的，是时代造就的，与此同时，每个商帮都有其独特的地域特点，在当地的自然环境、交通条件、区域文化的共同影响下沉沉浮浮。也就是说，十大商帮的兴衰起伏是在天时、地利、人和的共同作用下造就的。

天时与商帮的命运起伏

所谓"天时"，也就是一切客观存在的时机，诸如政府政策、外部环境、全局的稳定性等。早在夏朝年间，中国最早期的商人就出现了；到了西周年间，老百姓被分为"士、农、工、商"四类；到了春秋战国年间，中国的商业经济迎来了第一个巅峰时期，但是这个过程转瞬即逝；而从秦汉到宋元这段漫长的岁月里，封建政府频频推出政策打压商业活动，"重农抑商"的封建传统思想代代相传。

直到明朝年间，随着交通便利度的提升，商品的种类和数量都增加了，商品的流通范围也更广了，商人与商业活动的地位才有所提升。随着人们对于商业的看法不断转变，越来越多的人加入到经商的队伍中，至此一场意义重大的商业革命展开了。十大商帮正是在这种历史背景下形成并崛起的，这同时也意味着中国封建社会的商品经济步入了一个全新的发展时期。

就十大商帮的总体发展趋势而言，它们中的大部分在宋元年间萌生，在明朝中叶至清朝初年步入繁荣的黄金时期，最终在清朝末年至民国年间走向陨落。为什么宋元年间和明清年间会成为十大商帮发展的黄金时期呢？这是因为在这几百年间，中国处于统一阶段，政府推行的政策相对开明，希望通过发展社会经济来维持稳定的统治。到了清朝末年，统治中国数千年的封建政权开始走向最终的消亡，政府财政空虚，频频向商人征收重税，加之内外战乱频发，十大商帮最终成为时代的牺牲品。

地利与各大商帮的地方特色

所谓"地利",指的是各个地区不同的气候、交通、自然资源、民俗等因素,是人文与地理的综合情况。十大商帮在类似的历史和文化背景下萌生与发展,但他们各自有着鲜明的地方特色,这些不同主要反映在商帮不同的经营区域、项目、风格和理念上。

宁波商、闽商、粤商临近大海,当时的生产力水平较低,而且难以抵抗临海的种种自然灾害,一味地从事农业生产很难维持生计。生活在这些地方的人们早已在生活中吃够了苦,贫困的生活让他们不得不利用眼前便利的航运条件,将生存的区域扩展到汪洋大海之上,展开各种海上的商贸活动。明清年间,宁波、广州、潮州、福州等都是东方有名的大港口,呈现出的是典型的海洋文明特色——积极外向、勇于进取。

在中国黄河、长江两大流域附近则分布着徽商、晋商、陕商、鲁商、洞庭商、龙游商、江西商等。为了抵御洪涝灾害,政府在黄河、长江流域修建水坝,但这仍然不能阻止频发的水患,加之当地土壤贫瘠,人们开始试着利用便利的水陆交通,沟通沿海地区和内地的各种货物和商品。

人和与商帮的发展壮大

所谓"人和",于内部而言,是追求稳定团结;于外部而言,是谋求开拓发展。在中国漫长的封建社会,这些地方性的商帮只有构建起一个个完善的人脉关系网,才能提升内部的凝聚力和外部的拓展力,谋求发展。即使是各大商帮之间也很少展开恶性竞争,更多的是互帮互助,谋求共同发展。商帮中的各种组织最能凸显商帮提倡的稳定和谐的"人和"思想。以宁波商为例,他们对基于地缘的同乡之情很重视,老乡之间互相帮衬,久而久之,在商帮内部形成了强烈的心理认同感,大家可以团结在一起共同抵抗外部因素的影响。

12世纪初期,闽商就积极修建各种妈祖庙,后来的商帮会馆就是在妈祖庙的基础上发展起来的。此外,粤商在会馆的领导下制定了各种商帮规范，商帮会员要承担一定的责任，并积极维护商帮的名誉。此外，很多商帮内部有大量宗族团体，它们是在血缘关系的基础上建立起来的，在统筹人力、物力、财力方面的优势更明显。

4.

宁波商帮之崛起，当代之借鉴

每当提及浙江商帮，人们就不由得联想到其中的翘楚——宁波帮。正所谓"只要有市面，都有宁波人"，在中国古代鼎鼎大名的十大商帮之中，宁波帮算得上是发展速度最快、头脑最活络的了，属于后来居上者。

很多宁波商人旅居在外，做生意时以同乡间的情谊作为联系纽带，抱着互利互惠的目的逐渐形成了具有地域性的商业社团。正所谓"无宁不成市"，20世纪宁波帮崛起于市，涌现了一大批天下有名的商贾巨富。叶澄衷就是其中的代表人物，他的"顺记五金洋杂货店"于1862年在上海开张，这是上海第一家属于中国人自己的五金店铺，之后日益壮大，在全国各地开张的分号有近40家，他也被当时的人们誉为"五金大王"。孙中山先生曾这样评价宁波帮："影响与能力之大，固可首屈一指者也。"由此可见，在整个中国近代史的进程中，宁波帮都扮演着至关重要的角色。

1949年前后，很多宁波商人从浙江、上海等地来到香港，宁波旅港同乡会于1967年在香港正式成立。在香港商业领域的方方面面，许多宁波商人开始崭露头角，并很快拔得头筹，展现了自己惊人的天赋与才华，其中包括影视业大亨邵逸夫、航运业大亨包玉刚、纺织业大亨陈廷华等。

宁波帮，有三宝

人们素来认为，宁波帮的崛起主要是依赖三宝，那就是宁波港、宁波装、宁波商帮。

首先说宁波港。宁波靠近东海，海运条件极具优势，古往今来的许多宁波商人都是从海上作业发家的。但是，到了明清年间，政府开始推行闭关锁国的政策，宁波商人的海上实业一落千丈。然而，1842年，清政府签订了一条丧权辱国的不平等条约，却出人意料地打开了宁波帮的商业大门，使他们的事业焕发了新的活力。

1842年，清政府在第一次鸦片战争中被英国打败，最终与英政府签订了丧权辱国的《中英南京条约》。条约规定，广州、厦门、福州、宁波、上海这五座城市开放为通商口岸，可以在那里开展自由贸易。当时，商人们都将目光投向了全国的经济贸易中心——上海，而上海与宁波之间往来便利，乘坐轮船一夜之间就可抵达，因此宁波帮逐渐将生意的重心转移到上海，与那些已经在上海扎下根基的宁波商人合作。没多久，宁波帮的生意就渗透到上海的各行各业。

接着说宁波装。当时，大批的宁波商人聚集在纸醉金迷的上海滩，很有宁波本土风格的宁波装也在上海扎下根来，就连制作宁波装的裁缝们也是用沙船从宁波带来的。你可不要小瞧了宁波的裁缝，他们并不是光顾着耍剪刀把式的寻常工匠，而是被业内誉为"红帮裁缝"的专业成衣匠人。

当时，江浙一带的人们将外国人都称为红毛人，宁波裁缝就是专门给"红毛人"做西装的，"红帮裁缝"也由此得名。据说，一个名为张尚义的宁波人是"红帮裁缝"的祖师爷。当年，这个来自宁波的小裁缝乘坐渡船时，在杭州湾里翻了船，他死死地抱着一块船板，在水里漂泊了好几天，最终被海浪冲到了日本横滨。张尚义身在异国他乡，不能用语言与当地人沟通，却凭借自己的裁缝手艺得以谋生，为那些在横滨停泊、休整的俄国船员们修补西装。张尚义手艺很好，很快就掌握了西装剪裁的要领。很多年后，他的儿子张有松回到上海，设立了福昌西服店，这也是中国第一家西服店。身在上海的宁波老乡纷纷向张有松学习西服剪裁的手艺，"红帮裁缝"的名气也渐渐打响。

作为一个群体，"红帮裁缝"是在上海滩发家的，此后他们的生意遍布大江南北。这些宁波裁缝虽出身贫寒，但却成为推动中国近代服装业革新的驱动力，中国服装史上许多的第一个都来自于他们的创意。据相关史料记载，在这些宁波裁缝的努力下，中国第一套西服、第一套中山装，乃至第一本有关西服的理论专著都相继诞生。在很长时间里，各地的西服制作业几乎都被宁波人垄断了。后来，上海南京路上出现了很多很出名的西服号，老板几乎都是宁波人。

最后说宁波商帮。在这帮勤劳聪慧、吃苦耐劳的宁波人的努力下，中国工商业的近代化得到了长足发展。在发迹与成长的过程中，勤劳的宁波商人创造了很多"中国第一"，比如近代意义上第一家中资银行、第一家中资机器厂、第一家中资轮船航运公司等。宁波商人一旦在行业里扎下根，就开始把探索的目光投向更广阔的新兴产业。比如，宁波商人黄楚九最开始是干中药行业的，后来他涉足西药业，并因发明了"艾罗补脑汁"而一举成名。接着，他又开始进军娱乐市场，于1912年在上海开设了"新新舞台"俱乐部，并掀起了轩然大波。他还于1924年进军电影产业，创办了中华电影公司，在各行各业都斩获了不俗的成绩。

宁波商帮崛起的原因

总的来说，宁波商帮能快速崛起，主要基于以下几方面的原因：

第一，很多宁波帮的重要人物先后出任上海商会领袖。1901年，上海商业会议公所得到清朝廷承认而正式成立，宁波慈溪人严信厚成为公所的第一任总理。1903年，该公所更名为上海商务总会，继续由严信厚出任会长。在1901年到1946年长达四十多年的时间里，宁波商帮中许多代表人物先后在上海商会里担任重要职务。其间，上海商会逐渐发展成为一个自治团体组织，协助政府管理各项商业事务，甚至有权裁决会员之间的纠纷，管理商界各行各业，并在上海的经济、政治领域均具有广泛的影响力。

第二，金融行业位居上海百业之首，而宁波商帮掌握了上海金融业的命脉。1917年，上海钱业公会正式成立，宁波人秦润卿长期担任会长、副会长、工会主席、总董事等重要职务。1918年，上海银行公会正式成立，第一任会长是宋汉章，他也是宁波人。19世纪50年代前后，9个钱业资本家族集团垄断了上海金融业，其中有6个属于宁波商帮。

第三，宁波商帮渗透进了上海工商领域的各个行业，相关企业迅速崛起。相关史料显示，截至1941年，宁波商帮在上海一共有2230家相关的工商企业，其中1704家是商业企业，遍布于近百个不同行业。而宁波商帮在制糖业、粮油业、五金业、机械业、钟表业、海运业等领域都拔得头筹。

第四，宁波商帮在上海的金融、贸易等行业都有很大影响力，为他们不断发展壮大推波助澜。

5.

龙游乍起，商界翘楚

除了上文讲到的宁波帮之外，还有一个鼎鼎大名的商帮，那就是龙游帮。从1522年至1620年将近一百年间，洞庭帮、徽帮、龙游帮是十大商帮中最活跃的几个，当时人们口耳相传着两句俗语，"遍地龙游商"和"钻天洞庭，遍地徽"。由此可见，这几个商帮的商人已经遍布中国的大江南北。

明朝中叶，徽商和晋商为了角逐商场的头把交椅，斗得你死我活，这时在浙江中西部地区杀出了一个龙游商帮，正所谓"初生牛犊不怕虎"，资历尚浅的龙游商帮在当时产生了很大影响力。虽然龙游商帮在名字上选用了"龙游"二字，但并不只是龙游县的商人，还包括龙游、常山、西安、开化、江山五个下属县，当然其中龙游商人所占的比例是最大的。龙游商人以高明的经商手段为人们所熟知，故而被称为"龙游商帮"。

当地得天独厚的交通条件和富饶丰盛的物资资源是龙游商帮迅速崛起并壮大的先决条件。龙游等几个县位于浙江省中西部地区，当时的人们称之为浙西。浙江省地势东南高，西北低，东南部地区山脉环绕，西北部地区平原徐缓。至于龙游县境内还有许多平缓的丘陵，举重若轻的龙游商帮就是在这样一个山区县城内萌生并崛起的。

龙游境内交通便利，早在古时候就是运送粮油、食盐的必经之地，粮油、食盐等生活必需品途经此地才能运输到内地。龙游地区盛产山货，特产丰富多样，包括竹子、木材、茶叶、烟草、染料、油等，每年的粮食产量也很大，可以运往内地。古时候，制造纸张的主要原料之一就是竹子。南宋年间，定都杭州，为了修缮宫殿大兴土木工程，急需大批木材，又设立了众多书坊用来刻印书籍古典，纸张也是供不应求。这样一来，龙游临近杭州，当地的竹子、木材、纸张就不断运往杭州，而龙游地区的林业和造纸行业也在环境的促使下得到大力发展。

明朝中叶，龙游地区交通便利，是南来北往的商业汇集地，加之当地人口众多，田地稀少，在这两个因素的共同作用下，龙游商帮应运而生。到了明朝中期，龙游商人已经成为当时商品经济中不容忽视的一股力量，积极地影响着经济发展。

纵观中国历史，龙游商帮的崛起有其奇特之处。龙游商帮与拥有强大背景的晋商、徽商不同，与拥有得天独厚航运条件的闽商也不同，它崛起于浙江西部山区，一来没有官府作为坚实的后盾，二来没有宗族势力提供支持，然而在各大商帮之间这场没有硝烟的战斗中，其却能悄然崛起，并在商业丛林里站稳了脚跟。那么，龙游商人凭借什么成为十大商帮中不容忽视的存在呢？而到了鸦片战争前后，曾经红极一时的龙游商帮却又为何如流星一般迅速陨落了呢？以最快的速度崛起，又以更快的速度消逝，是什么导致了龙游商帮沉沉浮浮、大起大落的命运呢？

龙游遍地，开拓进取

纵观中国商业历史，龙游商人的商业经营几乎涉及中国的每一寸土地。开拓进取是龙游的商人们最典型的精神符号。他们不畏险途、吃苦耐劳，只要能谋求利益，就远离家门，奔走于华夏四方。明朝万历年间，"遍地游龙"成为人们熟知的一句谚语，这足以说明龙游商帮已成为那个时代最杰出的地域巨商团体，与洞庭商帮和徽州商帮并列。大部分龙游商人从事的都是长途贩卖，在北京、两湖、江南等地都能看到他们的身影。除此之外，他们甚至将商品销往西南、西北等偏僻之地。据相关史料记载，在明朝成华年间，就有5万左右的浙江龙游商人聚集在云南姚安府一地。

龙游商人有着积极向上的生命力，开拓进取，勇往直前，为了谋求生计，他们远走他乡，在异乡努力拼搏而积攒了一定的人脉和资源后，又将手头的各种资源介绍给亲友，这一点几乎与当今的温州商人一脉相承。当时，龙游商人普遍受教育程度较高，因此传统的重农抑商思想在其头脑中潜移默化地发挥着作用，他们中间的大多数人在外地赚到钱后还会重新回到家乡，进行传统的农耕生产，最终农耕文化再次吞噬了萌生于浙江西部山区的难能可贵的商业精神。到了民国年间，外地人几乎占据了龙游当地的所有商业领域，曾经盛极一时的"游龙"就此消逝于历史的滚滚风尘中。

信守诚信，信誉优先

在从事商业活动的过程中，龙游商人深受浙江西部传统的姑蔑文化（位于龙游县寺底袁村，总面积2000余平方米的新石器时代遗址）的影响，以诚信待人，从来不会为了谋求小利而损坏自己的商业信誉。傅家来是龙游商帮的一员，他开创了傅立宗纸号，在他看来，要谋求企业的长期发展，产品质量是根本。傅家人生产的纸张细腻，质地匀称，是优品中的优品，书写感受比别的纸号要舒适得多。对于生产纸张的每个环节，他都严格把关，不让任何次品流入市场。傅立宗纸号生产的纸张在大江南北享有盛誉，历久弥新。

胸襟开放，目光长远

明清年间，有很多外地商人来游龙县从事商业活动，他们中的不少人还进入了游龙商帮，与其融为一体。久而久之，外地的经商经验也融入了龙游商帮之中，无形间推动了龙游商帮的壮大。比如，康熙年间，徽商程廷柱就在龙游地区经营田庄，闽商黄静斋也来到龙游经商，并定居下来。到了清朝末年，龙游地区的本地商人越来越少，反而是外地商人较多，这些人大多从义乌、兰溪、宁波、绍兴等浙江其他地区或江西、福建等地而来。由此可见，亲密的地缘、血缘关系原本是形成龙游商帮的基础，就其本质而言，是具有排他性的，但是龙游商人却接纳了来自其他地区的商人，这足以证明他们拥有远大的目光和广阔的胸襟。正因如此，不同的理念与文化才能在龙游地区碰撞出智慧的火花，并在商业活动中萌生新的活力。

儒商文化，矛盾重重

龙游县是一个群山环绕的小山城，龙游商帮以此为根基发展起来。但这里没有丰饶的矿产，也没有官府势力，到了清朝末年，红极一时的龙游商帮迅速走向衰落，曾经遍布五湖四海的龙游商人在很短的时间内销声匿迹，再也不见踪影。那么，为什么盛极一时的龙游商人会迅速陨落呢？归根结底，龙游地区"贾而好儒"的氛围浓重，加之当地商人的文化水平较高，这一点明显区别于同一时代的其他商帮。浙西地区是南宋年间儒学文化的核心地区，当地历朝历代的地方志在讲到商人和商业活动时都很低调，可见当地人内心里并不重视商人和商业活动，重农抑商和重仕轻商是两个最突出的表现。

受这种浓烈的儒商文化的影响，大部分龙游商人对于商业的态度并不忠诚，无论赚钱与否，他们最终会回到家乡，从事农业生产。还有一些商人做生意时赚得满钵金银，接着就会把金钱和时间都耗费在政治舞台的角逐中，而不再继续发展壮大原来的工商业。正是在中庸、守旧的儒家思想的限制下，游龙商人的商业活动才如此受限，最终错过了最佳的发展契机。

6. 改革开放，春风又绿江南岸

1978年，改革开放伊始，中国经济迎来了一个全新的时代。在这场史无前例的改革中，浙江商人摩拳擦掌，一跃步入了快速发展的新阶段。

新老浙商的前世今生

对于浙江商人而言，改革开放是一个重要的时间节点，在改革"春风"的吹拂下，浙商又重新焕发了生命的活力。从20世纪70年代末期到90年代初期，吃苦耐劳的浙江商人迈出家门，在外面从事着"那些其他人不愿意干的事情"，比如弹棉花、磨豆腐、擦皮鞋、修补鞋子等，那些在大街小巷走街串巷的小贩们大部分来自江浙地区。步入90年代，勇敢上进的浙江商人们又另辟蹊径，开始从事"那些其他人想做却不敢做的事情"。大批浙江人在其他省份成立了许多"浙江村""义乌路"等，将经济活动渗透到日用品、服装等成本较低的轻工商品行业，以"当地产，当地销"的模式运营。21世纪伊始，浙江商人又在商业领域打开了一片新天地，开始做"那些其他人想做却没有实力做的事情"，比如将品牌、理念、资本等全新观念注入商品市场，迈进了资本运营、品牌营销的新时代。

其实，"浙商"一词是从地缘的角度来命名的，但如果从时间维度来看，浙商又有新、老之分。崛起于19世纪，在20世纪40年代之前频频活跃于纸醉金迷的上海滩的绍兴帮、宁波帮等属于"老浙商"的范畴。在那个年代，除了晋商和徽商之外，老浙商是当时实力最雄厚的以地缘为基础的巨商团体。

20世纪中叶，在频繁的战乱和社会的剧烈动荡下，与中国其他传统商帮的命运一样，老浙商也由盛转衰，最终走向陨落。但是，比起其他商帮，老浙商又略有不同：其一，老浙商中的一部分人迁移至香港，继续在香港商海角逐，并最终崭露头角；其二，在30年后，新浙商应运而生，虽然与老浙商多有不同，但他们身上仍带有老浙商的文化基因。20世纪80年代，在改革开放的"春风"之下，新浙商开始萌生，到了90年代，经过10年的摸爬滚打，其开始崛起，并最终在世纪之交走向了辉煌的黄金年代。

新浙商，草根的奋斗史

如果非要为新浙商群体描绘一个文化符号，那恐怕草根就是最生动也最贴切的。正如我们所知道的，现在有名的那些浙江商人大多出身贫寒，最初创业的起点也很低。在冯根生、施继兴、宗庆后、徐冠巨、南存辉、马云等当今社会叱咤风云的浙商代表人物之中，只有施继兴和马云读过大学，其他几位都是农民出身，白手起家在商业帝国打下了一片天地。比如，43岁那年，宗庆后还踩着一辆破旧的三轮车四处卖货，而他的货品大部分都是利润微薄的文具、作业本等。15岁时，南存辉就开始奔走于大街小巷，到处给人补鞋。而如今，这些出身草根阶层的浙江商人无不功成名就，在中国商品经济史上写下了属于自己的那一笔。

大多数浙江商人出身贫寒，贫穷和困苦如影子一般跟随着他们，但他们也从中获得了向命运出击的勇气。我们大部分人都艳羡这些坐拥亿万财富的商业大亨，但现实却是残酷的，这些站在金字塔尖上的浙商们有哪一个不是一路跌跌撞撞、摸爬滚打着走过来的呢？就社会成员结构而言，农民是浙江商人最主要的来源。1995年，浙江省委政府开展过一项专门调查，其结果表明有85%浙商的出生地是"乡镇"，甚至是"村"，而只有5%人的出生在中等或大城市。换而言之，浙商中的绝大多数是农民出身的草根阶层。

那么，为什么农村和农民成了浙商最重要的来源呢？这是因为浙江地区人多地稀，农民承受着巨大的生存压力，而在农村，计划经济的控制力度要弱很多，自发自由的商业活动也相对获得了更大的生存与发展空间。而且，老浙商的工商业文化传统在偏远的农村地区被较好地传承了下来。正如马云在一次接受采访时说道："创业初期，最大的动力就是强烈的致富欲望。当然，人们可以拷贝我的商业模式，但我所遭受的苦难却是他们无法拷贝的。"作为正泰集团的创始人，南存辉也曾跟其他创业者说，创业最初的动力就是"摆脱贫困"。

就这样，浙商群体一步步从"草根"成长为"参天大树"，所谓的"高大上"从不是他们追求的目标，相反，"低小全"才是他们在商场角逐中出奇制胜的不二法则，也是草根阶层最本真的特色。

第一，草根出身的浙商有四个"低"：起点低、行事作风低调、产业层次低、企业组织形式低。

第二，浙商经商的一大特点是"小"。相比全国的平均规模，浙江商人的企业规模比较小，产品也以小见长。比如说，温州最主要的产品就是日用品和服装，大部分产品光靠一只手就能轻轻松松拿起来，甚至是放在手里。这些产品对科技水平和资金投入量的要求都比较低，但却是人们生活中必不可少的东西，在市场里很有竞争力。

第三，浙商在做生意时还遵循一个"散"的原则，也就是很注意行业的多样性和流动性。浙江省的各个地区都分布着大批工商业从业人员，还有很多浙江人背井离乡，在其他省份开工厂或公司。在很多浙江人看来，打工挣的钱再多也不如自己当老板，哪怕是养猪种菜。在中国商场流行着这样一句话，"市场在哪里，浙商就在哪里"。

浙商最重要的价值在于他们特性鲜明，容易效仿，大部分浙商是寻常老百姓，他们是最大众化的平民阶层。他们出身草根阶层，在没有资金、技术、市场作为支持的情况下白手起家，开拓出一片属于自己的天地。他们的理念就如同一颗充满生命力的种子，他们也成为全国人民的财富样本。

7. 科技新浙商，正在崛起的力量

在改革开放春风的吹拂下，新浙商经历了萌芽和快速崛起的发展历程。如今，整个时代又发生了翻天覆地的变化，网络时代的虚拟经济已经与每个人的生活息息相关。在科技领域这片沃土里，数不清的浙商翘楚斩获了辉煌的胜利。如今，浙商面临着挑战与机遇，但这个优秀的群体总是能紧紧扣住时代发展的脉搏，如今必然在更广阔的舞台上成就更辉煌的传奇。

互联网元年横空出世

1997年，亚洲金融风暴席卷了整个西太平洋地区，而"互联网元年"的到来则让整个中国市场为之欢欣鼓舞。

1997年6月，刚刚过完26岁生日的丁磊成立了网易公司，当时这家位于广州的小公司仅有20万元的注册资金，办公室是一个7平方米的小房间，而员工则只有3个人。当时，丁磊怀揣着一个简单的梦想，他希望在互联网这片虚拟天地里实现人与人之间的联系与沟通，那么他首先要做的就是让自己的员工在互联网上拥有专属的"邮箱"与"房间"。为了实现这个目标，丁磊分别写出了第一个中文的个人主页服务系统和免费邮箱系统，并用163这三个数字符号作为网站的域名。

后来丁磊回忆说："当时根本没想过靠网站挣钱，而是光顾着想写软件来挣钱。不过，如果不是这样，也许一开始我就把路走偏了。"丁磊的话也间接证明了中国互联网产业一个屡试不爽的定律，即免费的产品才是能赚钱的产品。网易的个人主页和邮箱都是免费的，很快注册的用户就呈几何状递增。到了1998年6月，仅仅两年的时间，网易就跃居各大中文网站排名之首。同年9月，丁磊把握时机，顺利实现网易转型，将其打造成一个门户网站。可以说，在多事之秋的20世纪末，中国互联网元年以石破天惊之势出现了。

科技与传统经济的水乳交融

在20世纪90年代新经济浪潮的猛烈冲击之下，出人预料的是，那些传统浙商也表现出让人震惊的适应力和创新力。对于科技推动下全新的经济模式，那些草根出身的企业CEO也萌发了巨大的热情。他们当中没有受过高等教育的"海龟"，也没有随随便便斥以巨资的"烧钱"运营模式，甚至没有虚浮缥缈的"未来理念"。在很多人看来，这些草根型的CEO简直有些土得掉渣，他们在破旧的写字楼里办公，和祖祖辈辈的传统商人一样把一个子儿掰开成两瓣花，然而他们对于商业活动的敏锐嗅觉却丝毫不逊色于搏击长空的雄鹰。

对于那些从事传统工商业的浙商而言，互联网或许并不是他们的主营产业，但是这并不妨碍他们将互联网与传统行业融合在一起，成为他们手中更方便快捷的商务工具。浙江成为互联网的另一片沃土，在这里，传统的小商品行业与复杂多变的互联网商业顺利接轨，浙江传统的草根经济在互联网领域焕发了新的活力。

孙德良是浙江网盛科技股份有限公司董事长，一开始，他隐藏在幕后操控全局，默默无闻。但是，随着互联网时代的到来，他也开始借助互联网媒体来做宣传。网盛科技公司是一家上市公司，每年的销售额近亿元。然而，孙德良作为这家公司的创始人，在生活上仍保持着节俭、朴素的作风。直到今天，他还是每天都在单位食堂与员工一起用餐，每天按时乘坐家门口的公交车去上班，除非赶时间才会开车。但是，这样一位草根出身的 CEO，也开始出现在媒体面前，通过与互联网接轨来谋求企业的发展。孙德良在接受《互联网周刊》采访时说道："在中国做互联网，你必须对中国的文化和国情都有准确的把握。你有留学背景，但是你根本不了解中国的情况，你的竞争力就不如我们。"

同样身为浙商，马云成就了阿里巴巴的传奇。后来他说，他最开始就铁了心要做电子商务，而做得最对的一件事就是选择了民营企业最活跃的浙江省作为阿里巴巴的总部。从浙江到江苏、广东沿海一带，分布着许多主营外贸的小工厂，对于它们而言，阿里巴巴就是一个绝佳的信息发布平台。阿里巴巴成立之初，"中国制造"的威力初现端倪，当地的许多中小型工厂因完全没有外贸经营和客源而缺乏销售渠道。所以，它们只能选择阿里巴巴，以此为平台奋力一搏。然而，阿里巴巴上线不过 4、5 个月，美国《福布斯》就紧紧盯上了它，这是马云始料未及的。当时，阿里巴巴这家中国网站还名不见经传，却成为全世界在线监测的众多电子商务网站中最活跃的一家。2007 年，阿里巴巴在香港成功上市，成为中国众多互联网公司里市值最高的一家，高达 1996 亿港元。

孙德良、马云等人创建的网站都与传统的经济产业有着密切的关系，也在传统行业的助力下成为 IT 界独当一面的人物。根据相关资料显示，如今浙江一共有 1000 多家行业网站，数量上占据全中国的 50% 左右，涵盖了各行各业的许多领域。浙江产业环境最鲜明的特点是外向型、集约型，在业内人士看来，这对发展电子商务尤其有利。

在互联网中发掘商机

还有一些浙商没有亲自参与到互联网行业的竞争中去，却以另一个角度作为切入点，在其中发掘商机。刘晓人就是典型的代表人物，他素有"民间天使投资第一人"之称。1983 年，年仅 17 岁的刘晓人离开了老家，怀揣着 600 块钱，干起了艺术品的买卖。他靠着自己的手艺做根雕、雕刻鸡血石，奔走于大街小巷，叫卖着自己亲手制作的艺术品。后来，他又转行开起了茶馆和饭店。他头脑精明、意志坚定，在传统行业捞到了第一桶金。接着，刘晓人开始进军投资领域。

他与几个朋友合作，最初主要入股一些传统行业的小工厂，后来日益兴起的互联网吸引了他们的目光。接着，刘晓人开始给互联网的几个小项目投资，短短几个月的时间收获了100%的回报。互联网激发了刘晓人浓厚的兴趣，他斗志昂扬地对合伙人表示，"这是我第二次创业"。此外，他还创建了红鼎创投，开始专注于互联网领域的投资事业。

总体而言，目前中国大部分从事风险投资的专业人士都在海外受过教育，并拥有专业投资背景。人们免不了要问，刘晓人初中都没毕业，怎么能在这个风起云涌的资本市场里玩得开呢？诚然，刘晓人最初对互联网一无所知，但是即便人到中年，他身上仍有着如同少年一般旺盛的求知欲。正式决定进军投资领域后，刘晓人每天都要花大量的时间阅读专业人士的博客，同时还玩命地学习专业的投资知识，一点点地向这个危机四伏但却诱人的圈子靠近。

有一次，刘晓人在接受采访时谈及投资的经验，他说："投资我主要就是看团队。"他有着丰富的从商经验，通过与团队短时间的接触就能很快判断出这个团队是否有潜力。正如他说的，"决定一个团队优劣与否的要素很多，我比较注重他的毕业院校、专业，尤其看重人品"。他的这些办法看似有点"土"，但却是最管用的。红鼎创投投资的第一个项目是一家名为蚂蚁社区的Web 2.0网站，创始人是清华大学的几个在校大学生。刘晓人尤其注重产品的务实性，在他看来，蚂蚁社区致力于为老百姓的实际生活提供便捷，在未来很有发展前途。

在互联网时代里，有着蓬勃生命力的浙商群体并没有被时代的浪潮所吞没，而是迎难而上，成为这个科技时代最时髦的弄潮儿。随着科技新浙商的不断崛起，他们又将为这个崭新的时代谱写怎样的序曲呢？

第二章

在义与利之间觉醒：浙商的人文内涵

1. 浙商精神，浙江精神之鲜明内涵

浙商这个名称已经为人们所熟知，但大家对浙商经商的确切内涵却不一定了解。总的来说，浙商精神其实就是浙江精神的鲜明代表，可以归纳为如下几个方面：

抱团努力的团队精神

所谓团队精神，就是集体协作、携手奋斗。浙商的雏形是建立在亲缘、血缘、地缘等基础上的人脉网络，但是浙商群体并没有在此基础上走向自闭，而是勇敢地迈出家门，走向更广阔的天地。浙商之间有着同甘共苦的默契，很少见浙商单打独斗的情况，他们将"浙江村""温州街"开遍了世界的每个角落。他们追逐着市场和商机，互相分享着信息与资源。"情相融，心相连，道相通，力相聚"，正是浙商团队精神的真实写照。就经济学的角度而言，抱团合作能够在更大程度上调动人们的积极性，促成和谐共生的良性竞争，实现经济的可持续发展。

勤奋务实的创业精神

正如当代著名经济学家茅于轼所说的，"相较于其他沿海省份的人，浙江人确实吃苦耐劳"。浙商精神犹如沙漠中绽放的玫瑰，在艰苦的环境下百折不挠。在创业的初期阶段，大部分浙江商人白天是风光体面的老板，晚上却蜷缩在地板上睡觉。比如，浙江东冠集团资金雄厚，但上至老板，下至员工，为了确保工程顺利完成，吃住都在车间或工厂，是真正的风餐露宿。

如果你感兴趣的话，还可以随意翻阅一下如今在浙商群体中处于金字塔尖端的那些人物的个人履历，你会发现这些人中的大部分出身低微、贫寒，是"草根阶层"逆袭的最典型代表：正泰集团的创始人南存辉做的第一份工作是鞋匠；传化集团董事长徐冠巨最初是地地道道的农民；德力西集团总裁胡中成最开始是裁缝。这些人身上都有一个共同的特征，就是勤奋、务实，他们正是在这种精神的支撑下走到了今天。

人们常说，"有人的地方就一定有浙江人"，此言不假。无论是战火纷飞的伊拉克，还是种族冲突频发的非洲，都活跃着浙江人的身影。在浙江人看来，任何职业都是平等的，并无贵贱之分；生意无论大小，都有它自身的价值。小小一枚打火机，利润很微薄，也就赚几毛钱，但温州人却把这桩小买卖做到了极致。剪刀、菜刀、螺丝刀、剃刀、鞋刀是温州人赖以谋生的"五把刀"，这"五把刀"在旁人眼里不足为奇，温州人却靠着这寻常不过的"五把刀"闯遍大江南北，打开了商机。

敢为人先的变革精神

经济学家茅于轼还曾给予浙江商人极高的评价，他说："当其他人还在踌躇犹豫时，他们已经付诸行动；当其他人行动起来时，他们早已功成名就。"这句话生动地诠释了浙商敢为人先的变革精神。1978年，中国改革开放伊始，浙江商人敢为天下人先，做了时代浪潮中"第一个吃螃蟹的人"。

说起浙商当中最勇于"第一个吃螃蟹的人"，那恐怕就是温州商人王均瑶了。当年，年仅16岁的王均瑶放弃学业，做小买卖谋生，后来成为让资本翱翔于蓝天的知名企业家。

1991年，王均瑶这名温州小商人在长沙做着小买卖，谋着生计。那年春节前夕，他和几个温州朋友坐着大巴从湖南回温州老家过年。从长沙到温州足足有1200多公里，在漫漫长途中，王均瑶无意中抱怨了一句"汽车实在太慢了"，一位朋友随口回答道，"飞机快呀，你不如坐飞机回去"。

王均瑶不由得灵光一现，"我们可以包大巴，为什么不能包飞机呢"？于是，刚刚过完年，王均瑶就匆忙回到长沙，来到湖南省民航局。虽然其间经历了各种挫折，但他最终如愿包到了飞机。1991年7月28日对王均瑶来说是人生中最重要的一个日子，他顺利承包了从长沙飞往温州的航线，拉开了中国民航史上私人包飞机的序幕。

王均瑶通过"包飞机"赚到了人生的第一桶金，接着他开始打起了乳制品的主意。他通过调研发现，当时中国是世界上唯一一个每年在白酒上的花费比牛奶还要高的国家，每年人均消费牛奶量大约7公斤。随着中国经济越来越好，可以预料，将来牛奶会越来越受到人们的欢迎。于是，王均瑶在1994年成立了乳制品公司。1998年，他又以每台车70万元的价格获得了老家温州100辆出租车的经营使用权。接着，他又在上海买下了一大片地，把公司总部设立在了那里，并确定了事业发展的主线是航空业与乳制品业。年仅35岁的王均瑶成为中国历史上第一个以民营资本进军航空业的人。当时，中国东方航空武汉有限责任公司刚刚成立，而王均瑶创建的均瑶集团占据了其中20%的股份。

正如美国通用集团的前任总裁杰克·韦尔奇所说的，"胆识是成为优秀商人的第一品质"。敢为人先是浙商身上一个鲜明的特性，他们中的很多人之所以功成名就，很大程度上不是因为他们做得最好，而是因为他们是第一个这么做的。在激烈的商业竞争中，要想保持企业旺盛的生命力，就要有抢占先机的魄力。

效率第一的时间观念

如今，有很多外省人在浙江工作、生活，他们最大的一个感受就是浙江的工作节奏快得让人无所适从。在追求效率的氛围下，一切竞争规则也趋于激烈，而浙商群体正是这种效率观念的忠实拥趸者。在许多浙商领导下的民营企业里,"今日事、今日毕"是企业运营的第一原则,某项决策一旦形成,就会马上投入到高效率的行动之中,可想而知,所有员工的工作强度也很高。据了解,很多浙江企业在举行营销活动时,往往头一天网上刚刚下达通知文案,第二天早上就能在全国各地有条不紊地展开。上行下效,井然有序。这种敏锐的反应能力和迅速的执行能力使浙江企业在激烈的市场竞争中脱颖而出,成为突出重围的一匹匹"黑马"。

很多温州商人主营服装产业,他们的办事效率同样值得人们称赞。一旦意大利或法国出现某一款时髦的新款式,第二天一早,温州商人们就能照这样子拷贝下来,并投入批量化生产。很多企业还在米兰、巴黎等时尚之都设立了工作处,专门收集最新发布的服装信息。宁波的很多服装企业也致力于追求高效率,如雅戈尔就曾经投资1亿元,与中科院展开合作成立了分公司,以实现对整个集团的信息化管理。

对于各种科技催生的现代化管理手段,浙商都表现出浓厚的兴趣。正是他们这种对于高效率的执着追求,才让浙江企业一直在商业竞争中保持着旺盛的生命力和不竭的活力。

驰骋于竞争激烈的商海之中,浙江商人从不低头,从不服输,干一行,爱一行,精一行。这些浙商中很多人出身卑微,但他们却为社会创造了可观的财富,推动了社会的发展。正是在"浙江精神"的影响下,浙商完成了从"草根"到"树根"的华丽转身,为中国经济撑起了一片辽阔的天地。

2.

商业伦理,浙商的义利观

就"伦理"一词而言,我们可以从词义层面来诠释:"伦"指的是人与人之间的关系,也就是人伦;"理"指的是道德方面的原则和律令。综合古往今来人们对于"伦理"的各家观点,可以说,伦理就是人们处理人与人、人与社会之间的关系时,必须要遵循的规范与原则。这里谈到的浙商伦理,指的是浙商在长期的商业活动中所形成的一种处理人与人、人与社会、人与自然之间的关系时所应该遵循的道德准则和规范原则。

所谓商业活动,指的是商家与消费者之间通过买与卖实现的一种经济活动方式。商业伦理的存在就是为了协调商家、消费者、供货方之间的各种关系,其中商业伦理最重要的内容是商家与消费者之间的伦理关系。总体来说,浙商的商业伦理包括四个方面。

自由交换,愿买愿卖

在当今的市场经济中,商业伦理最重要的一条原则就是自由交换。从明清时期的"老浙商"到改革开放后的"新浙商",两代浙商在商业活动中一直遵循着这条原则。自由交换萌生于市场经济,也是市场经济顺利运行的内在要求,也就是说,交换双方进行的买卖互动必须基于双方都自由、自愿的基础。换言之,商家有权决定生产或出售商品的种类、数量等,消费者也有权根据自身需求在交易中选择自己满意的商品。反观浙商在市场交易中的表现就可以发现，鲜少出现价格欺骗、强买强卖、商业垄断等有悖于自由交换这一商业伦理的做法。

诚信为先，正道经营

商业活动同时也是一场复杂的人际交往活动，因此买卖双方都要做到诚实守信、童叟无欺。古人谈及伦理道德时，尤其强调"仁、义、礼、智、信"，要求人们在与人相处时坦诚相待。孟子曾说，"善人也没，信人也"，可见"信"在儒家传统文化中是为人处世的第一准则。

创建任何一个世界级别的品牌都绝非易事，在这条漫长坎途上可谓遍地荆棘。但是，浙商始终坚持诚信先行，面对诚信与利益的抉择时，他们会毫不犹豫地选择前者。一个好品牌的创立与维护附带着背后巨大的诚心价值，需要经年累月一点一滴地积累。在诚实守信方面，南存辉等浙商就做得很到位。

南存辉为自己的公司取名为"正泰"，就是要告诉人们，经商要讲究诚信，要保证优质、正宗的产品，这样企业才能长治久安、泰然长存。有一次，正泰集团要把一批产品出口至希腊，这笔生意对正泰而言至关重要，决定着公司能否打开欧洲市场的大门。南存辉为了确保万无一失，亲自来到仓库对产品质量进行抽查。当时，运货的日期已经确定，大部分产品也装进了集装箱里，准备运往港口。抽查过程中，南存辉让人随机从一个集装箱里拿出一件产品，然后拿在手里仔细检查。然而，让他意外的是，这件即将被运往希腊的产品却有细微的瑕疵。于是，他马上把公司的质量工程师都叫来，让他们重新检查产品。质量工程师解释说，这些产品遵循惯例都是合格的。南存辉听罢，连连摇头，吩咐道："不能把这批货运走，打开所有箱子，重新检查。"在南存辉看来，诚信是企业赖以生存的根本，而产品质量是检验诚信最可靠的标尺。于是，公司的员工连夜将一个个集装箱从车上卸下来，运回仓库，一件件重新检查。运输产品的负责人得知这个情况后，连忙赶来说服南存辉："这样会延误船期，如果发货不及时，对方公司是要索赔的！"南存辉毫不犹豫地说:"那就空运!"在场的人听了"空运"二字,都冒了一身冷汗。要知道,一旦把海运变成空运,运输费用足足增加了100万,早些年这100万对于任何一家公司来说都是一笔不小的数目。南存辉看看在场的众人,说:"诚信是我们公司最宝贵的无形资产,我们不能做任何有损于公司诚心的事情。虽然我们今天损失了100万,但是这一切都是值得的。只要保住了公司的诚信,以后我们就有机会赚回来无数个100万!"

毋庸置疑,南存辉的这个决定是再正确不过的,如今正泰在他的带领下已经成为国内最大的工业电器制造商。正泰之所以能在南存辉的领导下一步步走向光明,与他注重诚信、质量为本的商业伦理意识是密不可分的。南存辉创业的起步阶段,国内各种假货横行,早在那时,他就清醒地意识到,"短时间内靠着假货能牟取暴利,但是最终都会接受惨痛的教训"。只有诚信为本,正道经营,企业才能在历经风雨之后见到彩虹。

服务至上,客户第一

服务至上是浙商秉持的商业伦理中的一条重要原则。商业的本质就是服务,各种商业活动的宗旨就是不断满足客户的需求。浙商一直坚持"天下之主不如买主"的服务理念,竭尽所能地维护并尊重消费者的权利。

格力电器的CEO董明珠就曾说过:"衡量一家企业素质高低与否有若干标准,但毋庸置疑,服务水平的高低是其中最直接、最权威的一条。"马云在工作时经常给阿里巴巴的员工讲"一块布"的故事:

马云的母亲从没买过电器,但她告诉马云,买电器就要买海尔的。马云很好奇:海尔的电器比别家卖得贵,质量却未必比别家好,为什么非买海尔的不可?马云的母亲告诉他,每次海尔的工作人员来家里安装电器,都会随身携带一块布,走的时候把地面擦得干干净净。这块布看似无足轻重,却能给客户产生最直观的体验。因此,马云对他的员工说:"你们看,这块布可不简单。它擦的不是客户家的地板,也不是客户家里的电器，而是客户的心。"如今，老百姓生活的方方面面已经密切地与互联网联系在一起，随着网络逐渐普及，电子商务的市场角逐也愈演愈烈。

在马云看来，真正好的服务就是改善用户体验，让他们不再需要服务，就能在购物过程中有良好的体验。对于电子商务而言，天猫推出的"双十一"是一次历史性的变革。"双十一"活动看上去很简单，但从计划到执行其实是一个非常完整的营销体系，用户在这样一个完善的模式里能享受到最棒的购物体验。马云正是用天猫的"双十一"狂欢生动地诠释了"最好的服务就是不需要服务"这句话。

3.

义利兼顾：游走于正义与功利之间

人们常说，浙商是一群"赚钱的动物"，其实这个说法并不恰当，因为大多数浙江商人有着乐善好施、仗义疏财的侠义情怀。这种品性一方面塑造了浙商群体的人格魅力，另一方面也使浙商在商海沉浮中能长久地发展下去。

德力西集团的董事长胡成中是浙商的代表人物之一，2015年他在福布斯慈善排行榜上名列第71位，在胡润慈善榜中名列第27位。当下，在众多被浙江商人热议的话题中，"慈善"无疑是最引人注目的一个，即"富起来了，就要更多地肩负起社会责任感，富家的同时也不能忘记富国"。

自古以来，宁波帮就有仗义疏财、救济穷人、造福社会的优良传统。

他们不依恋故土，却深沉地爱着故乡，当他们出门在外闯出一片天地时，就会返回生养他们的故土，造福乡里乡亲。宁波商人出人头地后，总是"造福桑梓、乐善好施"，这是他们一代代流传下来的品质。1901年，衣锦还乡的叶澄衷父子捐赠了30亩田地、20万白银，并成立了澄衷蒙学堂，这是中国人在上海创办的第一所西式学堂。1907年，吴锦堂从日本荣归故里，在故乡慈溪斥以巨资，修建了锦堂学校。中华人民共和国成立之初，王宽诚在香港中华总商会担任会长，挺身而出，为中国的进出口业务奔走，在他的努力下，内地与各国之间的航线最终开辟。他还在抗美援朝期间捐献给祖国一架飞机……如今，宁波人的身影仍频频活跃在慈善家榜单上。正所谓"宁波帮，帮宁波"，当年邓小平一句为宁波帮鼓舞士气的话，激发了他们骨子里的侠胆柔情，一直积极地推动着慈善公益事业的发展。

慈善路上的自我修炼

华立集团总裁汪力成是第一代浙商的代表人物，2010年他辞去了集团中除了董事局主席之外的其他职务，宣布"退居二线"。接下来的两年，他渐渐从公司的日常管理工作中退出，也很少在媒体或公众面前露面。虽然如此，但汪力成仍然对公益事业怀有满腔热情，以个人名义发动了"绿色共享教育基金"，一直为贫困地区的学生提供资金支持。如今，该基金会已经成立7年，先后在全国资助了1000多名贫困学生，让他们的学业能继续下去。早在2007年，汪力成在接受采访时就对记者说，退休后会把大量的时间和精力投入在公益事业上。"我们成立一个共享基金，目的是做更多有意义的事情，我期待在退休后能更多地投入其中。"

对于包括汪力成在内的许多浙江商人来说，财富在他们眼里不过是一个抽象的数字。就像汪力成说的："我拥有巨额财富，我该把它留给谁呢？我对于奢侈的生活或消费不感兴趣，我只有一个儿子，留给他大笔遗产，我担心到头来反而害了他。在我儿子还很小的时候，我就开始和他进行这方面的沟通，他的想法和我比较一致，除了保证一定的消费水准之外，其他的可以全部捐献给社会上需要它的人。"这番话体现了汪力成独特的价值观。可见，他对公益事业有很深刻的理解，也有很执着的追求。最开始成立基金会时，汪力成并不像其他企业家那样，用企业或个人的名字来给基金会命名，而是称之为"绿色共享"。他解释道："绿色共享是一个广义的概念，绿色环保是这个基金的主题，要努力让这个世界充满和谐与关爱。我做慈善并不是为了宣传企业，也不是为了图个好名声。在我看来，我们之所以能走到今天，是因为我们是发自内心地在做慈善事业。我努力所做的一切都是为了体现财富应有的价值。"

现在，汪力成正式启动"万名大学生资助计划"，将他的慈善关爱扩展到全国各地，同时他还开始关注世界各地的贫困地区，在非洲几所大学设立了奖学金，专门资助当地贫困的优秀大学生。

真慈善，即持续为社会创造财富

2012年6月，娃哈哈与中国扶贫基金会协同合作，"营养快线筑巢行动"正式启动。娃哈哈承诺，每卖出一瓶营养快线，就会捐献一分钱在贫困地区为学生修建宿舍。与此同时，娃哈哈还大力倡导全民投入公益视野，让消费者参与到全透明的公益过程，对娃哈哈进行监督。根据一整年的销量，可以预测此次公益行动最终捐款额大约为5000万元。如今，已有3000万元相继到账，在云南、湖南、四川、河南等省的20个贫困地区的40多所小学为学生们修建了宿舍。此次筑巢行动已帮助约2.3万名小学生住进了温暖、舒适的宿舍里。作为娃哈哈集团的董事长，宗庆后在接受采访时表示："真正的慈善很简单，也很直接，就是源源不断地为社会创造新的财富。作为有责任的企业，理应为之而努力。"

从成立至今，娃哈哈已经在风风雨雨中走过了30多年的岁月，在宗庆后的带领下，企业上下一直致力于社会公益事业。就像宗庆后说的，"企业的生存依赖于社会的土壤，有良心的企业理应回报社会；企业家要懂赚钱、懂经营管理，更要有一份社会责任感。有良心的财富才有价值"。

在宗庆后等人的精心筹备下，2009年"娃哈哈慈善基金会"正式成立，注册资金为1000万，在"大爱无疆，泽被社会"的宗旨下大力推动娃哈哈公益事业的发展。在宗庆后看来，强国的根本就是抓教育，娃哈哈从校办企业开始发家，因此作为娃哈哈的董事长，宗庆后对于国家的教育事业格外关注。他认为，推动教育事业的发展是娃哈哈作为一家有良心的企业的责任与使命。他一方面积极推动研发有利于小朋友健康成长的优质饮品，另一方面也对各项教育事业加大捐赠力度。同时，娃哈哈认为"民以食为天"，一个强大的民族必须有健康、安全、天然的食品作为保障。2011年，宗庆后的女儿宗馥莉以个人名义捐款1.2亿元，与浙江大学联合创办了一家食品研究院，致力于食品安全的相关研究工作，目的是为民众提供安全放心的健康食品。

宗庆后素来主张真正的慈善活动要保证高度的公开与透明，娃哈哈每捐出一笔资助款，都会有专门人员做详细的记录，并征集汇编成一本本小册子，活动进展到任何一步都会随时告知各类媒体，欢迎社会各界监督与督促。娃哈哈曾开展过支教活动，以天涯论坛为平台，向社会各界征召支教老师，并发动公众进行投票筛选。娃哈哈所做的一切都有效地向公众传达并普及了公益事业的理念，在具体实践中展现着透明、公开的公益事业的魅力。

正如德力西集团创始人胡中成在《财富与责任》一书中所写的："自己富起来了，就要奉献爱心。无论创造财富，还是使用财富，都是一份巨大的责任。"在一路凯歌之中，浙江商人昂首向前，而他们也在潜移默化中变化着，从"经济浙商""功利浙商"向"人文浙商""责任浙商"转变着，稳打稳扎地走在时代的最前端。

4.

价值取向，新浙商成功的驱动力

浙江地区有着鲜明的地域文化，重商重贾的思想一脉相承，而这种重商的学术思想又成为如今新浙商商业价值取向的基石。南宋哲学家叶适是永嘉学派的重要代表，他的故居就位于现今温州的郊区，以叶适为代表的永嘉学派认为，经商应该遵循"义利并存"的价值观。到了明末清初，又有宁波学者在此基础上提出"儒者可以谋利以为身，国家不可病商以滋弱"，其中的重商思想可见一斑。

价值取向，新浙商的成功基石

在改革开放初期，新浙商开始萌芽与发展，当时的新浙商主要分布在浙江省宁波、温州、台州等地，深受浙东文化，即永嘉文化的影响，强调商人的个体与个性，注重经商的实践能力。因此，大多数浙商都有着类似的个性：他们在生意场上以柔克刚，人际交往中以善解人意取胜，在商场竞争中崇尚以智慧和谋略取胜。

新浙商的发展历程可以概括为三个阶段：第一阶段是以义乌人和温州人为主体的小商贩，他们在民间被人们称为"挑担"货郎，身怀手艺，走街串巷，靠着裁缝、补鞋、竹编等手艺走南闯北。第二阶段是改革开放伊始，数百万浙江人远走他乡，成了大江南北的"销售员"，在各地推销各种日用百货，积累了第一桶金。如今，浙江人在全国各地遍地开花，生意做得风生水起，人们将全国各地的义乌城、温州村、浙江街等称为"蚂蚁军团"。第三阶段,浙江人布局全球,搭建了纵横全球的商业网络,遍布于全球各地,将商业触角伸向了世界各地每个遥不可及的角落里。在这段时期,那些最早富起来的浙江人创办了企业集团,实现了真正意义上的跨国经营。其中不乏一些企业一跃成为世界驰名品牌,在世界各地开起了连锁店。

新浙商的崛起深受传统经商价值观的影响,他们在做生意时的谋略都与传统经商文化一脉相承。随着企业规模的壮大,他们也愈发注重企业文化和价值观的建设。他们积极打造企业价值观,提升企业的品牌形象,让企业在激烈的竞争中实现可持续发展。

几乎每一家浙江企业都有着一套独特的企业价值观。创立之初,德力西集团就明确了"以人为本"的企业文化,致力于"德报人类、力创未来、超越西方",以此来打造企业的品牌形象。如今,企业则通过营造企业的亲和力与凝聚力来实现管理,而不再仅仅依靠利润的驱使。正泰集团的企业文化精髓是"创新意识、团队精神",作为集团的董事长,南存辉认为顾客与员工是企业的两位上帝。正是正泰集团这种尊重员工、重视员工的企业文化,才让这家企业有着充沛的生命力、竞争力和凝聚力。

作为报喜鸟集团的董事长,吴志泽则认为,企业在实现了原始积累以后,不应该再一味地以谋取利润为目的,否则将走进一条死胡同。正如他所说的,"企业不是纯粹的赚钱机器,说大一点,应该把企业作为实现人生价值的渠道;说小一点,企业是实现人生梦想的舞台"。在他看来,让报喜鸟成为国内外知名品牌,让世界各地的人都能使用优质产品是每个报喜鸟人的梦想。"因此,我不以谋取过多利润为目的,正所谓'有所为,有所不为',做人也好,做企业也好,都是这样。勤奋吃苦能让人挣到小钱,挣大钱却要靠着大智慧。企业要做大、做强,德性是根本。作为报喜鸟的员工,要兼具德、智、勤,又要各有分工,也就是高层以德性为重,中层以智慧为重,低层以勤劳为重。"

新浙商还意识到,一个企业家无论多么成功,他永远是社会中的个体，因此必须尽到应尽的社会责任。企业家、员工、公务人员、劳动后备力量等各种社会成员一同构成了社会这个大的群体，所有人都在同一条船上，企业家无疑是这个大群体的船长，因此在为自己考虑的同时，他也必须设身处地地为其他人考虑。正如浙商所践行的，成功的企业家必须在强烈的社会责任感的驱使下，维护员工的正当权益，保护自然和社会环境，重视社会信用，为每个社会成员谋求更好的经济福利。

核心价值观，企业素质的标尺

在企业经营的具体过程中，外在的东西是最容易学到的，但包括企业文化、企业价值观在内的隐性的东西则是最不容易学到的。然而，企业价值观却对企业的发展起着直观重要的作用，这就好比对一台电脑而言，软件远远比硬件更重要。

可以说，企业的核心价值观是衡量其综合素质高低的重要标尺，企业可以凭借高明的经商手段来取得成功，但是要成为伟大而具有生命力的企业，则必须拥有良好的核心价值观。就像浙江商人经常说的一句话，"人格有多伟大，事业就有多广大"。

踏入复星集团一楼大厅，就会看到墙上有一行醒目的大字："修身、齐家、立业、助天下"，这正是复星集团企业文化的核心。复兴集团的创始人郭广昌毕业于复旦大学哲学系，他从哲学角度出发思考企业文化，并抓住了企业持续发展的关键因素。

1992年，郭广昌从亲朋好友那里借了4万元，开始下海经商。机缘巧合之下，他靠着自身的天赋和努力，在25岁时就赚到了第一桶金——100万人民币。如今，复星集团作为中国最大的民营企业集团之一，涉足零售、房地产、医药、钢铁等多个行业。郭广昌在回顾自己风风雨雨的创业历程时，不由得感慨企业的核心价值观几乎影响着企业经营的全过程。他经常跟公司管理层说："客户不可欺，在公司外要多听客户的意见，在公司内要多听员工的意见。如果你能像对待自己家人那样对待客户，尽心尽力，一定能在工作中取得不错的成绩。"

对于复星集团的核心价值观，他是这样阐述的："修身，就是在这个过程中不断自我提升，要能正视自身的弱点和他人的优势；齐家，就是要塑造良好的团队精神，像对待家人一般关爱、呵护员工，同时也要求员工对企业怀有责任感；立业助天下，就是以复星集团为媒介，为社会的发展尽一份绵薄之力。"其实，一家企业兴衰存亡的关键因素并非企业家个人的出身背景、学历高低、人生阅历、管理风格等，而是这家企业的道德观念，这才是企业长治久安的核心价值观。

5.

草根浙商，家族企业的天然优势

浩浩荡荡的五百万浙商驰骋商海，闯出了一片天地，究竟是什么让他们走出了一条颇具特色的浙商之路呢？经济学家曾就这个问题进行过专门研究，总结出"四千精神"和"四自精神"是新时代浙商的精神内涵。所谓"四千精神"，指的是说尽千言万语、走过千山万水、想遍千方百计、尝尽千难万苦，这四个"千"高度概括了新浙商一步步发展商品经济的艰难历程。所谓"四自精神"，指的是自强不息、自谋出路、自主革新、自担风险，这四个"自我"则高度概括了新浙商在市场经济中的开拓进取。将二者综合起来，就是新浙商精神内涵的高度概括，总体说来，就是"开拓、上进、创新、坚忍、团结、灵活"。

新浙商的萌芽与发展与其所采取的家族模式息息相关，家族模式同样也造就了新浙商上述这些品格。大多数新浙商是在家庭手工作坊的基础上逐步发展而来的，在血缘与亲情强大的凝聚力下，新浙商发展成颇有实力的家族企业。在企业经营的初期阶段，家族企业显露出绝对的优势。

总的来说，新浙商的家族企业可以分为父子联手、兄弟互助、夫唱妇随这三种模式。

父子联手，子承父业

浙商之中最普遍的一种企业形式就是父子联手，在有的经济学专家看来，这是家族企业的几种模式中最稳定的一种。中国自古以来就有"子承父业"的文化传统，这在同一个家族的人看来是再正确不过的了。因此，这种父子联手的传承不会引起企业内部混乱，可以完成权力的平稳过渡。相关调查显示，在中国的家族企业里，从父亲手中接过"权杖"的"少帅"们鲜少在权力过渡的时候遇见企业内部其他人设置的阻碍。比如浙江安踏集团总经理丁志忠、横店集团总裁徐文荣、福建方太公司总经理茅忠群、七匹狼有限公司周少雄等，多是从父辈手中接过了"接力棒"，顺利完成过渡，放开手脚带领着企业向前发展。

一般来说，父子联手的企业经营模式都是父亲带领着儿子在商场杀出了一条血路。父亲是这家企业的创始人，儿子跟随父亲，经过长时间的耳濡目染，也精通经商的门道，待到时机成熟之时就自然而然协助父亲打点企业的各项业务，最终子承父业。

方太集团的总部位于浙江宁波，这是一家典型的父子联手的企业。20多年前，父亲茅理翔白手起家，创建了一家小工厂，四处奔走，寻找商机，后来这家小工厂越来越红火。他还研制了一款电子打火枪，面世不久便风靡市场。但是，这款电子打火枪的构造简单，其他商家也纷纷模仿，短短几个月内，它的价格就从10元人民币跌到了2.5元人民币，曾一度红火的企业陷入了困境。正在这个危急关头，茅理翔的儿子茅忠群从上海交通大学毕业，回到家乡。茅忠群思想超前，颇有品牌意识，很快就成了父亲创业路上的得力干将。茅忠群最终决定发布一款技术含量高的抽油烟机，带领企业突出重围，还策划了"方太"这个日后的驰名品牌。后来的一切都证明，这两步棋走得很巧妙，为"方太"创造了一片广阔的市场。1996年，短短半年时间，方太就卖出了6万台抽油烟机。接着，他们开始将人工智能应用于抽油烟机的控制上，新产品刚刚上市，全国各地的消费者就纷纷抢购。

1996年，方太的总销售额为2900万元。到了1997年，实现了质的飞跃，攀升到近1亿元，足足增加了60%。到了1998年，总销售额达到2个亿，在同行业全国销售额中名列第二。

兄弟互助，驰骋商海

浙商的企业中还有很大一部分是兄弟联手创办的。一般情况下，几个兄弟携手创业，其中有一个必须作为核心人物，其他人有各自擅长的领域。作为企业创业团队的核心人物，最重要的是要有身为领导的魄力，处事公平、遵循原则、宽容讲理，其他人则在各自擅长的领域坚守岗位，独当一面。这样一来，几兄弟联手就会萌发一股具有强大生命力的合力，也就是古人常说的"兄弟同心，其利断金"。

在众多浙商企业中，王力集团就是兄弟互帮互助的一个典型。王家三兄弟联合创业，老大王跃斌是公司的董事长，宽厚大度、成熟稳重，是领导团队里不折不扣的灵魂人物。老二王斌革是集团的副总经理兼质检部主任，是公司的"管家"。老三王斌坚也是副总经理，主管技术部门，他自幼就对各种机械很感兴趣。

创业之初，他们三人最先做的产品是防盗门，三兄弟分工合作，各司其职：老大负责开拓市场，老二负责管理公司内部事务，老三负责产品的设计与研发，三人配合起来很有默契。不到5年时间，在三兄弟的联手经营下，王力集团的销售额就高达3.8亿元，位列国内同行业第三。

夫唱妇随，你耕田来我织布

早些时候，一般的小农之家里，夫妇二人每天勤勤恳恳地劳作，抚养儿女，赡养老人，日子在幸福、平静中度过了一天又一天。浙江很多老百姓祖祖辈辈以务农为生，就这样度过了数千年的时光。但是，浙江人骨子里有一股闯劲，他们靠着创业开拓了人生的新境界。浙江经济的腾飞与发展就是这批人的热情与活力最好的见证，其中也不乏在创业之路上笑看人生的创业夫妻档。

谢一铭出生在浙江温岭黄海边的一座小渔村，1998年她与丈夫一同定居武汉，并开始进军化妆品行业。最开始，她在武汉汉正街租下了一个小店面，批发一些价格低廉的化妆品。随着生意越来越红火，她又做起了中档品牌化妆品专营店，最后创立了属于自己的品牌——三草两木。

谢一铭的上海传美化妆品有限公司和三草两木品牌创立于2011年，从2012年到2014年，这个新品牌在市场崭露头角，并且销售增长率一直保持在200%左右。谢一铭对于化妆品行业越来越了解，也慢慢在沉浮的商海中摸索出一条属于自己的路。《妙法莲华经·药草喻品》有云："三草两木，以喻五乘之机"，谢一铭正是从这一句话出发，希望自己的品牌与产品能赋予消费者来自大自然的纯感受，让人们可以享受健康、安全的护肤品的呵护。而谢一铭的丈夫范正军则一直默默地充当着她背后的"军师"，专注于三草两木的代理事业，除此之外，还代理了一叶子、金珀莱等知名品牌。

6.

血缘纽带，家族企业的显著优势

放眼当今世界，家族企业并非浙商独有，而是一种很普遍的企业经营模式。一项相关调查显示，美国所有企业中，家族企业占据了约85%，为美国创造了巨额财富。在《财富》每年列出的世界500强企业中，家族企业也占据了30%左右；上市公司中有约40%为家族企业，比如杜邦、摩根、摩托罗拉等美国知名企业都是家族控股。家族企业在亚洲地区更普遍，比如韩国的现代集团、日本的松下集团、泰国的四大金融集团都是由家族控股；东南亚地区家族也是很多赫赫有名的企业的发展基石，比如马来西亚的郭氏兄弟集团、台湾的台塑集团、香港的和记黄埔等。

家族企业，同家同业

2008年，美国一本名为《商业周刊》的刊物曾专门对此进行过一次调查，在标准普尔500指数的成分股公司之中，家族企业足足有180家。就美国各大企业的现状而言，家族企业在经营和管理上都要优于非家族企业，一个很明显的例子是，以10年为一个周期，美国那些家族企业的持股回报率比非家族企业高出4%左右。在年利润增长率和资产回报率这两项重要指标中，家族企业分别为24.3%和5.1%，而非家族企业则为11.2%和4.3%。

美国《财经杂志》上发表的一篇经济学论文所阐述的观点也与上文

类似，长期以来展开的调查研究表明：美国各大企业中，家族企业比非家族企业拥有更持久、更旺盛的生命力。

中国有相当一部分企业也是家族企业，它们拥有许多非家族企业难以企及的优势。长期以来，政府都为各种大型集团企业提供扶持，鼓励其发展与壮大，在此背景下，许多家族企业仍保持着旺盛的生命力，快速地发展着。许多家族企业最终成功上市，以惊人的速度积累着巨额财富。这些事实都足以证明，在当今中国的大环境下，家族企业以其独特的血缘纽带创造了这个时代的财富传奇。

比如说，浙江温州的大部分企业都是家族企业。许多经济学家在20世纪90年代初期赶往温州，进行实地考察，并忧虑地表示必须将这些温州企业建立成大型集团企业，否则会严重阻碍当地经济的发展，甚至预言说"无论如何，温州的经济增长率都不会高于10%"。然而，事实却截然相反，温州的年经济增长率不仅突破了10%，最终还达到了20%。温州有90%的企业是家族企业，而且大部分都是中小型企业。

家族企业的显著优势

在市场竞争中，家族企业具有非家族企业不可比拟的优势，总体而言，可以概括为以下几个方面：

第一，当时中国经济正从计划经济向市场经济转型，在风起云涌的时代背景下，民营企业要谋求发展，就要以最快的速度适应时代设定的游戏规则，在变通中谋求生存。这样一来，企业管理层必须保持对本企业的高度忠诚，才能保守住企业内部的机密。家庭成员以血缘为纽带，对企业的忠诚度更趋于稳定，比起其他民营企业，家族企业在这方面要安全、稳定得多。

第二，创业初期，企业的风险承受能力很弱，考虑到企业利益、信誉等各个方面，企业管理层一般不会贸然让外人加入到核心层，参与企业的管理与决策。在家族企业中，企业所有权高度集中在管理层手中，靠着在家族内部的人力与资本权威，即使在预算有限的情况下，仍然能够根据市场的实际情况迅速地调配各项生产要素，牢牢地把握住一切商机。也就是说，基于血缘或亲缘等类似的社会关系建立起来的企业，能以比较低的成本聚集各种力量，团结一致，在短时间内取得市场竞争优势，完成资本原始积累，最终成为创业中的胜出者。

第三，创业初期，家族企业承担着很大的风险，有限的资金严重制约着企业的发展与壮大。相对而言，民营企业的融资渠道很单一，而那些家族企业却能够通过家族内部的血缘关系与信任感迅速筹集资金。在最初的发展阶段，这是很多民营家族企业筹集资金的重要渠道，甚至是唯一渠道。一项相关调查显示，我国有约 61.2% 的民营企业的始创资金是创业者本人的积蓄，还有约 17.2% 的民营企业则通过向亲友借款来筹集始创资金。这一点有力地证明，就融资这一方面而言，家族企业有着显著优势。

第四，当面临经济环境不稳定或入不敷出的情况时，家族企业能以更低的运营成本继续存活下去。当企业的资金流不连贯时，那些家族成员即使拿很少的工资或根本不拿工资，仍然愿意为自家企业效力。在血缘或亲缘等传统观念的影响下，家族企业总是能以更低的成本解决管理、协调、监督等各方面的问题。此外，家族成员在利益上保持着统一，对于内部或外部信息的敏感度也更高，反馈信息时能够更顺畅，这都减少了企业的损失。

第五，在根深蒂固的传统文化的影响下，人与人之间的关系仍然是以家庭为单位的。正因如此，无论是管理还是企业文化，家族企业都有一些与生俱来的优势。与此同时，家族企业趋于传统的家长制管理，在权威的影响下，做某项决策时不会受制于他人，可以抓住机遇，快速执行。更何况，企业成员受一致的家族观念的影响，为了谋求大家族的共同利益，会全身心地投入到工作中，最大限度地实现企业价值。

7.

当代"炒"家：野蛮生长，毫厘必争

北京大学光华管理学院张维迎教授是这样评价浙商的："很多浙江企业家总是能发现市场里的空隙，牢牢把握市场中还没有被满足的需求。"大多数浙江人做生意不拘一格，围着市场转是他们的基本原则。在浙商看来，哪里能赚到钱，就去哪里，只要做的是合法生意，小到打火机，大到飞机，无不是浙商的目标。美国与伊拉克开战，他们就千里迢迢远赴伊拉克，在战火纷飞里寻找商机；北京筹办奥运会，于是由20多万人组成的浙江村在北京悄然兴起。浙江人极具前瞻性，尤其擅长整合优势资源，以小搏大。

犹太人是公认的世界上最具商业头脑的群体。据说，在美国，30%的犹太人把持着国家80%的经济，如果三个犹太人控制下的财团强强联手，就可以把控美国某个领域的黄金市场。犹太人几乎时时刻刻都在盘算着如何挣钱，即使在休闲娱乐的时候也在研究挣钱的门道。俗话说得好，"犹太人的口袋里装着财富，中国人的脑袋里装着智慧"。浙江企业家精明而理智，素有"东方犹太人"之称，他们除了拥有灵活的商业头脑外，也和犹太人一样，以赚钱作为人生的终极追求。正所谓"不赚钱，毋宁死"，这是浙商精神的真实写照。

不赚钱，毋宁死

浙江人骨子里有一种"我要赚钱"的魄力，在他们看来，只要采取的途径合情、合理、合法，谈钱和赚钱就并不可耻。

华鸿控股集团董事长龚品忠在接受采访时就坦言，自己对于追求事业与金钱有着异常的执着，"1993年，我在义乌市租了1平方米的小摊位，用来卖防火板。我每天都紧紧盯着摊位前那条小路，心想每个路过的人都是我的潜在客户，而旁边那些摊位的摊主就是我的竞争对手。每当有人从我的摊位前走过，我就要想方设法把他们招呼过来。现在，我拥有庞大的客户群体，其中30%是欧洲人，60%是美国人，而我的竞争对手遍布全球各地"。谈及"发家史"，龚品忠言辞坦荡，丝毫不避讳自己曾经练摊当小贩的经历。在他看来，他的成功前期取决于机遇，完成原始积累后，企业不断发展，良好的思考力和判断力则成了他的制胜法宝。正所谓"观念创造奇迹，行动提升价值"，这是他经常挂在嘴边的一句话。

对于"一切向钱看齐"的说法，浙江人毫不忌讳。在温州人看来，有钱才是真体面，因为在人类文明进化史中，金钱是其中一个重要缩影，它既是文化性的，又是社会性的。某种程度上来说，金钱可以用来衡量和代表所有利益。温州人深知，金钱在现代社会是力量的象征。人人都想发财，然而真的想发财和假的想发财之间有着微妙的区别。只有"真的"想发财并付诸行动的人，才能成为商业社会的最后赢家。对于浙江人而言，他们在金钱方面从不遮掩，毫不虚伪。

在很多人看来，浙江企业家很精明，在经济上算得一手好账。就浙商的经营观来说，总结起来就是"听钱话、向钱看"。企业以追逐利益为本质，这是一件再正常不过的事情，经营者需要抛开一切虚伪的掩饰或借口，承认喜欢赚钱这件事。浙商深知，在市场经济体制之下，价值规律是核心，无论企业从事哪类经营活动，都必须听钱的话。

在经济利益的驱动之下，浙商的决策始终围绕着经济价值目标，是一种直奔主题的主力行为。他们以经济价值作为合作的基础，组成坚实的利益共同体。由此可见，浙商的崛起与发展是在经济规律影响下的"野蛮生长"，一旦遇见阳光雨露，就能萌芽、生长。

专业"炒"家，无孔不入

曾有人开玩笑说，"普天之下，只要鸟儿能飞到的地方就遍布着温州人的足迹"。无论是在实业领域，还是资本投资领域，这句话都同样适用。

自1999年开始，以温州为代表的浙江民间资本就开始向杭州、上海等地的房地产市场进军，并形成了相当的规模。2000年左右，温州购房者的身影开始出没于一些媒体，然而人们尚未特别关注。2001年8月17日，第一个火车购房团抵达上海；10月1日，第一个飞机购房团抵达上海。从此以后，上海、杭州等城市的房价一路攀升。也是从那时候开始，温州购房团开始进入人们的视野，成为一个既定概念。他们马不停蹄地赶往一座座城市，在他们匆匆的脚步声中激起了房地产市场的千层浪花。2003年，中国楼市的价格进入疯狂上涨的时期，各大媒体的"言必称温州购房团"时期也悄然而至。在那段日子里，频频惊现神秘买家，惊人内幕传得沸沸扬扬，经过不断炒作，几乎达到沸点。

温州人游走于国内各大房地产市场，进行集体购房，一时之间在社会上引起热议。有的人持赞成意见，认为这既体现了中国经济的活力，又彰显了温州人精明的商业头脑；有的人则持反对意见，将温州购房团比喻为房地产市场的"大鳄"，认为是他们在各地哄抬房价，严重损害了低收入人群的利益。与此同时，还有人利用银行贷款来炒房，房地产充斥着泡沫，金融风险暗流涌动。

以此为背景，很多地方政府为了抑制房价疯涨，约束炒房行为，陆续出台了一系列政策。杭州在2004年2月率先推出政策，向炒二手房者征收重税。接着，南京、上海等城市也相继推出购房实名制、预登记管理、商品房预售等政策。

虽然外界舆论力量来势汹汹，但作为一个整体的温州"炒房团"中却鲜少有人挺身而出，站出来为自己人说话。他们只是耐心地听着、琢磨着，同时想方设法赚钱，希望在大气候变化的背景下仍能赚到满钵金银。

可以说，温州炒房的民营资本是中国民营资本的一个缩影。在大环境之下，目前对民营资本有着较多限制，这也在很大程度上导致了资本外流。资本的本质是趋利性，在没有更好投资渠道的情况下，大部分民营资本会倾向于流向房地产业。

温州人有着鲜明的地域性格，他们更乐于投资那些看得见、摸得着的东西，这也是温州地区"多股东、少股民"的原因。股票虚无缥缈，向来不受温州人重视，而看得见、摸得着的各种证件却更受他们青睐。对于浙江人来说，发家致富后买房置地是他们溶于血液的观念。在他们看来，地契、房契无不象征着信用、财富和年老后的物质保障，还可以留给子孙后代，打下一份坚实的家族基业。受这种传统观念的影响，有着强烈危机意识的温州人自然在基金、艺术品、股票、房产等众多投资渠道中毫不犹豫地选择了房产。

8.

群体认同，浙商的另类归属感

在遥远的欧洲纳维亚半岛上有一种蚁群，它们总是抱成一团，渡过江河湖海，以整体利益出发，继续生存下去。就像曾担任过广州温州商会常务副会长的郑旭飞所说的，"温州商人乃至浙江商人的经营方式都是类似的，都喜欢抱成一团，实现'蚂蚁效应'"。

你帮我、我帮你的"抱团精神"

浙商有着敏锐的嗅觉，总能先于竞争对手发现商机，迅速抢占并开拓市场，通过分工合作在市场中赚取巨额利润。早在200多年前，亚当·斯密就提出了"劳动分工致富"的原理，并指出市场的深度与广度会在某种程度上制约分工的范围，在一个广阔的市场中，自然而然就会有人为了谋求利益去组织社会分工。企业家在这个过程中扮演着组织社会分工的角色。浙商精神另一个重要的内在要素，就是组织并扩大商业过程中分工合作的能力，有的专家将浙商的这种精神称为"抱团精神"。正是以这种"抱团精神"为基础，新浙商在发展过程中才能成为真正的"商帮"。

聚群是浙江商人"抱团精神"的一个鲜明特征。一个初来乍到的浙江人，只要结识了一个浙江人，就很容易迅速结识其他浙江人。"社会资本"是社会学中很流行的一个概念，也就是把各种社会关系资源进行利用，提升生存与发展的能力。社会关系资源就如同货币，而社会资本就像通过货币来投资并从中获利的一种关系资源。从某种意义上而言，浙商之所以能在商界驰骋而畅通无阻，就是因为他们拥有丰富的社会关系资源，并能将其充分调动，使之成为他们自己的社会资本。

但是，浙商并不会因此而封闭、排外，相比之下，他们比其他地方的商人群体都更加开放。浙商从事着流动性极强的商业活动，这种开放性正是来自于此。他们格外重视自己人的社会关系，积极将其转化为社会资本，以开放的心态走出去，去全球各地寻找资源，提升自己的竞争力。当他们中的第一批人富起来后，认识到社会资本不可替代的价值，因此更加积极地为其他浙商提供援助。在这种"你帮我、我帮你"的互助过程中，浙商实现了社会资本的进一步积累，成为他们闯荡商海的有用资源。

在温州人的经商活动中，温州商会发挥着重要作用。据前任上海市工商联温州商会会长杨介生介绍，温州商会之所以日益壮大，归根结底还是因为温州人的团结一致。整合资源是经商的重要基础，商会的价值就是将老乡更好地团结起来，实现资源的互通有无。杨介生说："温州人之间的交往是很单纯的，大家见面聊一聊，觉得某个项目可行，就把各自的利益谈好，不用像外面那样经过一系列繁琐的论证、谈判和司法程序。"

杨介生认为，温州商会背后有着强大的合作文化作为支撑，创业之初，大多数温州人都很穷，从外面拿到了订单，却常常没有钱投入生产。如何是好？于是，温州人明白了，必须抱团取暖才有活路。于是，亲朋好友主动把钱凑齐，尽快投入生产，这就是早期温州普遍的民间融资方式。在早期的发展过程中，温州人从"抱团"的合作形式中尝到了种种甜头，合作的文化传统也逐渐形成，形形色色的商会在此基础上应运而生。企业在商会的平台上互帮互助，并把有前途的项目介绍给有实力的老乡。

除此之外，商会内部还会形成互相学习的良好风气。企业发展到了一定规模，人的自我感觉就会越来越好，难免有些自我膨胀。但是，企业家到了商会里，大家都是以老板的身份互相交流，就会直言不讳、一阵见血地指出各自在经营、管理、战略等方面的问题，集思广益地来讨论企业的发展。

精诚合作，为组织效力

浙江商会遍布国内各地，成员精诚合作，为组织内部提供了丰富的资源，这是浙商不断发展壮大的一个重要原因。精明的浙商把这种内部的高度团结作为打开市场的钥匙。在任何一个城市的商圈里，人们常常能听到一群人操着奇怪的方言，兴奋地交谈着，不用说，那就是一群温州人。旁人听来很奇怪的温州方言仿佛有着超强的生命力，漂泊在外的温州人被这只无形的手紧紧凝聚在一起。

温州人喜欢扎堆做生意是出了名的，他们有着自己的经商信条："一个人单打独斗，做生意赚不到大钱，大家一起才能有钱赚。"正是基于这种对群体的认同感，温商的许多厂家都密集分布在临近的地区，并且由亲族担任家族式企业的领导层。温州人每到一个新的地方，就喜欢扎堆做生意，甚少吃独食。温州人一旦发现某个行业有前景，就会招呼亲朋好友加入；温州人发现某个地方的市场广阔，也会立即招呼亲朋好友前去开拓市场。长此以往，人们发现国内大大小小的城市里最专业的市场经营者大部分是温州人。在北京、上海、石家庄等一二线城市有许多浙江村，如今浙江村甚至走出国门，在意大利、英国、美国、法国等数十个国家和地区扎下了根，营造了一个盘根错节的商业网络，共享资源和信息。温州人正是靠着这种团队合作精神，才在商海的惊涛骇浪中站稳脚跟，成为最大的赢家。

温州本地密集的商业网络同样让许多外地人惊讶，如果我们从城市上空俯瞰整个温州，就会发现它就像一座巨大的工厂，各种大大小小的工厂一家挨着一家。温州同一个行业的工厂也密集地聚集在一起，这也让外地人跌破眼镜。生产打火机的工厂前院挨着后院，生产衣服的企业左右相连。这种同行业的密集分布在外地肯定会被视为恶性竞争，但到了温州，同行之间反而相处融洽。到了吃午饭的时间，同行业好几个工厂的老板还会呼朋引伴，一边吃饭，一边聊天。一桌人要么是师徒关系，要么是亲友关系，在吃饭的过程中，他们既增进了感情，又交换了市场信息。

其实，这种古已有之的"抱团精神"并非浙江人所独有，南有客家，北有燕赵，他们在经商时无不讲究"抱团"。但是，在如今这个经济时代，唯有浙商的"抱团精神"取得了巨大成功。这是因为浙商所崇尚的这种抱团精神并不是把"缘"或"义"摆在首位，而是在遵循商业原则的基础上更多地讲究"利"。"利"被浙商视为衡量"缘"和"义"的有效标准，而"缘"和"义"又是他们用来实现"利"的有效手段。换言之，浙商"抱团精神"的内涵是以"利"为核心的，"缘"和"义"只是其中的某个侧面。新浙商能迅速崛起于商海，正是依靠着这种极具地方特色的"抱团精神"。

9.
低调务实，浙商的商业性格

在很多专家看来，低调务实是浙商最鲜明的特征之一。浙商脚踏实地，从不吹嘘，只要能赚到钱，绝不会错过每一分钱。如果细数一下浙商从事的各行各业，就会发现其中不乏各种被人们忽视的小东西，比如钥匙扣、袜子、打火机、扣子、小玩具等。大多数浙江商人都是苦出身，他们一没有资金，二没有市场，但靠着低调务实、勤劳肯干的性格，实现了"从无到有"的飞跃。他们吃苦耐劳，为了摆脱贫困的境地，总是乐于干那些别人瞧不上的"小活儿"，从中挖掘商机。

低调务实的群体标签

2011年的一项调查中有三组数据让人对浙商肃然起敬：第一，在广州省经商的浙商的年龄有95%处于30岁至45岁之间，他们年富力强，精力充沛；第二，60%的浙商的受教育程度是中学；第三，50%的浙商来自穷乡僻壤。大部分浙商最开始是一穷二白，靠着自己的能力白手起家。曾经有专家用"小草"来形容在广东讨生活的浙商，广东是一片商业竞争异常激烈的土地，而那里的浙江商人就如同从石头缝里倔强生长出来的小草，在恶劣的环境中顽强地成长着。

如果你来到娃哈哈位于浙江杭州的生产基地，就会看到两台码垛机器人正处于有条不紊的工作状态中。红色的机械手臂驾轻就熟地把一箱箱娃哈哈出产的"营养快线"从流水线上取下来，码得整整齐齐的，定位精确到了 0.05 毫米的误差。

娃哈哈出厂一瓶饮料要先后经过调配、灌装、包装等近二十道程序，而这些生产线都陆续实现了全自动化生产。这个国内最大的饮料王国正试图在全国各地 400 多条生产线上全部实现机器人的自动化作业，而迄今为止它仍是国内唯一一家在生产车间里大量投入使用机器人的食品饮料企业。

宗庆后，中国商界的传奇人物，正是这个饮料王国的缔造者。他先后三次成为全国首富，却一直过着艰苦朴素的生活，常年穿着一双不到 100 元的老式布鞋。今为止，每当娃哈哈出品一款新饮料，宗庆后都会第一迄间赶赴车间，亲口品尝，人们常说他可能是"全世界喝过最多饮料的人"。多年以来，他始终保持着创业初期的习惯，无论去哪儿都不带随从。他全年里有 200 多天奔走于国内各大城市，赶赴生产的第一线；甚至一个人前往国内的大小乡镇，在市场第一线开展调研；每年会亲笔撰写 100 来篇营销通报，让娃哈哈上上下下的员工及时了解企业的最新情况。

浙商的另一个特色是不喜欢见记者，也不喜欢接受采访。浙商里许多老板每年的销售额高达数十亿，却很少有关于他们的专访或专题报道。此外，很多浙商也不适应在公共场合抛头露面，甚至是一些重要场合。2008 年，有 19 位浙江企业家在"中国 50 强首富"的排行榜里榜上有名，但让人跌破眼镜的是，这 19 人中有一半的人表示并不认可这个排行榜。这种"对待荣誉如同对待批评"的反应是浙商的典型反应，与国内某些企业管理者喜欢给业绩"注水"的做法形成了鲜明的对比。

做低调务实的阳光富豪

正如网易创始人丁磊说的："人生是不断积累的过程，难免遇到磕磕绊绊，也难免摔倒。但是，哪怕摔倒了，也要记得抓一把沙子握紧在手心里。"网易在上市之初就遭遇了停牌的"滑铁卢"，但丁磊认为，这场大的挫折不过是网易前进路上宝贵的经验与财富，待日后再次攀上高峰，也无需过于宣扬。

浙商之所以在商海的沉浮之中秉持谨慎、中庸的处世之道，并与各大媒体保持着适度的距离，主要是因为以下三方面的原因：

第一，保持理智，追求卓越业绩。

大多数企业家每天都要忙着处理企业各项事务，如果每天还要腾出时间来与媒体斡旋，就必然会影响日常的企业管理事务。浙商作为"冷静理智型"的企业家，始终相信业绩才是企业最有分量的话语权，与其劳心劳神地与媒体周旋，不如踏踏实实地做事，交出一份漂漂亮亮的成绩单。同时，他们也担心在媒体的吹捧下，企业内部会滋生自满自大的情绪，在飘飘然的状态下不能静下心来对待自身的短板，也不能理性地做决策。

2006年，美国《财富》杂志中文版首次评选中国大陆的富豪商人，华立集团创始人汪力成就位列其中，同时他还是包括北京大学在内的国内5所知名大学的客座教授，讲课幽默生动，口才很好。但是，就是这样一位颇有才华的商界人物却从不轻易接受采访，而是埋头苦干，一心把企业做好。"只做不讲，多做少讲"是汪力成经商多年奉行的原则，或许这也是许多企业家共有的人生态度。

第二，保守商业机密，闷声才能发大财。

还有不少闷声发大财的低调浙商，他们一般可以分成两类情况：第一种是有保密的需求，他们的产品进入市场的门槛并不高，竞争对手数量众多，善于模仿，他们不希望因媒体的报道而泄露业务的现状或产品的最新研发成果，以免引来新的竞争对手；第二种是自身处于供应链的上游，产品只面向业内特定的客户群体，这样一来，他们就没必要展开高密度的配合宣传。因此，在浙江有很多乏人知晓的企业，但是在业内的销售额却稳居第一，这类企业常常被人们称为"隐形冠军"。

第三，担心树大招风，不愿轻易"露富"。

有些企业家担心一旦暴露了家底会招致他人的妒忌，难免树大招风。企业有了名望，就经常会有媒体来搞新闻、拉赞助，这一点让企业家头疼不已。而且，在市场经济时代，社会各阶层间的财富差距越来越明显，有一些人因此产生了"仇富"心理。在商业社会尚未完全成熟、私产保护机制尚未完全成形之前，很多浙商为了保护自身利益，选择了低调地"闷声发财"。

大多数富商都给人们留下了光鲜的印象，而浙商低调、务实、节俭的形象却与传统的富商形成了极大反差。也许，正是因为这种低调的行事作风，他们创造的财富传奇才并非昙花一现，而是以健康积极的状态持续发展着。

第三章

拓荒的英雄、创新的先锋：
浙商的转型与创新

1.

浙江家族企业：家族进化，为财富护航

法国年鉴学派历史学著作《家庭史》在公元986年问世，书中有这样一句话："对每个人来说，家庭都是最古老而深刻的情感之源，是他性格与体魄形成的处所。以爱为纽带，先辈与后代的利害与业务在家庭中密切结合起来。"

家族企业是指家庭内部成员把"利害与业务"密切结合起来的企业模式，这种经济现象由来已久。据说，日本的金刚组在公元578年诞生，是世界上最早的家族企业之一，代代传承，迄今为止已经有40多代了。在最初的创业阶段，各国的私人企业大多采取家族经营的模式，日本松下、韩国现代、美国福特等莫不如此。纵观当今世界范围内的各大企业，华人有着明显家族企业的经营倾向，而其中浙江的家族企业又是典型的代表。

事实证明，浙江"温州模式"就是在家庭工业的基础上发展起来的经济格局。"家庭"是每个做生意的温州人无法回避的话题，家族的影子遍布于每家温州企业。在温州企业的组织结构里，总伴随着与亲朋好友千丝万缕的关系。在浙江的家族企业里，家人就是自己共事、合作的对象，亲情血浓于水，凝聚力也远远高于其他的组织模式。然而，很多浙江企业家也清醒地意识到，随着企业规模越来越大，家族对企业的控制权会逐渐削弱。要摆脱家族企业一代代被削弱并最终走向灭亡的悲剧命运，作为家族制企业的领袖人物，就必须充分利用先天优势，一方面

须提高企业在市场上的核心竞争力，另一方面要以最快的速度培养和利用好可以独当一面的职业经理人。

家族传承面临新挑战

目前看来，中国大部分浙商企业的核心权力仍把控在第一代浙商手里。就第一代浙商家族企业而言，企业家的个人魅力在企业中发挥着巨大的影响力。此外，近几十年来，中国社会的城市化、工业化迅速发展着，浙商的家族企业是在这样的背景下发展起来的。新兴家族企业的第二代还很年轻，他们的成长环境已经与第一代大不相同。他们都上过大学，甚至许多人还有过留学深造的经历，他们在一个相对规范的环境中成长起来。如今，第一代浙商已经陆续步入中老年，他们一手创办的企业要如何才能继续传承下去，怎样的接班人才是最合适的呢？在很多第一代浙商看来，如今挑选接班人并不应该局限于家族内部，而应该放眼家族企业内部，从中挑选出最适宜的人选。然而，无论如何，企业的传承问题仍然是每个企业家面临的一大挑战。

第一代浙商实现了真正的野蛮生长，然而他们的下一代要继续野蛮生长就不太现实了。两代人的关联度正逐渐降低，浙商企业未来的传承之路不应该局限于传统的父业子承。

第一个挑战是，如今大部分浙商企业者在计划生育的影响下，子女很少，这样一来，他们就不得不更早地尝试家族所有人与职业经理人相结合的经营模式。然而，这也许正是家族企业传承的一个重大突破。

第二个挑战是，在中国经济快速增长的大背景下，许多"小家庭大产业"的企业应运而生。也就是说，企业家的家庭规模很小，也许只有四五个直系亲属，但是却拥有庞大的产业帝国。如果将同样规模的产业放到欧美或东南亚国家，也许要经过好几代人的奋斗才能积累到如此巨额的财富。但是，改革开放之后，经济迅速增长，第一代浙商以极快的速度实现了资本的原始积累。这样一来，在挑选未来的接班人时，企业家的选择也很受限。

第三个挑战是，企业的第一代与第二代在文化和教育背景上有明显差异。很多家族企业的第二代在海外完成学业，学成归国。然而，这同时也意味着他们在国内的根基尚浅，对于他们能否顺利继承家业并将之发扬光大就不得不打上一个大大的问号。如今，很多企业的第二代早在初中或高中阶段就走出国门，外出留学。相较于父辈，他们拥有更好的教育资源，也有更开阔的国际视野，然而上代人与下代人之间也因此产生了激烈的文化冲突。很多浙商家族企业所面临的挑战是，两代人如何在家族企业共同的愿景上达成共识。

第四个挑战是，两代人在公司的管理模式上存在着差异。在一些管理理论的影响下，很多浙商企业的第二代认为，他们能轻而易举地在公司的董事会内部发挥重要作用，甚至可以当"甩手掌柜"，直接把公司大权交给职业经理人。然而，他们忽视了中国职业经理人综合素质尚未完善的社会现实。

可见，浙商家族企业的财富代际传承并不仅仅是理念，更是实践。唯有两代人之间在认识上达成一致，才能勿忘初心，抵达企业愿景的遥远彼岸。

浙商家族的代际进化

改革开放后，第一代浙商崛起并取得了非凡的成绩，但是我们仍不能忽视这个群体自身的局限性，就企业家身份而言，第一代浙商中的大部分人观念相对落后。如果从20世纪80年代的角度出发，第一代浙商的观念在那个时代无疑是先进的，甚至是超前的；然而，如果从先进的21世纪的角度来看，他们的观念就不那么先进了。

这种观念滞后主要表现在这样几个方面：第一，浙商中第一代的大部分的创业精神逐渐泯灭，处于小富即安、小进即满的状态下。这种不健康的发展理念势必会阻碍企业的发展。第二，第一代浙商领导下的企业多为粗放的增长方式，注重规模上的扩张，而轻视经营理念、品牌营销等软实力。第三，大约90%以上的浙江企业都是家族企业，在千丝万缕的家族关系与传统的家族意识的制约下，缺乏不断成长的驱动力，很容易停滞不前。可见，选拔继承人已成为浙江家族企业性命攸关的大问题。如何走出迷雾，形成良好的企业家继承选拔机制已成为重中之重。

首先，当创始人的继承人有多个可供选择的对象时，应从企业的百年大计出发，不必遵循"长子为先"的传统观念，而是根据他们的个人能力来进行选拔，并制定公平、公开、透明的选拔制度，让每个继承人都有机会参与到公平竞争中去。比如说，万事利集团的已故前董事长沈爱琴有两个女儿——大女儿屠红霞和小女儿屠红燕。当时，沈爱琴并没有因循守旧地把继承权交给屠红霞，而是交给了屠红燕。原因在于，很早之前屠红燕就给母亲当助手，与她共同进退，一起创业，对于市场和企业的经营管理等各项业务都很熟悉，在工作中有胆识、有魄力，能扛起为万事利集团保驾护航的重任。

其次，要遵循核心继承原则。企业传承的重要标志就是财富和权力，要让家族企业成为"长青"企业，就必须让整个家族都处于稳定的状态下。很多欧美企业有着丰富的代际传承经验，总的来说有两种传承方式：其一，把企业的所有权和经营权都交给同一个子女，并从经济上适当补偿其他子女；其二，把企业的所有权交给继承人，作为继承人要拥有可以把控企业的控股权，同时让其他子女适当参与企业的经营与管理。这样一来，企业权杖顺利完成了交接，也在一定程度上缓和了子女之间继承家族财富时的矛盾。作为方太有限公司的创始人，茅理翔就把企业85%的控股权交给了企业的继承人——他的儿子茅忠群；同时，他的女儿茅雪飞获得了企业15%的控股权，并明确规定女儿日后不得参与公司的任何经营管理活动。

第三，要遵循尽早规划继承事宜的原则。很多初出茅庐的继承人个人的继承意愿其实并不高，相关经验也不足，这是因为他们与家族企业的联系并不多，也没有培养起深厚的感情。这是父辈耗尽一生心血打造的企业，但并不是他们个人的事业追求。因此，第一代浙商应该从小系统化地培养继承人，让他们从小耳濡目染先进的经营管理知识和科学的思维方式，并为他们提供扩大人际交往圈子的环境，使他们尽早接触企业的各项核心业务。比如说，万向集团的创始人鲁冠球很早就挑选了儿子作为继承人，并为其制订了周全的培养计划。儿子鲁伟鼎高中还没毕业，就被鲁冠球早早送到新加坡，学习系统的企业经营管理。鲁伟鼎学成归来后，鲁冠球更是每天带着儿子一同处理企业各项事务。通过鲁冠球长期的言传身教，鲁伟鼎成长为一个稳重、可靠的企业继承人。如今，鲁伟鼎早已成为万向集团的头号人物，他在国际视野、资本运作方面都青出于蓝而胜于蓝，超越了他的父亲。

2.

新浙商，在创新中求变

创新乃国家和民族不断进步的动力之源。浙商驰骋于商界，开拓进取的创新精神正是其不竭生命力的源泉。有的人认为，浙商只会一味地模仿，而不懂创新，但事实并非如此。浙商在追求财富时有着极高效的行动力，在博弈的过程中，总能在最大程度上实现行动最高效化、决策最优化、资源配比最优化，相比那些遵守常规的企业家，浙商总能取得更大的成就。这一切都基于浙商骨子里的创新精神，浙商正是通过创新来取得竞争优势的。

浙商堪称商场里的艺术家，总能在商界爆发惊人的创新力。在缺乏资金、市场、资源的条件下，浙商总能变戏法般创造出"从无到有"的商业奇迹。比如，浙江余姚当地并不出产塑料，但是当地出产的塑料制品却多达3000多种，堪称国内塑料市场最敏感的价格"晴雨表"；浙江桐乡并不生产羊毛，但那里却是国内规模最大的羊毛衫市场；浙江海宁也不生产皮革，但那里生产的皮革制品却畅销海外市场；浙江嘉善森林资源匮乏，但却一举成为国内最大、最完善的木业加工基地。上述种种现象，被一些经济专家称为浙江独有的"零资源现象"。

非典型创新，不走寻常路

小企业靠着创新成长起来，大企业靠着创新愈发壮大。创新是企业成长过程的关键要素，但创新总是与风险并存。创新的漫漫长途上荆棘遍布，但浙江商人有智慧、有激情、有创新精神，他们紧紧跟随着时代的潮流，在创新中学习和提升自我。在经济全球化的背景下，企业与企业之间的竞争愈演愈烈，创新作为企业赖以生存的动力之源，也越来越受到浙商的重视。

在中国乃至世界范围内的很多人看来，温州人堪称中国的犹太人。温州人最不缺乏的就是敢为天下先的创新精神。周成建就是一位颇具创新精神的温州"奇人"。那时候，大部分温州商人还遵循着薄利多销的经营法则，靠着低廉的成本打开市场，而周成建就率先打出了品牌营销这张"王牌"，一举创造了后来被人们争相效仿的"虚拟营销"。

1995年，周成建成立了美特斯邦威公司。他前往广东、江苏等地，四处走访那些臻于成熟的服装加工厂，请它们作为代工厂为美特斯邦威生产服装。然后，他又奔走于全国各地，四处寻觅合适的特殊加盟商，让他们代为销售美特斯邦威出品的服装。如此看来，周成建似乎只是轻轻松松建立了一个服装品牌，然后再串联起所有能用的资源，并没有干什么别的事。但是，什么都没干的周成建最后却收获满钵金。周成建正是敢于打破传统营销模式的思维桎梏，为美特斯邦威设计了一套适合的经营方式，一跃成为国内服装市场的销售神话。

对于美特斯邦威为何能取得如此辉煌的成绩，周成建的认识很理性。他在接受采访时说："当初我为什么要这样去经营美特斯邦威呢？我也一直在总结这个问题。其实就某个层面来说，过去的那些日子里，美特斯邦威的创新也多为被动创新。在成立美特斯邦威之初,人们创业的目标就是追求'大而全'或'小而全'。但是,当时的美特斯邦威比起同行的竞争对手远远落后。对于我来说,在那样的环境下就是游走于被动创新与被动放弃的两极之间。为什么要谈到被动放弃呢?因为我最开始是做服装加工的,没有经济实力和管理经验去做品牌营销,因此我只能做这道二选一的选择题。最后,我迫于现实而放弃了制造、加工这个方面,选择去做品牌。那么,被动创新又如何说起呢?原因就是,我以前没有管理经验,我只是被动地创造了这种经营模式,一切都是限于当时具体情况的不得已而为之。"

那些当年与美特斯邦威在同一起跑线上的国内休闲服装品牌已经纷纷逃离竞争的角逐场,只有美特斯邦威在电商行业的冲击之下仍保持着旺盛的生命力。这些年里,素来低调的周成建也在镁光灯下露过几次脸。每次面对镜头时,他总是露出从容不迫的微笑。

在务实中创新

对于浙商来说,创新是谋求企业不断发展壮大的一种手段,因此任何创新都应该有深厚的现实根基。浙商的创新精神并不是虚无缥缈的空中楼阁,而是务实性的创新,这主要表现在三个方面。

第一,在创新中量力而行。在最初的创业阶段,大部分浙商并不是力求所有的产品都进行创新,其中大部分产品是模仿前人的。究其根源,浙商创新精神的第一目标是追求利润,对于那些超出实力和熟悉范畴的产品,他们认为草率地求新、求变是不合算的。更何况,对于那些初创阶段的私营小工厂来说,在缺乏技术、资金和人才的情况下,一味地追求产品上的创新,最终只能是黯然离场。然而,一旦这些浙江企业的实力增强,有了创新的实力,他们就会毫不犹豫地靠着创新拼出一条路。

第二,在创新中发挥自身优势。浙江缺乏自然资源,但是大批的"零资源"产业却在这片有些贫瘠的土地应运而生。在浙江聚集着大量不需要耗费资源的"产业集聚群落"。浙商很清楚,他们在技术、加工、销售等方面有着突出优势，虽然资源短缺是不容忽视的短板，但在扣除掉运输成本后，他们的利润仍然很可观。于是，他们就颇具创造性地开拓了"零资源"的加工产业，这正体现了浙商在务实中求变革的创新精神。

第三，创新没有大小之分。浙商极具务实性的创新精神还表现在不在乎创新的大小，只要有利可图，就值得创新。浙商骨子里的"草根性"，使他们在面对创新一事时会表现出如此坦荡且接地气的态度。对于任何创新举措，浙商从不追求轰轰烈烈的效果，而是从一点一滴出发，从节约原材料到调整营销方式，从重新布置门面到改进产品外包装，只要能够降低成本，获得利润，他们就认为这种创新是有价值的。在一个个看似微不足道的创新中，浙商的财富积少成多，如滚雪球一般越来越多。

第四，追求可持续的创新。商场如战场，任何一个有创意的产品诞生后，都会有一大批人模仿。因此，任何一次创新行为都不是暂时性的，它甚至会阻碍下一次的创新。只有将创新变为一种持续状态，才能长期在激烈的竞争中保持优势。从最初创立私人企业到进军蓬勃发展的IT行业，从创办动漫产业到迈出国门参与跨国投资，浙商总是迸发出源源不断的创新能力。

浙江企业正是在自主创新的过程中不断提升自主研发和生产能力，培育品牌意识，当一步步走完创新的历程后，企业实现了逐浪商海后的脱胎换骨。

3.

后危机时代的华丽转身

浙商人数众多，分布于全国各地，堪称中国实力最雄厚、影响力最大的"老板群体"。各项指标都明确显示，在当今的中国，浙商是当之无愧的创造财富的第一生力军。浙江企业的鲜明特色就是，面对危机四伏的商场，从不怕资源少、企业小或姿态低，与国有经济共生共荣，实现了本土化与国际化的完美融合。

然而，草根出身的浙商要想保持"领头羊"的优势，就必须要有创新精神。身处危机四伏的新竞争环境，浙商面临着双重困境：其一是外部资源匮乏；其二是自身素质面临瓶颈。在市场经济时代，浙商的一些传承与传统优势正在逐渐消失，而浙商传统文化中固有的那些负面因素也渐渐显露出来。从这个角度而言，浙商要真正成长为百年商帮，还有一段长长的路要走。

2008年伊始，美国资本市场开始了新一轮的动荡，让人跌破眼镜的消息一个接连着一个从美国华尔街传来：先是雷曼兄弟宣告破产，接着是美林集团被收购。在这些震惊世界的消息的影响下，美国金融市场发生了前所未有的剧烈动荡，金融危机如同一场风声鹤唳的海啸，席卷了全世界的资本市场。对于很多浙商而言，"市场的寒冬"才刚刚来临，而他们辛苦创建的企业正面临着生死存亡的严峻考验。

这场金融危机是华尔街百年一遇的大劫难。这场危机降临之前，经济以惊人的速度增长着，而全球各地的投资者也在这场资本狂欢中享受这着巨额利润，也就有意无意地忽视了其背后潜藏的巨大危机。在长期低利率的影响下，市场的流动性过剩，加之运用高杠杆、包括投行在内的"虚拟银行"产生、市场监管力度疲软，美国金融圈的巨大泡沫最终被戳破了。在金融危机后的几年里，全球各地几乎所有的行业都陷入了萧条之中。

这次自美国开始的经济危机很快席卷全球，中国也深受影响，甚至成为重灾区。面对着重重危机，浙商都在考虑怎样才能牢牢抓住手里的钱袋子。经济学家指出，这时候最重要的就是控制风险、把控内在。在这种情况下，那些有大量资金需求的企业应该找准时机，向银行借贷，同时还要严格控制生产成本和资本输出。在这样的"市场寒冬"里，如果某个项目需要长时间持续投入大笔资金，就要考虑资金链有无断掉的风险。

当时，时任浙江省工商联主席的是传化集团的徐冠巨，他对于外界风传的"浙江企业遭遇金融危机致命一击"的说法却不以为意。他甚至加入论坛的讨论，并在上面留言说："我们广大浙商要树立充分的信心，坚信能迈过这个坎，迎接浙商更光明的未来。"在金融危机的冲击下，浙商遭遇的困难，别的商家同样也在遭遇着，但徐冠巨认为浙江在这场浩劫中拥有更坚实的基础，更何况每次经济形势发生变化的时候，浙商都能把握时机，谋求发展。就本质而言，金融危机是市场的一次洗牌，紧随其后的是潜藏的商机。面对金融危机的冲击，浙商应该修炼内在，积极应对危机，以期在柳暗花明的那一天把握突然降临的机遇。

让专业的人做专业的事

面对金融危机，作为西子联合控股有限公司的董事长，王永福指出："平均每瓶五粮液的价格是五百多元，如果是精包装的甚至高达千元。但是，五粮液公司出产的福中福酒一瓶才一百多元。"王永福之所以举这个例子，就是为了说明在金融危机的大环境下，作为民营企业的浙江企业不要怨天尤人，而要向五粮液学习，在适当的时候生产满足市场需求的产品。他还补充说："五粮液是厂家的精品，不可能把它的价格降下来。但是，你完全可以根据市场需求研发新产品，那么我们现在的当务之急就是研制新的电梯，来满足廉价房的需求。"

王永福还提出："在这种情况下，最好先把钱在口袋里放一阵子。几百年来，美国那些500强企业积累了丰富的应对金融危机的经验，面对这次危机，他们的应对措施肯定也比我们更成熟。"对于应对金融危机，王永福认为最重要的是让专业的人做专业的事。当时，西子联合已经与奥的斯合资十余年，一直以来专注于研发、生产电梯，哪怕账户上有数十亿的资金，也丝毫不动其他心思。王永福解释说："奥的斯不让我去碰钢材或期货，他们的企业已经经历了数百年的风风雨雨，积累了相当的风险意识。我认为这一点很重要。"

接着，王永福还举了一个很形象的例子："比如说，你去中餐厅吃饭，想吃什么菜，他们都可以给你做，哪怕是菜单上没有的菜也能做出来。西餐厅就不一样了，比如麦当劳或肯德基是标准化的快餐厅，遵循固定的模式快速售卖。这也就是所谓的让专业的人做专业的事。"

不求利润，也要留住客户

对于这场金融危机，万事利集团的总裁李建华也发表了自己的见解。"以前我们也尝试着开拓比如房地产、医院等领域的产业，但是我们现在的战略就是回归到主业上来，坚决把那些不属于我们的东西抛到一边。"就像他说的，"如果你活都活不下去了，还谈什么战略或利润呢"？相对而言，让企业生存下去比赚钱重要多了，只有活下去，才有继续赚钱的机会。

面对突如其来的金融危机，李建华认为要坚信市场比利润更重要。他说："只要市场还在，我们早晚还有机会赚钱。因此，下半年里我们的首要任务是留住客户，哪怕不盈利，我们也要尽力留住客户。"

"以前，我们总是认为丝绸就是一种面料，但是最近几年里，我们开始把丝绸打造成为一个文化产品，一个沟通不同文化间交流的媒介。

我认为，丝绸绝不仅仅是单纯的面料，而是可以将其加工成为丝绸画或丝绸书，作为文化产品出售。如今，我们最主要的产品不再局限于丝绸服装。"以前，一家丝绸企业要花费十天半个月才能印制好一块面料，如今在数码印花机的帮助下，一块面料十几分钟就完成了。在李建华看来，时时刻刻追求技术上的提升也是应对危机的关键。

不该赚的钱就不要赚

"在我看来，想要比较平稳地渡过这场危机，就要遵循一个原则：做自己能力范围内的事，赚自己应该赚的钱。我们现在会严格根据公司的资金现状来决定公司的发展速度与扩张规模。"在杭州赞成房地产有限公司董事长罗晓伟看来，当整体经济环境不好的时候，如果让企业快速扩张，只会陷入进退两难的局面。对此，罗晓伟还进一步解释说："有的房地产公司吃了大亏，原因在于他们不愿遵循房地产开发的时间周期，想去赚不该赚的钱。前两年，地价飞速增长，很多开放商之前拿到了价格相对低一些的土地，于是按照当年拍下的土地的最高价格来估算房子的售价。但是他们忽略了一个现实，那就是房地产是有一个开发周期的，你想一口吃个大胖子，把别人两三年后才赚得到的钱全赚了，这是不可能的。于是，在现金为王的时候，很多企业却断了资金流。"

在罗晓伟看来，平稳地渡过了这场金融危机，企业在将来才有更多的发展机会。"要迈过这个坎儿，现金流必须要确保。一旦现金流出了问题，哪怕是将手头现存的房子或土地变现，也一定要确保有足够的资金来维持企业运转。能渡过这次危机的企业，将拥有更旺盛的生命力。"

4.

黄金宝：一直走在创业的路上

在宁波三生日用品有限公司董事长黄金宝看来，从投身商海的那一天起，自己就成为永远的创业者。正如他说的："成功的秘诀就在于，你要始终保持着创业之初的执着与激情，始终记得最初的梦想与目标，一直在创业的路上前进。"

2006年8月，由黄金宝创办的宁波三生日用品有限公司获得了由商务部颁发的第一批直销牌照，也进而成为浙江省唯一一家拥有直销牌照的企业。之后两年多的时间里，这家直销界杀出来的"黑马"一直埋头耕耘，低调务实。然而，这种低调的耕耘很快就被打破了。2008年年底，三生主创的"自主创业工程"正式拉开序幕，让商业各界为之侧目。"三生健康产业园"共获得了10亿元左右港币的投资，并最终在2009年5月30日竣工。一时之间，业界一片哗然之声。这家一直低调行事的直销企业总算彻底爆发，开始崭露头角。

浙江直销界的"黑马"

在宁波三生成为国内首批直销企业的同时，雅芳、安利等也获得了由商务部颁发的直销牌照，三者并称为中国直销界的三匹"黑马"。对此，很多人困惑不已，为什么很多老牌的直销企业不能拿到直销牌照，而宁波三生进军直销行业不过短短三年，却能得此殊荣？对此，黄金宝给出了极其简短的答案："机会总是垂青于有准备的人。"

1996年，国内直销企业如雨后春笋般到处萌生。但是，因为管理混乱无序，这些直销行业数量众多，毫无章法，"非法传销"的情况也越来越严重。这时，媒体展开了对非法传销的打击，而那些本来行事正当的直销企业也受到牵连。当时，黄金宝正在上海一家礼品企业担任总经理。当时，他碰巧读了一篇刊登在上海《新民晚报》上的文章，主要向读者介绍安利的直销模式。读罢这篇文章，结合当时市场的具体情况，黄金宝敏锐地察觉到了其中的商机。

1998年，在大力整顿传销之余，政府为直销行业打开了一道生存的夹缝。2001年，中国成功加入世贸组织，按照相关条款规定，加入世贸组织后三年之内要逐步取消掉对包括直销行业在内的众多行业的限制。于是，黄金宝在2004年正式成立宁波三生日用品有限公司，开始向直销行业发力。

《禁止传销条例》和《直销管理条例》在2005年9月1日正式出台。2005年12月1日，宁波三生把有关材料递交给商务部，提出直销牌照申请。黄金宝说："在申报材料里，我们只是把企业的各项实际条件如实地写上去了，没有任何夸大成分。"后来，宁波三生成为这场直销行业角逐中的"黑马"。

这个行业很困难，却并不坏

终于，黄金宝把渴求多年的直销牌照纳入囊中，但是整个直销行业的寒冬很快就到来了，黄金宝的三生公司也未能幸免。虽然手里的直销牌照还没有捂热，但是黄金宝仍满怀信心："我知道形势严峻，但我坚信这个行业并不是一个坏的行业。只有从挫折里爬起来，才能继续前进。"

黄金宝对直销行业的未来满怀信心，在这些"寒冬"的日子里，三生致力于技术和管理等方面的提升。"三生健康产业园"一区的建设工作不断顺利推进，到了2007年年底，厂房的外立面全面竣工。与此同时，三生在全国各地开设的大型直营门店也拉开了序幕，品牌形象得到全面提升。

打造受人尊敬的国际化民族直销企业

"三生健康产业园"一区耗资 10 亿港元,于 2009 年 5 月 30 日正式建成,三生的发展又迎来了一个新阶段。在产业园的启用典礼上,有一群从俄罗斯、乌克兰、泰国等地远道而来的三生伙伴格外引人注目。三生正式进军这三个国家,开始向国际化进军。然而,国际市场上的那些直销巨头仍然是横亘在三生迈出国门、迈向国际化大舞台的道路上的"绊脚石"。黄金宝再次面临一道大难题,那就是如何与这些直销巨头展开竞争。

然而,黄金宝很快敏锐地发现,三生的业务并没有可以参照的对象,直销行业的竞争愈演愈烈,日益同质化,只有充分开发自身的潜力,发展自身优势,在创新中不断前进,才有足够的筹码与那些直销巨头旗下的洋品牌一较高下。经过一番苦苦摸索,黄金宝决定另辟蹊径,把直销与中医养生品牌相结合,做到有差异的发展,"消毒、调和、养正,我们最终选择把以此为核心的中医文化与直销融会贯通,在企业经营中实现差异化、个性化"。

5.

林东:在模仿中创新,在创新中前进,用创意成就明天

作为杭州绿盛集团有限公司的董事长兼总裁,林东说过:"今天的社会尤其讲究合作。做一件事光靠一个人,谁也成不了,更别提一家企业。大家把点子聚在一起,就成了好的创意,岂不快哉!"

1986 年,12 岁的林东刚刚念初中,偶然间读到的一则消息,却改

变了他一生的命运。那则消息的标题是"李嘉诚为汕头大学捐款 10 亿人民币，作为办学资金"。接着，林东对这个一掷千金的大富豪萌生了浓厚的兴趣，又读了他的个人传记《李嘉诚传》。一个大大的梦想在林东心里生根、发芽，他设想着自己的人生："25 岁之前创办自己的公司，住在一楼是花园的别墅里，开着私家车出门，一楼客厅的角落里摆上一架三角钢琴，出国深造，感受异域文化。"

"意外"成就的牛肉大王

1993 年，林东刚过完 19 岁生日，怀揣着跟家里人借来的 30 万元，一个人来到杭州闯荡。在创业方面，林东把目标锁定在了与李嘉诚相似的"实业"上。他回忆说："我当时考察了市场，发现人们很喜欢海南椰子汁、娃哈哈、健力宝等饮品，于是我决定先从食品行业做起。"

最开始，牛肉干并不是林东的目标。创业第一年，他主要投资果粒橙，但当时热销期已经过去，没有成功。接着，他看好棒棒冰，短短三个月时间里就赚了 30 万元。第三次，林东开始做牛奶，却亏了 100 多万。一不留神，这个在商海拼搏的年轻人已经到了穷途末路的地步，他没有再跟风，而是开始做牛肉干。回忆起那段日子，林东有些唏嘘："我当时觉得牛肉干很低端，不太认可，谁又想到这就是一个赚钱的好机会。"

后来，靠着卖牛肉干赚到的第一桶金，林东远赴澳大利亚墨尔本大学攻读 MBA 学位，他的观念也是从那时候开始转变的。他阅读了大量管理案例，发现诸如雀巢、可口可乐等出产快速消费品的国际大企业，每年的销售额高达几百亿美元，而反观国内的食品行业，每年的销售额还不足人家的零头。接着，林东凭借敏锐的市场嗅觉发现，国内还没有大规模生产牛肉干的企业，回到国内后，他立即为绿盛牛肉干设定了一个中长期的发展规划：在 2008 年之前年销售额要突破 35 亿人民币，成为中国牛肉干行业的领头羊！

为了实现这个看起来有些不切实际的目标，林东开始积极展开创意营销，这一次，雀巢、可口可乐等国际快消品企业再次让他灵光一现。

他认真研究了这些企业的包装风格、促销方式、柜台陈列等，并在此基础上稍做改进，最后的效果很不错。

2002年6月，南京举办零售采购展览会，很多行业巨头也参与了这次展览会。其间，家乐福、沃尔玛、麦德龙的总裁都先后来到绿盛的摊位面前，仔细聆听林东介绍他的产品，最后还再三叮嘱他们的采购员一定不能错过绿盛的产品。

在模仿中创新，在创新中前进，林东靠着自己的创造力为绿盛开拓了一条前进的道路。随着绿盛的品牌影响力越来越大，它的年销售额也不断增长。到了2005年，绿盛的牛肉干年销售额已经高达3.6亿元，稳稳地坐上了行业巨头的"交椅"，而越来越多的人也开始称呼林东为"牛肉干大王"。

牛肉干与互联网的"邂逅"

为了实现"2008年销售额突破35亿"这一目标，林东又开始动起了脑筋，考虑着企业新的出路。"我考察了很多行业，最后发现增长最快的就是互联网和房地产"，于是他开始思索怎么把牛肉干和这两个行业联系起来。

有一天，林东看到可口可乐与网络游戏魔兽世界合作并最终取得成功的案例。恰好，他当年在墨尔本读书时的同学郭羽刚刚开发了一款名为"大唐风云"的网络游戏。两人一拍即合，决定合作推出"中国第一款网络食品"。2005年12月，绿盛与天畅结成"跨业态战略联盟"，横跨现实世界与虚拟世界，将各自的产品都"嵌入"对方的产品之中，做到"你中有我，我中有你"。绿盛的牛肉干包装的封面成为"大唐风云"这款网游的推广平台，上面的人物形象是游戏里的"太平公主"。郭羽则把绿盛牛肉干作为一个游戏元素，编入了"大唐风云"的游戏环节里，绿盛在游戏里开起了牛肉铺子，并推出了有神奇效果的"全能补品"——QQ能量枣，是每个新手玩游戏时必不可少的"神器"。

无论是绿盛，还是天畅，都是这场跨越现实与虚拟的合作的最终赢家。绿盛于 2006 年 1 月向现实市场推出 QQ 能量枣，短短一个月的时间里，销售额就高达 3000 万元，是同期推出的其他新品的 10 倍。以绿盛牛肉干作为宣传平台，"大唐风云"也成当时最风靡的网络游戏之一，玩家人数骤然上升。当牛肉干与互联网邂逅，林东也与财富完美邂逅。

从"牛肉干大王"到新潮技术流

林东这位"牛肉干大王"在牛肉干行业势如破竹，但他却没有忘记那个自幼萌生的"中国梦"，希望有朝一日能在科技行业有所建树。而这次绿盛牛肉干在互联网领域的初体验更让林东坚定了信念。

2009 年，林东与美国新材料领域的专家丁兴者博士、美国南加州大学流体力学专家黄长征博士等合作，在美国洛杉矶成立了美国联合动能科技有限公司，开始向海洋潮流能发电项目进军。林东则担任该项目的总工程师。前期的研发与实验花了 6 年时间，施工又花了 2 年时间。最终，在 2016 年 1 月，这台海洋潮流能发电机组正式下海，功率高达 3.4 兆瓦。

林东认为，潮流能发电机组下海成功并正式发电，表明国内潮流能的研发与应用将拉开序幕，前期的实验阶段已经结束，开始向产业化迈进。在太阳、月球的引力作用下，产生了海洋潮流，海水随着潮水的起起落落产生了能量，这是一种可再生的绿色新能源。近年来，世界各国对于这种无污染的清洁能源都报以高度关注。

林东设想，每年哪怕投入 100 万美元，也不能轻易放弃，直到搞出些名堂来。"这个项目没有完善的科学模型或商业模型，前路多艰，只是凭着自己的一腔情怀。"但是，在林东看来，如果不努力完成这个项目，他会觉得有愧于自己的人生，也有愧于这个时代。正如他说的："我们刚刚步入中年，处于这个有最多可能性的时代。如果为这个时代做出一些有突破性的东西，生命也会因此获得意义。因此，我当时在美国创建了孵化器，并把目标锁定在新能源上。其实最初我们先做的是太阳能和风能，后来都行不通，才开始做海洋潮流。创新的同时，我们也在试错，也许再往前走一步，我们就成功了。"

6.

郑晓峰：做大家爱喝的"休闲啤酒"，去有钱人的地方赚有钱人的钱

在浙江众多的啤酒企业之中，郑晓峰创办的千岛湖啤酒的受众最广，认可度也最高。在郑晓峰看来，千岛湖啤酒之所以能走到今天，原因主要在于两方面："首先，千岛湖啤酒的发展得益于创新，也就是管理体制和技术上的创新。其次，千岛湖啤酒最讲究务实，我们打开门就有一湖好水，这是我们最大的优势。做啤酒离不开好水，我们要用千岛湖的一汪好水打造出国内最优质的啤酒。"

啤酒，从高端做起

在郑晓峰看来，作为以千岛湖为依托的啤酒企业，第一步就是要把千岛湖这湖好水的文章做足、做透。根据浙江省环保总局的监测数据显示，千岛湖的水质透明度超过 11 米，每立方米湖水的含沙量仅为 0.0068 千克，水中富含镁、纳、钙等对人体有益的矿物质元素和微量元素，即使不经过任何专业处理，也可以直接饮用，属于国家一级水源。郑晓峰介绍说："用千岛湖酿造出来的啤酒，喝起来清爽可口，是当下最流行的口感。有一些懂酒的客人喝过我们的啤酒后，还能从中品味出一丝丝天然泉水的甘甜、清洌。"

1998 年，千岛湖啤酒的前身淳安县千岛湖啤酒厂还是当地一个落魄的老牌子企业，每年的纳税额不过 100 多万元。当时，企业改制不断深

化，啤酒厂也开始面临大刀阔斧的改制。当时，郑晓峰正在厂里担任副厂长，并被投票选举为公司董事长。那一年，郑晓峰才33岁，正值年富力强的时候，他靠着东拼西凑，从亲友那里凑到了10来万元。

郑晓峰审时度势，决定"赌"上一把：提升啤酒质量，走高端路线，去有钱人的地方赚有钱人的钱。他的这个决定无异于惊天一声雷，让董事会成员都跌破眼镜。他们纷纷劝说郑晓峰："我们这个小破厂子有什么实力去和上海、杭州那些大企业比呢？我们就好好卖1块钱的啤酒吧，生产了10块钱的啤酒，也没有人愿意喝啊。"质疑声接二连三地扑过来，但郑晓峰丝毫不为所动，而是毅然决然地带领着千岛湖啤酒踏上了"高端路线"的漫漫征途。

让千岛湖啤酒走高端路线，首先就要追求第一流的品质。正是出于对质量提升的渴求，郑晓峰四处寻觅专家并斥资改进工厂设备，还一度引发了"郑晓峰拜师学艺，徐斌七下千岛湖"的美谈。2000年，国内70位最权威的啤酒鉴定专家共同推荐千岛湖啤酒为"国家级优质产品"。2006年底，凭借着"淡而有味"的高端环保品质，千岛湖啤酒一跃成为浙江省食品工业的"领头羊"。

把力使到关键处

2007年3月，郑晓峰把千岛湖啤酒的一部分股份卖给了日本麒麟啤酒。当时，媒体都很关注这件事情，郑晓峰也被推上了舆论的风口浪尖。但是，在他看来，这本来就是公司资本运作过程中再正常不过的一件事情。

在郑晓峰看来，引进外资只是为了把力用在最关键的地方，在外资的推波助澜下壮大企业规模。如果一个企业要经过漫长的原始资本积累过程，那么它很可能在此期间走向灭亡，不如抓住时机，借助其他企业的力量来使力。郑晓峰"卖股份"的最终目的是寻求与国际啤酒巨头合作的机会，从而在各方面提升自身企业：通过资本运作，使自己的实力更雄厚；通过合作，在管理和技术等各个细节提升自己；通过品牌效应，提升自己在国内外的影响力。

其实在与日本麒麟啤酒合作之前，已经有不少国内外的公司向郑晓峰抛出了橄榄枝，但都被他一一婉拒。他有着自己的打算：第一，必须选择国际知名的啤酒企业作为自己的合作伙伴；第二，这家企业在华东地区不能有合作的啤酒企业，也不能有独立的啤酒生产厂；第三，这家企业必须在长三角地区拥有一支可以独立开拓市场的专业团队。郑晓峰正是综合以上三点考量，最终从多家实力雄厚的国内外企业中挑选了日本麒麟公司作为千岛湖啤酒有限公司的合作伙伴。

强强联手，千岛湖啤酒再次实现了第二次华丽转身。

逆流而上，开拓"休闲啤酒"

2008年，在金融危机的重创之下，浙江省多家啤酒企业的销售量、销售额、盈利等都大幅度下降。面对不景气的经济市场，千岛湖啤酒及时调整经营战略，提出"精耕细作、开源节流、差异发展"的发展宗旨，在不断的学习与创新中完善自我。在这场金融风暴中，千岛湖啤酒内部进行了大刀阔斧的改革，再次逆袭。

接着，郑晓峰还加大了对企业研发成本的资金投入，大力提升研发水平。在浙江省众多啤酒企业中，千岛湖啤酒是第一家引进瞬间杀毒技术的企业，产品的品质和口感得到大幅提升。接着，郑晓峰以400万元的高价引入新式设备，不断开发新的产品，迎合市场需求，比如新开发的生态啤酒等都深受消费者青睐。

接着，郑晓峰又将环山绕水的千岛湖作为千岛湖啤酒的一大卖点，依托当地优美的自然风光，让千岛湖啤酒在中高端路线上大步迈进，成为生态休闲品牌。在金融危机的狂风暴雨中，千岛湖啤酒抓住机会，逆流而上，再次创造了业内的神话。

7.

廖春荣：让 Hello Kitty 定居中国，
让创意的种子把根扎牢

低调、沉稳、务实素来是浙商身上最鲜明的特征，廖春荣就是这样一位典型的浙商。而他的商业故事却与一只粉红色的卡通小猫息息相关。中国第一家 Hello Kitty 位于一个距离上海车程 3 个小时左右的浙江小城市，2015 年 7 月 1 日，这家经廖春荣一手打造的主题乐园正式开业，吸引了无数游客。

廖春荣是上海银润控股集团的董事长，在上海古北财富中心办公，这座大楼位于上海最纸醉金迷的地方。而这个驰骋商海数十年的商人怀揣的梦想却与他的身份有些格格不入，那就是把 Hello Kitty 这只粉色的小猫带回故乡。

每次接受采访的时候，廖春荣总是西装革履，一丝不苟地回答记者的每个问题。但是，每当提及 Hello Kitty，他严肃的脸上就会流露出一丝会心的微笑。他的办公桌抽屉里还放着一个小小的粉红色盒子，里面是一只做工精致的 Hello Kitty，这是他最疼爱的女儿送给他的礼物。为何要在故乡建造这座 Hello Kitty 的主题乐园呢？廖春荣跟记者说："我女儿最喜欢的朋友就是 Hello Kitty。我一直盼望着能打造一个充满欢声笑语的童话世界，让中国的孩子们在里面自由自在地玩耍。"

让 Hello Kitty 在中国"定居"

在此之前，廖春荣已经在房地产行业摸爬滚打了 20 多年，位于上海浦东的"古北中央花园""财富海景"等高端楼盘都是出自他之手。但是，成为一名卓越的商人并不是他的梦想，相比之下，他更重视自己的家庭。女儿把 Hello Kitty 介绍给廖春荣之后，他开始关注旅游业，希望让 Hello Kitty 在中国"定居"下来，打造一座充满童真的童话城堡。那么，应该让 Hello Kitty 在哪里安家呢？廖春荣经过一系列探访考察，最终将目标锁定在浙江安吉。安吉是电影《卧虎藏龙》的拍摄地，这个江南小城极具"中国风"的古典韵味，竹海摇曳，白茶飘香，是中国唯一荣获"联合国人居奖"的县城。

安吉是 Kitty 猫走出国门的第一个家园，廖春荣前后投资 100 多个亿，花费了 6 年时间，精心打造了这座浙江省第一个国际品牌的主题游乐园。Hello Kitty 主题游乐园位于山脚下，这里云雾缭绕，在大大小小的城堡里，五花八门的 Hello Kitty 热情地迎接着从四面八方赶来的游客。步入城堡犹如步入梦境之中，伴随着孩子们的欢声笑语和嬉闹声，身着礼服的"kitty 公主"和"Kitty 王子"忘情地跳着舞蹈。这一切都是廖春荣最初设想的样子。

廖春荣在接受采访时还对记者说，这座 Hello Kitty 的家园是他整个计划中的一部分，正在紧锣密鼓推进之中的"Hello Kitty 天使旅游特色小镇"才是最值得期待的部分，占据了整个项目的 1/2。未来的某一天，Hello Kitty 会遍布整个小镇，从餐饮到商场，从酒店到交通，无不如此。其实，廖春荣是想借助 Hello Kitty 整个可爱的卡通形象来营造一种童趣盎然的生活方式，让人们置身其中，寻觅那份久违的童真与快乐。

如今，Hello Kitty 主题乐园已经正式落成，为当地居民提供了 1800 多个工作岗位。随着特色旅游小镇的落成与发展，这个小镇的常住人口将达到 3 万人左右，最终提供 7000 多个就业岗位。对于这个小镇的未来，廖春荣满怀信心，在他看来，位于长三角地区的上海和浙江是中国最富裕的几个地区之一，纵观欧美发达国家旅游业的发展规律，当国家经济发展到一定程度，生活在大都市的人们就会选择自然风光优美的小镇作为度假休闲的最佳去处。"随着旅游小镇落成，未来一定会吸引大批大城市里的白领来乡间度假、放松，体验这里童话般的梦幻世界。我们要做的就是先行一步，提前探索那个美丽的世界。"

平平淡淡才是真

廖春荣和其他同时代的浙商一样，20岁左右离开家乡，去大都市打拼。1992年，他在浙江省宁波市创办了房地产开发公司，靠着个人的天赋和努力，把业务一点点做大，直到遍布全国各地。他创办的上海银润控股集团有限公司如今已经是中国最炙手可热的房地产公司之一。在回顾过往的时候，廖春荣总结道："做企业少不了创新精神，要牢牢把握住灵光乍现的那一刻。但是，光有创意是不够的，还要踏踏实实地向前走，才能让创意的种子把根扎牢。"

凡是去过廖春荣办公室的人都不由得感慨，那根本就不像是这么大一个集团老总的办公室。整间办公室布置得很低调，整理得干干净净，只摆放着一台电脑和一摞厚厚的文件。墙壁上挂着许多照片，大部分是他与家人或朋友的合影。墙壁的另一侧挂着一幅书法作品，写着"上善若水"四个大字，这四个字来自老子的《道德经》，意思是有的人有着高尚的品德，就如同流水一般，从不与万事万物相争，而是满腔柔情地润泽万物。

接受采访时，廖春荣经常提到"平平淡淡"才是真。在他看来，外界赋予了他太多荣耀与光环，而他自认为自己只是"600万浙商中最平凡的一个"，"平淡的人过平淡的生活"才是最幸福的。浙商总会于2015年10月正式在杭州成立，除了阿里巴巴创始人马云担任会长之外，还有包括廖春荣在内的十几名浙商担任副会长。只有在这种时刻，他才会出现在镁光灯下，接受媒体的聚焦。

8.

蒋伟华：巧用互联网技术，用创意颠覆传统

杭州是个卧虎藏龙之地，涌现了很多网络奇迹，诸如马云创办的阿里巴巴、孙德良创办的中化网、蒋伟华创办的中香科技等。2004年，蒋伟华创建了中香科技，短短4年时间里，该公司在没有利用一分一毫风险投资的情况下，年利率以100%的速度快速增长着。

"我们拥有共同的愿景，就是把'中香化学'打造成为世界一流企业。"在接受采访时，杭州中香化学有限公司的董事长蒋伟华如是说，他目光坚定，以激昂的语气描述着商业帝国的宏伟蓝图。

从传统跨界时尚

对于自己的企业，蒋伟华满怀信心："我最开始干的是传统行业，2004年创办了中国香料化学网。我一点也不时髦，懂一点电脑，却很少用微信或QQ。但是，20年前我就开始关注互联网，并开始钻研企业应该如何用好互联网。"

1996年年底，有一次，美国一家大型香料公司的高层来中国访问，蒋伟华作为陪同全程参与。在杭州市中心的香格里拉酒店里，这位高层用电脑频繁地与美国总部进行邮件沟通。后来蒋伟华回忆说："我当时很惊讶，原来互联网已经把世界的每个角落都联系起来了。从此，我开始密切关注互联网和信息化的发展进程，生怕错过了其中的某个环节。"

全球市场对于香精、香料的需求越来越大，这个行业的附加值也越

来越高，其利润甚至一度超过了黄金。但是，这个古老的行业依旧有条不紊地按照传统模式运营着。中国有着丰富的香料资源，但是在全球香料市场中仅占据不到 3% 的市场份额。中国企业多数采取传统经营模式，进行人工粗放式管理，时间长了就远远落后于跨国大公司，长期以来都处于世界香料行业的产业链最下游。蒋伟华在这之前已经在香料行业摸爬滚打了 20 多年，他对比国内外的香料市场，从中窥探到了商机。

蒋伟华心里很明白，生产商分布分散是香料行业最明显的一个特征，香料等原料对于出产地的自然条件和地理环境极度依赖，于是生产厂家不得不根据原料产地而分散于各地。香料行业细分为香料、中药提取物和食品添加剂三大板块，与此相关的厂家有一万多家，除此之外，还有各种大大小小的中间商。蒋伟华后来回忆说："我这么多年一直做香料生意，开了几家门店，日子也过得有滋有味。但是细想一下，我还是不甘心啊！"他内心一直有个想法，那就是以互联网为媒介，打造一家"全球性的香料公司"。

刚刚成立中香科技时，这家公司只有 12 万元的注册资金，但蒋伟华以电子商务作为公司的主要运营模式，短短 7 个月的时间里，销售额就一跃达到 200 万元，赢得了丰厚的利润。这之后，中香科技的客户越来越多。

"信息化是以互联网为基础的，其实我们做的并不多，只是朝着行业的纵深往前多走了几步。第一代电子商务门户也由此转型，从大众化的新闻或游戏门户开始为其他专业化领域服务，这是比如阿里巴巴或京东这样大型的综合网络公司所不及的。我们的目标是小而精。"蒋伟华巧妙地把传统的香料行业与新兴的互联网行业结合起来，实现了从传统领域到时尚领域的完美飞跃。

做企业，先赢得同行的尊重

从 2006 年开始，每年 8 月，中香化学有限公司都会在杭州召开中国香料香精化妆品行业信息化大会。蒋伟华希望通过每年召开一次会议，逐步推动国内香料的信息化和网络化，让互联网为香料行业的发展推波助澜。

事实上，几乎全球各地的香料、香精行业的从业人员都会登陆一个网站，以便及时了解香料、香精的行情，这就是中香化学开发的中香化学网。"我们现在的目标是走电子商务模式，把世界各地的香料资源整合起来，以满足世界范围内的香料、香精订单。我们希望在整合中创新，在创新中整合，臻于完善。"对于企业的前景，蒋伟华信心十足。

蒋伟华说道："上世纪八九十年代，当时最流行的家电产品都是日本生产的，如今我反而更认可海尔的产品。有些企业虽然规模小一些，但同样有着光明的前景，也可以成为业内巨头。在我看来，中香科技完全有实力成为一家优秀的国际化企业。"数万种香料、香精产品分布在世界各地，中香科技以互联网为平台，把这些产品的相关信息都集中在一个业内的门户网站上。蒋伟华认为中香科技应该做到身兼二职：第一是成为给业内同行提供各种信息的平台；第二是成为一家为其他经销商提供香料、香精等产品或原材料的渠道商和品牌商。乍听之下，蒋伟华这个聪明的想法有些"空手套白狼"的意味，但他正是迎合了时代浪潮，以互联网为平台，轻轻松松就把四面八方的有用资源整合在了一起。

就像浙江大学电子商务研究中心的董学兵教授评价的："中香科技之所以成功，一方面是因为蒋伟华有着丰富的从业经验，对香料行业的核心业务和国内外市场都了然于心；另一方面还在于他巧妙地利用了互联网技术，打造了一种独特的运营模式，把线上、线下的业务整合在一起，实现了信息、资金、物流的高度统一。"

9.

孙德良：互联网时代的产业拓荒者，永不停歇地学习和创新

1997年，孙德良和几个合伙人一同创办了杭州世信信息技术有限公司。2007年，该公司更名为浙江网盛生意宝股份有限公司。从1997年初涉互联网江湖，孙德良带领着网盛生意宝相继成功运营了中国化工网、全球化工网、中国纺织网、国际纺织网、医药网等国内知名电子商务网站。2001年，孙德良正式成立全球化工网，成为世界上最大的化工信息、数据平台。也就是从创办中国化工网的那一天起，孙德良成为产业互联网的守望者，在之后长达20多年的时间里，他坚定地守护着产业互联网领域，在这片原本空无一物的荒凉领域里践行着自己的梦想。

虽然同样身处杭州、同样是互联网领域的佼佼者，但是孙德良与素来高调的阿里巴巴创始人马云不同，他一直有意保持着低调的行事作风。孙德良偶尔会在公开场合发表演讲，每当这时，他都会谈到谨慎、低调的好处："危机有时是机会，机会有时也是危机。"

逆流而上，进行扩张

2009年6月，网盛生意宝在全国范围内的"扩张计划"正式提上议程，公司内增设了多个分支机构，并另外招聘了400多名员工。短短半年时间内，生意宝就两二次对外宣布要逆流而上，进行扩张。

生意宝的总部设在杭州，此外，在全国各地还有17个分支机构，力求建立一套完整的市场营销网络，并为客户提供配套服务。生意宝不愿意顺应大势，而选择在这个时间节点大规模扩张，背后隐藏着一种信号：B2B电子商务有着广大的潜在市场，而网盛生意宝也有信心、有决心在B2B电子商务市场里闯出一片自己的天地。

在孙德良看来，虽然经济形势整体呈下行趋势，但一个真正有实力的企业是会把握机会，迅速出击，在危机中崛起的，而这时企业的首要任务就是储备人才。

2009年7月，孙德良再次出击，网盛旗下的中国服装网顺利收购国际流行资讯网"穿针引线"，并获得51%的控股权。接着，中国服装网开始紧锣密鼓地搭建"中国服装网络大平台"，并利用大平台计划对几个旗下的网站实现深度整合，以打造全球最大规模的"服装电子商务产业集群"，可见中心思想仍延续着孙德良的"小门户联盟"创意。

就某种意义上而言，互联网行业其实是一种力图吸引人眼球的创意产业。在一种朴素的"概念游戏"观念的指引下，网盛生意宝多次以比较低廉的成本在虚拟的互联网世界掀起了一场场喧嚣。在残酷厮杀的中国B2B电子商务市场中，旺盛生意宝更是以堪称完美的创意接连闯关。

在孙德良的努力下，生意宝平台最终被打造成"小门户+联盟"的商业运营模式，在"一纵到底，一横道边到"的电子商务营销理念贯彻下，实现了行业网站、B2B电子商务网站、垂直搜索的完美融合。相较于国内外多家一流的B2B平台，生意宝在架构、模式、资源、整合、实际效果上都略胜一筹。生意宝从2007年4月开始正式运营，一直稳步前进，2008年更是一跃而起，"商机"发布量突破了100万条大关。

学习着，创新着，永不停歇

"小门户+联盟"是孙德良独具创意的运营模式，也是生意宝的安身立命之本。为了让这种创意模式的覆盖面更广，近几年来网盛生意宝在收购、并购的路上越走越远，业务不再局限于之前的行业，而是越来越多元化。到了 2009 年上半年，化工行业的利润就占到网盛生意宝总收入的 68%，业务呈现出越来越明显的多元化格局，企业的抗风险能力也随之提升。

纵观网盛发展的整个历程，皆与生意宝所遵循的"小门户+联盟"商业模式类似的颇具创意的点子有关。比如，有人后来把网盛生意宝称为"中国互联网第一股"，在孙德良看来这也是一次创意的展现。2003 年，网盛正如火如荼地为上市做着准备，当时公司的规模还比较小，但孙德良鼓励公司上下精诚合作，在激情澎湃的状态下一步步攀登事业的巅峰。2006 年 12 月 15 日，网盛最终在深圳交易所成功上市，也成就了"中国互联网第一股"的神话。在孙德良看来，这本身就是一种思想上的创新与品牌上的创新。

公司成功上市后，孙德良和他的团队并没有就此止步，而是紧锣密鼓地开始筹备"小门户+联盟"的商业运营模式。2008 年，上海交通大学从两岸三地邀请了多所大学的商学院院长，对中国数十家企业 2008 年在商业模式和管理方式上的表现进行了专业屏蔽评比，网盛公司的"小门户+联盟"如同一匹杀出来的"黑马"，一跃进入前十，并最终名列第五。

网盛公司当时的现金流并不充足，没有条件砸大笔钱在主流媒体上打广告。这么好的商业模式如何才能推广呢？孙德良又开始动脑筋，思考如何才能有创意地实现品牌运作。在他看来，"网盛科技"这个股票简称着实有点乏善可陈，于是他大笔一挥，将它更名为"生意宝"，通过这个简单明了的名字来提升网站的知名度。孙德良是个不折不扣的行动派，他当天就把公司的名字从原来的"网盛科技"改为"网盛生意宝"，第二天又正式把股票的简称改为"生意宝"。果不其然，改名后不到一个星期时间，"生意宝"就赢得了两个涨停板。孙德良对于更名一事很得意："试想一下，中国光是上市公司就有好几千家，但是把资本市场也作为一个宣传公司的平台来利用的，我们绝对是第一个。这样一来，我们还发掘了中国资本市场除了融资功能之外的又一大功能，那就是广告宣传功能。"

就像孙德良说的："互联网行业日新月异，每一分、每一秒，知识都在迅速更新，只有永不停歇地学习和创新，才能永远处于互联网时代的前端。智慧的人不仅要拥有渊博的知识，还要能触类旁通，灵活运用这些知识。"

10.

徐冠巨：智能公路物流的引路人

清晨6点，整个城市尚未从沉睡中苏醒过来，然而位于杭州的传化公路港已经欢腾起来了。运输着各种货物的货车从周围的杭浦高速、苏绍高速、杭绍甬高速、沪杭甬高速匆匆赶来，汇集在这里。公路港的尽头有一块大大的屏幕，上面不停歇地滚动着各种信息。杭玉凯是一名货车司机，来自杭州，他前一天通过"陆鲸"APP抢到了一个运货单子，要把货物从杭州运往成都。相关记录显示，这次运货里程为2000公里，这已经是他第368次跑这条线路了。而此刻，他正在公路港等候着货主。

杭玉凯开着货车，于5天后抵达成都。这时，成都当地许多司机的手机同时传来了通知声，一款名为"易货滴"的APP正提醒他们：生意来了！听到响声，司机们低头刷手机、抢单子。老王刚刚换了台4G手机，网速很快，率先拿下了这个单子。他马上根据APP上的显示给杭玉凯打电话过去，接下来，他会接手杭玉凯手上的货物，并把这批货运达目的地。

乍听起来，整个货运过程与Uber类似，但是徐冠巨设想的错综复杂的物流网络远远比 Uber 更宏大。中国公路总长 450 万公里，纵横交错，而他想在公路上安装智能软件，服务于国内 3000 多万货车司机。此外，还要在每个作为交通枢纽的城市建设公路港，让物流在信息高速公路上奔驰。

把"软件"安在高速公路上

那么，徐冠巨建设的传化公路港是怎样的形式呢？这个公路港以云计算、物联网、大数据等先进技术为依托，可以为在全国各地高速公路上奔驰的货车司机提供餐饮、旅馆、汽修汽配等方面的服务，可以为各大公路物流公司提供信息、交易、管理、分配货物、仓储、分拨等方面的服务，可以为有资金诉求的企业提供互联网金融服务。除此之外，公路港还能为那些大型物流公司和制造业工厂提供仓储定制化服务，并完善它们的供应链。

短途货车司机还可以在公路港进行在线抢单，订单在 3 分钟内就会响应，10 分钟内交易就会达成；对于贵重的货物，还提供 100% 担保服务，将货运风险降到最低；在 APP 上评级为 A 的司机每个月净收入高达 2 万元。到目前为止，全国各地一共有 13 个类似的公路港开始运营，另外 70 多个的布局也已经完成。已投入使用的物流港每天进港、出港的总车次高达 6.5 万，每日平均物流费用高达 7.2 亿元，每天平均货物吞吐量高达 11.3 万吨。然而，作为中国智能公路货运的领军人物，徐冠巨的野心远不止于此，他计划在未来的时间里持续投入 1000 亿人民币，在全国各地为重要物流枢纽的城市和地区建立 200 个专业的物流基地，在全国范围内实现纵横交错的公路港网络。

传化还推出了智能物流信息系统，与公路港齐头并进。如今，传化还在大力推进互联网各项业务的线上产品的相互融合："陆鲸"和"易货嘀"分别是长途货运 APP 和同城货运 APP，以这两个入口级应用为基础，提供大量人、车、货的实时在线数据，将来传化物流的供应链产业和金融业务将在这些海量数据的基础上开展起来。

徐冠巨致力于打造的中国智能公路物流网络正是在现实世界与虚拟世界之间搭建一座桥梁，实现线上创新性的信息服务平台与线下实体业务公路港的融汇贯通，让人们在开展物流业务时享受更多的便捷。

用物流网络拉动生产服务业

2015年，传化集团以资金重组的方式把新开展的物流业务也纳入上市公司的体系内，这家以化工起家的公司走上了"化工 + 物流"的双轨模式。

徐冠巨对国内外市场进行了持久而深入的考察，经过一系列的深思熟虑，最终决定进军物流行业。在接受采访时，徐冠巨谈到了最初触使他向物流行业发力的原因："火车站是铁路运输的交通节点，航运有港口和码头，空运有机场和航空港，公路运输没有与之匹配的系统来实现统筹运营，但是中国65%以上的货运量都是靠公路来承担的。可见，中国公路物流业最大的短板正是在这里，同时这也意味着巨大的成功潜质。"

"你看看，英国、德国、美国这些欧美发达国家，他们GDP中有约48%是来自生产性服务业，但在中国，这一块只占了GDP的15%。生产性服务业的一个重要部分就是物流行业，如今，中国公路物流的落后已经严重约束了提升供给端的效率。传化要做的就是给遍布全国各地的450公里高速公路安装上一套软件系统，让整条供应链上的各个环节实现数字化和系统化。物流方面的短板弥补了，中国的生产业也能有更大的发展空间。"徐冠巨这么说道。

徐冠巨参考已经开始使用的公路港的相关数据，把一笔账算得明明白白："如果好好利用我们的平台，以公路港为中心的整个城市群的物流成本会降低50%左右，当整个物流网络搭建完成后，全国上下的物流成本可以降低数万亿。它的潜力是不可估量的。"

优秀的企业，乃"时代的企业"

徐冠巨之所以给公司起名为"传化"，其实是用了自己父亲的名字。1986年，徐传化、徐冠巨父子的一家家庭作坊开张了，专门生产液体肥皂，这就是传化最初的起点。经过30多年的风风雨雨，如今传化集团已经崛起为一家多元化企业集团，涉足化工、农业、物流、投资等多个领域，传化股份、新安化工等都是传化集团旗下的A股上市公司。传化集团能从一个小作坊起步，一点点做大做强，与徐家父子开拓进取、积极创新的精神有着密切关系，这同时也是代代相传的"浙商精神"的核心内涵。

"优秀的企业，是时代的企业"，徐冠巨常常跟人们提起这句话。那么，什么是时代的企业呢？"时代的企业，就是要把时代的发展要素融入企业的发展之中，使其成为企业生产与发展的不竭动力。最开始，需求性经济成就了传化，我们完成了起步阶段的飞跃，如今经济迈入了一个新的发展时期，最关键的就是要转型。在企业升级的问题上，我们要综合考虑文化、战略、理念、管理、组织等多个方面的问题，进行综合梳理。曾经，传化致力于满足市场对产品的需求；如今，传化致力于开拓更高品质的产品和更深层次的服务。金融、互联网、创新、技术革新等都是当今时代的文化标记，我们要综合运用它们，紧紧抓住物流产业的发展时机，实现传化多元化在纵深领域的发展，迎接属于我们的崭新时代。"

一位成功的企业家是由多方面因素造就的：好奇心与上进心，超前的眼光与开拓的格局，踏实的态度与坚韧的性情……就像徐冠巨说的："传化集团的每一次飞跃背后都伴随着一次创新和变革，从某种程度上而言，创造、培育并共享市场，是传化未来发展的理想模式。"

第四章

醉翁之意不在酒：浙商的市场嗅觉

1. 浙商，嗅出商机的商场玩家

曾经有人分别用一个字高度概括了晋商、徽商、浙商的最鲜明特点：晋商以"信"为本，徽商以"诚"为本，浙商则以"活"为本。"智、仁、勇"是中国儒家文化的"三大德"，在这三者之中，"智"又被列在首位。所谓智慧，并不是小聪明，而是能因时因地地灵活运用各种智谋，恰到好处地解决问题。

人们常说，浙江人是天生的"老江湖"，光是靠着鼻子都能嗅出商机来。正如著名经济学家钟朋荣所说，"浙江人有着很强的市场意识，懂得寻觅商机，这是商人最重要的一种素质。而且，浙商骨子里敢于拼搏，面对挫折时不屈不挠、一往无前。在浙商看来，天底下就没有他们办不成的事情，而且喜欢不断挑战新的高度，在市场的风浪中依靠自己，相信自己的直觉，因此浙商的行事作风也历来以自立著称"。

曾经有一个小故事，说的是两个推销员去一个遥远的城市寻找商机，推销鞋子。当他们到那里时，却惊讶地发现那里的人从来不穿鞋子。于是，一个销售员垂头丧气地离开了那里。而另一个销售员却很兴奋，在他看来，这里的人从来不穿鞋子，也就意味着这里有一大片潜在的市场，而他则发誓要让这里的所有人都爱上穿鞋子的感觉。故事里的第二个销售员就是典型的浙商，他们天生就是做生意的行家里手，对市场有着与生俱来的敏锐嗅觉，不会轻易错过任何潜在的商机。无论大江南北，只要有潜在的商机或市场，他们就会千里迢迢地赶到那里去。

浙江商人以脑子活络著称，他们在做生意时采用逆向思维的方式，在商业实践中检验自己，凭借敏锐的商业直觉做出判断。在做生意时，浙商从来不拘泥于任何条条框框，而是懂得随机应变。人们经常等到浙商已经干成了一件大事，才狠狠地一拍大腿，遗憾地感叹道："原来这也能赚到钱，我怎么就没想到呢？"

其实，浙江人创造的一个个财富传奇并非那么神乎其神，主要在于他们懂得把握商机，善于牢牢抓住市场中那些潜在的机会。总体来说，浙商之所以能抓住先机，领先于对手，主要可以归结为以下几个方面：

以较低的代价打开新市场

随着企业规模的不断扩大，无论哪一家企业都会渴望向外部扩张。任何企业都希望能开拓更多新的市场，将其技术与资源优势发挥到最大。然而，进入任何一个全新的领域都会有不同的障碍和壁垒，比如说汽车制造业、石油化工业等受制于生产规模；IT行业、移动通信行业、医药行业受制于技术水平；此外，销售渠道也是开拓新市场的一个大障碍，那些先行者早就占领了现有的销售渠道，而试图进入新市场的企业对于剩下的那些渠道又不尽满意。诸如此类因素都制约着一家企业向新领域进军。

而浙商的聪明之处就在于，他们总是懂得将企业现有的技术、资源、商业模式等进行最佳匹配，使其发挥到极致，克服上述各种障碍，从而成功地向心仪的市场领域进军。浙江娃哈哈就是一个典型的例子，当初娃哈哈准备开拓纯净水市场。宗庆后心里很清楚，娃哈哈要进军纯净水市场，就必须拥有某些关键资源，才能克服进入市场阶段最主要的障碍。比如说，无论是生产、研发还是设计工艺等方面，娃哈哈都拥有独家技术；此外，娃哈哈还拥有各种成熟的分销渠道，这些渠道甚至遍布国内广大的农村市场，可迅速为娃哈哈的新产品打开市场；更何况，娃哈哈还是国内知名品牌，深受消费者认可，因此可以借助品牌的影响力来推广娃哈哈纯净水这款新产品。

事实再三证明，企业可以凭借自身的独特优势克服重重障碍，进入一个新的市场领域，并在激烈的竞争中如鱼得水，收获高于业内平均水平的利润回报。

紧跟市场，加快速度

在风起云涌的市场竞争中，市场信息无疑是企业最重要的法宝之一。如果企业能赶在竞争对手之前把握最重要的市场信息，毫无疑问，它已经稳稳地迈入了成功的大门。

1997年，中国互联网行业如雨后春笋般纷纷萌芽，在同一年里，张朝阳、丁磊、王志东分别创办了搜狐、网易、新浪三大门户网站。这时候，在遥远的大洋彼岸，美国的互联网投资大战也拉开序幕，愈演愈烈。1998年，丁磊这支只有8个人的小团队却让网易收获了高达600万美元的巨额利润。接下来的两年里，丁磊身上又戏剧化地演绎了一段跌宕起伏的剧情：这个年轻人如流星一般迅速攀上财富之巅，经历短暂的暗淡后，又一跃而起，成为"首富"。

1998年到2000年，短短的两年时间里，网易缔造了中国互联网史上多个"第一"，并成功登陆纳斯达克。然而，在2000年，美国互联网行业的泡沫被戳破，丁磊还没来得及高兴，各种麻烦就接踵而至。在挂牌的第一天，网易的股价就跌破了发行价，而后来，因误报了财报收入还惨遭停牌通知。面对重重危机，丁磊进行抗争，最终赢得了华尔街的信任。在这之后，丁磊把无线互联在线娱乐和在线广告设定为网易最主要的三块业务。

机会总是青睐于能把握市场律动并牢牢抓住商机的人。2002年是网络游戏爆红的年代，在中国各个地区的网吧里，一大群年轻人纷纷尖叫着，大把大把地花着钱，在虚拟的网络世界里寻找刺激。这次，丁磊再次敏锐地"嗅"出了市场的商机，率先一步进行战略部署，成功推出了网易在线游戏和在线服务社区，与此同时，还有效提高了广告服务收入，使收入渠道更丰富，赢得了巨额利润。短短几个月里，网易公司已经触底的股票接连暴涨，一下子，丁磊的纸面财富就达到 50 亿人民币。而那一年，丁磊刚刚 32 岁，他创办网易才不过 6 个年头。

上市初期的剧烈震荡早就让丁磊明白，只有远远超出同行业的盈利能力才能让企业迅速、稳定地不断前进。在这之后，丁磊为网易的各项业务精心布局，网易的盈利能力平稳地逐年增长。2015 年，网易的年度财务报表显示，这一年它的净收入高达 228 亿元，其中有 67 亿元为净利润。网易最有名的"现金牛"就是在线游戏业务，它的营收额占了网易年度总营收额的 78%。

时刻警惕市场变化

正如微软公司的创始人比尔·盖茨所说的："微软距离破产并不远，永远只有 18 个月。"海尔集团的创始人张瑞敏也持有类似的观点，他反复告诫员工，"海尔永远都要战战兢兢，如履薄冰，才能持久生存下去"。

技术上的满足是很危险的信号，当认为某项技术已经臻于成熟时，必须要格外小心。然而，事实证明，很多企业在技术上或战略上都很容易产生满足情绪，尤其是那些占据着市场优势地位的企业，自满情绪更是容易在不知不觉中滋生。然而，市场瞬息万变，企业要生存下去，就必须有危机意识。

可见，时刻对市场保持高度警惕是浙商在市场竞争中不可或缺的一项基本素质。那么，浙商是如何凭借骨子里的"狼性"而时刻准备应对风云变化的外部环境的呢？

第一，浙江企业的管理层都很有危机意识，时刻警惕着外部市场的变化。

第二，那些成功的浙商都将危机意识融入企业文化中，让每个员工都保持着敏锐的"狼性"，以应对危机重重的市场环境。"居安思危"从来不是浙江企业的作风，他们永远更进一步，"居危思进"。正如娃哈哈公司总裁宗庆后经常挂在嘴边的一句话，"微软距离破产只有 18 个月，连这么强大的微软都如此，我们又有什么资格高枕无忧呢？"

第三，浙江企业对企业员工的综合素质有着很高的要求，注重培养他们的认知能力和责任心，在外部市场发生变化时，他们能及时进行应对。

第四，浙江企业与供应商、经销商、零售商、客户都保持着紧密的联系，这样一来，一旦市场有任何细微的变化，他们就能迅速察觉并采取行动。在浙商看来，企业做决策和采取行动都必须以市场信息为基础，企业的危机意识也是建立在获取外部信息的基础上的。企业只有使获取信息的渠道多元化，在发生变化之初，才能敏锐地察觉威胁，及早采取行动，成为激烈竞争中的主动方。

2.

了解市场，谨慎小心"吃螃蟹"

浙商以敢闯、敢拼的精神颇受人们推崇，但是他们崛起于商海的关键因素还有一个，那就是大多数浙商"冒险家"都是谨慎小心地开始一场又一场冒险的。浙商是有大智慧的群体，他们从不干任何没有把握的事情。只有当他们把事情弄清楚后，才会开始行动。就像联想集团有限公司的董事长杨元庆说的："经商做得好与不好，无非关乎两方面：第一是否把事情的方方面面都想明白、想透彻了；第二是能否坚决地执行下去，中途不要放弃。"这也正是浙商商道的奥秘。

了解是行动的第一步

前进的动力对于任何驰骋商海的商人而言，都是必不可少的，其中对目标和自身的认识又尤为重要。正所谓"知己知彼，百战不殆"，知己被摆在首要位置，是一切的大前提，强调的是对自身有充分认识的重要性。你必须先想清楚什么是自己想干并能干的，这是经商或创业不可回避的问题。正所谓"不打无把握之仗"，那么如何才能把每一仗都打得漂漂亮亮呢？

第一，要充分认识自己所做的行业。你想要从事的行业的市场前景如何？有哪些潜在风险？你的投入与产出各有多少？最后能得到多少利润？

第二，你要充分了解自己。你所拥有的人脉关系对你即将从事的行业能提供多大帮助？你的性格适合从事这项事业吗？你现在的资金状况是否足以支撑事业的发展？

第三，对于你即将从事的事业要确立行之有效的计划。你的资金要如何投入？你如何寻觅到合适的人才？如何才能尽可能地规避风险？

只有把这些细枝末节都考虑清楚后，才能拼尽全力，放手一搏，并尽可能避免潜在的危机。你在经商的时候会遇见各种各样的机会，这时候，你必须及时做决策。这时候，你必须很明确自己要做的是什么，想达成什么样的结果，这样才能把事情做到最好。就像盛大集团创始人陈天桥说的："你专注地做一件自己所喜欢的事情，想不成功都很难。然而，你正在做某件你不喜欢的事情，即使很认真、很努力，还是很难真正成功。"

远离超出自己能力的事情

在浙商圈子里流传着这样一句话："宁可少赚钱，也要少冒险。"娃哈哈集团的创始人宗庆后谈到为商之道时也说道："就我个人而言，一向主张稳妥为好。这十几年来，娃哈哈飞速发展，但一直是在平稳中逐步上升。我的原则就是，我不做任何超出我能力范围的事情。"事实上，创业之初选择进入那哪个行业是很重要的。对于大多数人来说，创业往往意味着朝一个崭新的领域进军，会遇见各种各样以前从未接触过的人或事。对于初涉商场的人来说，最好在自己能力范围内选择将要从事的行业。道理很简单，规避风险，意味着获得发展。

宗庆后被业内同行誉为"商业超人"，他对市场有着敏锐的直觉。这种直觉一来是因为他的天赋，二来是因为他多年以来都坚持"用脚来丈量每一寸市场"。在宗庆后看来，他在进行公司的决策管理时是不折不扣的"感觉派"。他曾跟记者说："一年里有七八个月的时间，我都不在公司，而是在外面跑市场。因此，我对自己对市场的感觉很有信心，而这种对市场的敏锐度恰恰是娃哈哈开拓市场的最重要的竞争优势。"一年当中，宗庆后有200多天奔波于市场第一线，四处考察、调研。2009年，宗庆后用了短短15天时间跑遍了大半个中国。同时，他不端着架子，更乐于深入公司基层，了解各级管理者的工作现状。

宗庆后靠着身为企业家的敏锐直觉，在娃哈哈的成长历程中做出了一次次正确的决策。这种直觉是在长期的市场实践中磨砺而成的，宗庆后犹如这个瞬息万变的商业市场里一根最灵敏的"探雷针"，少有失灵或失误的时候。当然，纵横商海几十载，宗庆后并不是从不犯错的。比如，1994年时，娃哈哈曾推出"关帝酒"，但这款酒并没有在市场激起任何浪花，很快就撤架了。令人庆幸的是，这些企业发展过程中不可避免的小失误都被宗庆后沉稳地控制住了。实际上，宗庆后沿袭了浙商世世代代稳健踏实的作风，并从中深深受益。

审时度势，抓住机遇

万向集团创始人鲁冠球说："高明的企业家与狂躁的赌徒往往只有一线之差，区别在于前者勤于思考、热衷学习，能够审时度势，顺应大局，并牢牢抓住转瞬即逝的机会。一家企业的成功往往与机遇有关，我们很难发掘其中的规律。但是，失败却是有规律可循的，一旦你超越了自己的能力，离失败就不远了。"事实上，不超出自己的能力范畴与在洞悉市场的前提下做第一个"吃螃蟹"的人，二者之间并不矛盾。作为第一个"吃螃蟹"的人，总是以开放的心态对待那些新鲜事物，有敏锐的市场嗅觉，能发现并牢牢地把握机遇。不做超出自己能力范畴的事情，指的是"吃螃蟹"也要在自己的能力范畴之内。有胸怀、有魄力、有眼光，又能脚踏实地走好每一步，才能收获真正的成功。

张恩玖是浙江久盛地板有限公司的董事长，2001年，他正式向实木地板行业进军，这是他人生中第二次创业。经过一系列周全的市场考察，张恩玖发现，实木地板的投资门槛比较低，全国各地大大小小的实木地板企业如雨后春笋般纷纷涌现。这样一来，国内的实木地板行业竞争日益白热化，但存在良莠不齐的混乱场面，其中只有为数不多的几家企业具有一定的规模，知名品牌的企业更是少之又少。无品牌、质量低劣的实木地板根本无法满足消费者的需求，因此张恩玖坚信，打造一个高品质的实木地板品牌在国内大有前景。

于是，张恩玖在成立久盛地板不久，就投入了大笔资金，从德国、英国引入了8条实木地板自动生产线，还有两条世界领先水平的UV淋漆生产线，每月的生产量可以达到15万平方米。短短几个月，久盛地板就一跃成为南浔地板业内规模最大、硬件最优、产能最高的一家企业。这一次，久盛牢牢抓住了有利时机，成为实木地板业的"领头羊"。

可以说，大多数浙商都是市场中最谨慎的冒险家，这也是他们获得巨大成功的法则。诚然，做第一个冒险吃螃蟹的人固然可贵，但更可贵的是面对吃螃蟹的机会时仍能保持冷静与理智，客观地分析与思考，每时每刻都对自身与周边环境保持清醒的认识，才能获得持久的成功。

3. 抓住先机，打造自身优势

很多人初涉商海，总是喜欢跟风，什么最火，就跟着去做什么，什么最赚钱，自己也想去尝试。殊不知，市场风起云涌，其他人靠着做某个行业挣到了钱，并不意味着你也会挣到钱。只有那些能牢牢抓住机遇，拿出与众不同的产品，并紧紧吸引住消费者目光的企业，才能成为商场最终的赢家，赚得盆满钵满。

华人首富李嘉诚曾说过："总结起来，做生意的方式无外乎三种：其一是把握先机，创造自身优势；其二是效仿他人，改进自身；其三是照本宣科，完完全全地跟风。"置身于当下的时代背景，创业是大风潮，而一个企业生存与成长的核心就在于先发制人，凭借自身优势满足市场需求，从而崛起于万千创业大军。说起来"一招鲜"的手段确实不容易，但一旦恰到好处，就不失为投入最少、受益最大的办法。改进则要先了解市场上其他同行的现状，并力求在他人的基础上做得更好，这样做虽然能获得一定的收益，但很难引起轰动效应。大多数人只是纯粹在跟风，亦步亦趋地"吃"着前辈们的"残羹冷炙"，短时期内这是最容易、最轻松的办法，风险也降低了很多，但很难获得大的成功，甚至不会赚到钱。

一招鲜，吃遍天

浙商群体在商海摸爬滚打几十年，他们最善于把握市场浪潮，以"一招鲜，吃遍天"作为打造自身优势的不二法则。

"卞氏菜根香"是成都很有名的一家连锁饭店，它的创始人名为卞克。当年，年纪轻轻的卞克离开浙江，走南闯北，寻觅商机。最初，卞克攥着手里的1万块钱，开始投身餐饮行业。那时候，傣家风味比较火爆，他便把钱都投了进去，开始经营傣家风味菜馆。同时，为了让顾客切身感受到傣家淳朴的风土人情，菜馆还提供傣家歌舞，并按照傣家风俗来招待客人。后来，他又先后投资过自助火锅、淮扬菜、鱼头泡饼等不同类型的饭店。他虽在餐饮行业里小赚了一笔，但一直在思考如何避免在重复开店的过程中浪费自己的时间和精力，能创建一家具有自身特色的品牌餐饮企业。

　　四川本地人最爱吃泡菜，几乎家家户户每顿饭都少不了它。卞克心想，如果能在餐桌上放上几小碟正宗的四川泡菜，肯定能在瞬间俘获人们的味蕾，并勾起人们内心深处的故土情怀。于是，他于1998年在成都创办了"菜根香泡菜酒楼"。接着，他寻找专业的厨师团队研发了最具成都当地特色的一系列泡椒菜品，比如泡脚凤爪、泡椒鱼皮、泡椒墨鱼仔等。顾客在品尝这些颇具特色的泡椒荤菜时，既能尝到最地道的传统风味，又能感受到符合时代的创新菜的独特魅力。而卞氏菜根香的招牌菜则当属"菜根老坛子"，几乎是每桌客人必点的一道菜。

　　短短半年时间，数十家卞氏菜根香酒楼在全国20几个大中型城市先后开张，卞氏菜根香酒楼的宣传语"吃得菜根，百事可为"很快传遍了大江南北。卞克成功打造了一个驰名国内的川菜品牌，并得到广大消费者的认可。

　　卞克之所以能在这么短的时间内获得如此大的成功，归根结底，还是因为他真正做到了与众不同。在当今商品经济时代的大背景下，街头巷尾的大酒楼、小餐馆琳琅满目，让人应接不暇，只有打造自身的特色和优势，才能在竞争激烈的市场里扎下根来。

用传统韵味打动世界

　　在竞争愈演愈烈的市场浪潮中，只有顺应潮流，每时每刻完善自我，向市场推出满足消费者需求的商品，才能立于不败之地，大小商品莫不如此。浙江义乌商人陈健华很早就背井离乡，来到美国闯荡，他对此深有同感。他认为，在经营商品贸易的构成过程中，一定要在特色产品上做足功夫，只有与众不同的特色商品才能吸引消费者的眼球，才能迅速打开市场，这同样也是海外经商的一条重要原则。

苏州的各种小物件韵味十足，很具有地方特色。2004年，陈健华远赴美国，随身携带着苏州当地生产的仿寿山石、檀香山、红木书签等，在街头开了一家小小的门店。结果，开张不久，这些苏州当地的特色商品就被那些热爱中国文化的外国人哄抢一空。这次的意外收获让陈健华倍受鼓舞，于是他开始在美国主要经营各种"中国风"的特色产品，比如苏州的双面绣、湖南的湘绣、义乌的树脂象、江西的竹根雕。这些商品有着十足的中国韵味，且在美国当地市场很少见，陈健华的生意越来越红火。

经商的人都听过这样一句话："头一个做的是天才，第二个做的是庸才，第三个还做的是蠢才。"在激烈的市场竞争中，浙商永远是"第一个吃螃蟹的人"。当你角逐商海却遭遇失败时，是否应该反思一下自己的产品是否过于普通，丧失了自身特色？商品的自身特色是企业站稳脚跟的基石，也是企业长期发展的灵魂，只有维持自身特色，推陈出新，才能在商场立于不败之地。从创业之初起，就要避免盲目跟风的惰性，做一些与其他人不同的事情，并坚持不懈地做下去，这样才能看到成功的曙光。

4.

紧跟政策，嗅出商机

前一段时间，《浙商理财的 22 条军规》一书风靡一时，书中列出的第一条军规就是："每天坚持收看 CCTV-1 的新闻联播。"想要在经济浪潮中牢牢把握住经济的律动，就必须关心国内外政治局势。CCTV-1 播出的新闻联播图文并茂，绘声绘色，堪称国内商人了解经济局势的"晴雨表"。

浙商是对市场嗅觉尤其敏锐的一个商业群体，这一方面是因为他们自身的努力和天赋，另一方面是因为他们时刻紧跟国家政策，从那些隐藏的信息里发掘商机。他们有着极强的市场洞察力，总能在宏观层面准确判断市场形势，如灵敏的猎豹一般嗅出商机，牢牢抓在手里。他们的动作也如猎豹一般敏捷，总能在第一时间抢占先机，领先于竞争对手。浙商在政治上的表现也向来以沉稳、积极而为人们所称道。就政治立场而言，他们沉稳可靠、谨慎客观，从不偏激，总是能从长远利益出发，而不争一时长短。

"浙江制造"，走向价值链上游

21 世纪，中国经济态势步入了风云变幻的转型期，开始从过去的低端产品向高端产品过渡。在低端市场里，众多浙江中、小型企业表现突出，在国内乃至世界的低端产品中牢牢掌握着市场的主导地位。然而，在当前国内的经济态势之下，浙江企业也正顺应潮流，积极打造国际知名品牌，向着价值链的上游发展与成长。比如锁，浙江企业以生产低端锁为主，然而高端市场也有很大空间，锁在价值链的上游就意味着安全系统更有保障。因此，一家企业既可以生产低成本的家用锁，也可以生产国际机场价值高达数百万美元的安全系统。在产品的工艺与范围等领域，浙商正进行着更大胆的尝试，努力从低端向高端迈进。

比如，浙江浦江梅花锁业集团有限公司就是一家集锁具产品的设计、研发、生产、销售于一体的专业制造企业。梅花锁业集团在1997年成立，历经二十年的风风雨雨，如今已成为浙江省挂锁行业的翘楚。作为梅花锁业集团的创始人，郑隆喜响应国家政策，努力推动新产品的研发与加工工艺的创新，力争进军高端市场。

对于一家企业而言，开发新产品的能力既是企业技术创新的直接表现，也是企业稳步前进的基础。近年来，梅花锁业集团致力于实现产品与技术领域的创新，先后研发了19款新产品，其中包括蛇形槽挂锁、椭圆形防盗叶片锁、双槽欧款铜锁、弧形欧款铜锁等。这些新产品陆续投入国内外市场后，均有不俗的表现，占据了年销售总额的30%以上。

在加工工艺方面，梅花锁业集团致力于实现突破与创新。以铁锁的防锈处理为例，过去主要是利用油漆喷涂或电镀工艺来处理锁具的表面，无法对锁具内部进行防锈方面的处理，锁具的寿命也因此大大缩短了。郑隆喜多方查找相关资料，了解到科隆工艺能有效地解决锁具防锈问题，经过一系列烟雾实验对比发现，效果果真不错。除此之外，经过企业技术人员的刻苦钻研，梅花锁业集团还成功研发出自制锁体弧形倒边机，使锁体的弧形倒边加工工序的操作更加简单便捷。此外，在锁芯加工方面，该集团还研发了梯形槽、S槽、双方槽、新型电脑槽等多种高难度的优质加工工艺，取代了传统锁具的平槽结构，这些工艺创新成果在欧美市场也赢得了客户的一致好评。

浙江企业家之所以能获得如此巨大的成功，在于他们总能把眼光放得更长远，不拘泥于眼前的蝇头小利，紧跟政策与时代的律动，牢牢把握住融入国际化高端市场的时机。

身体的出走，"灵魂"的永驻

正如浙江飞跃集团董事长邱继宝所说，"如今，浙商初始的创业阶段已经完成，但比起创业，之后的创新、创优更加艰难。要奠定百年基业，创新是浙商唯一的出路"。以创新为基础，浙商在新型工业化的道路上坚定不移地走下去，坚持发展先进制造业，毫不动摇，在不久的将来，必然会谱写新的辉煌篇章。

当前经济政策下，"引进来，走出去"已成为国内各大企业的首要目标。那么，摆在浙商面前的一大问题就是，如何让身体走出浙江，同时把"灵魂"留在浙江。近年来，越来越多的浙江企业走出浙江，来到省外乃至国外创业。相关数据表明，截至 2017 年 1 月，在浙江省之外的国内其他省份或地区投资、创业的浙江人已达到 670 万。

浙江企业家姓的是"浙"，如今众多浙商纷纷走出浙江，将商机带往其他地区，这会对浙江经济以及浙商自身的发展造成怎样的影响呢？正如北京大学中国经济研究中心周其仁教授所分析的："随着经济发展到一定程度，企业向外走是不可避免的趋势，在欧美等发达国家也都是这样。但是，需要大家深入思考的一点是，虽然那些美国或欧洲的跨国公司早早就迈出国门，在世界各地的广阔市场里谋求发展，但是这些企业的母公司和研发基地仍留在本国，不断实现技术和产品上的创新来保持自己在本行业内的领先地位。"对此，红蜻蜓集团董事长钱金波也持有类似的看法，就像他说的，"那些跳出浙江的浙江企业家，应该仅仅是身体跳出去，而要继续把'灵魂'留在浙江"。

事实上，浙商的发展也的确如此，浙商在走出浙江，积极参与世界市场角逐的同时，把企业的根留在了浙江，实现了对浙江经济的反哺。当前，很多浙商虽然在省外谋求发展，但与此同时，他们也再次把投资的目光又锁定在浙江。浙江省委研究室的一项调查研究显示，截至 2015 年底，在京津冀的浙江企业或创业人员重新投入浙江省内的现金高达 890 亿元；在广东省的浙江企业或创业人员重新投入浙江省内的现金高达 930 亿元；在上海市的浙江企业或创业人员重新投入浙江省内的现金高达 450 亿元。在 21 世纪初期，很多浙江企业纷纷在省外投资低附加值的传统产业，如今浙江企业又纷纷重返浙江，开始进军高附加值的高新技术产业。浙商的这种反哺行为极大地推动了浙江产业结构的优化、调整与升级。

5. 把握市场风向，识别替代品

很多时候，来自市场的替代品经常威胁着企业的生存，比起现有的产品，这些替代品也许在性能、外观、价位等方面都有优势。对于任何企业现有的顾客群体而言，这都是巨大的诱惑，因为任何消费行为都是从自身利益出发的。因此，随着替代品在市场上出现，企业当前所占据的市场份额必然会受到莫大的威胁，一旦越来越多的客户接受并认可这些替代品，现有产品就会被市场边缘化。最终，企业会濒临无人问津的境地，被人们渐渐遗忘掉。

对大多数浙江企业而言，为了保全辛辛苦苦占据的市场份额，他们只能推出各种防御措施，滴水不漏地防止本行业的替代品出现。

浙江亚太机电股份有限公司于 1979 年成立，是中国目前规模最大的开发、生产整套汽车制动系统产品的企业。经过风风雨雨近 40 年的发展历程，其如今总资产已达近 10 亿元，年销售额为 8.9 亿元。为了领先于自己的同行，亚太集团创建了 30 多条专业化的生产流水线，还拥有近 1000 套国内外最高端的专业生产设备。一直以来，亚太集团就致力于提高自身的科技能力和研发能力，以防止本行业的其他品牌异军突起，被取而代之。亚太还积极与国内外知名企业展开合作，成立了亚太研发中心。包括盘式制动器、真空助力器、鼓式制动器、离合总分泵在内的"湖湘"品牌系列产品是公司的主导产品，产品总计近千种，并服务于包括一汽大众、东风汽车、长安、金杯客车、上汽奇瑞、北汽控股、美国德尔福在内的50多个厂家。

可以说，亚太花费了大量时间和精力来预防被其他类似产品取而代之。然而，很多企业在危险来临之前，却选择了忽略，根本没有意识到替代品的出现。这是因为相当一部分替代品有着多种多样的形式，有的一眼就能发觉，有的隐藏得很深，但它们都在不知不觉地吞噬着现有的市场。

有不少浙商企业能保持自己对市场的敏锐度，准确识别替代品或潜在替代品，这是因为他们对替代品有全面而深入的认识，并能相应地采取一系列防御措施。总的来说，浙商是从以下几个方面来防范替代品的。

产品功能上的升级与替代

一件产品常常兼顾多种功能。消费者购买了某件产品后，都会将其应用于实际生活，从而发挥产品的功能性。日常生活中，我们经常看到的替代品都是在功能上进行替代，比如汽车替代了自行车，二者在外观上截然不同，但功能上却是相似的，都是消费者在日常生活里的代步工具。大部分情况下，新的替代品兼具现有产品的所有功能，还能为消费者提供现有产品不具备的功能或效用。这时候，替代品就会对现有产品产生巨大的威胁，直接侵蚀其市场。

不明显的潜在替代

有些替代品很明显，容易被发现，但还有很多替代品是潜在的。消费者有时根本不需要购买任何产品就能实现某种功能，比如以前几乎每家每户都有自行车，但是随着包括共享单车、公交车、地铁在内的公共交通网络越来越完善，很多家庭已经不再自己购买自行车。水表行业里最极端的一种替代形式就是消费者根本没有必要在自己家里安装水表。

有时候，面对同一件产品，因为消费者的性别、年龄、职业、性格等各不相同，他们对这件产品所需要或所倾向的功能也有所不同。比如自行车对大部分消费者而言，是日常生活的代步工具，但现在也有不少年轻人买自行车是为了骑行，这就是侧重自行车的娱乐功能。因此，替代品所服务的细分市场越广，它对企业产生的威胁也就越大。

一环接一环的替代

实际上，很多企业的产品还随时面临着某些更具隐秘性的替代品的威胁，那就是其下游产品的替代性。比如，一家生产芯片的企业所面对的顾客是一家生产 MP3 播放器的厂商，顾客则从这家企业购买 FLASH 芯片安装在 MP3 播放器里。一旦市场上出现了播放功能更强大的 MP3 播放器，其就会对顾客所占据的市场造成巨大冲击，顾客从企业的购买量就会受到波及，这意味着这款新 MP3 播放器的替代性同样威胁着这家生产芯片的企业。可见，虽然企业有时候并没有直接面对某些替代品的威胁，但是如果他们生产的产品被新的替代品威胁，那么整条产业链上的大部分企业都会受到威胁。

由此可见，替代品的危险以各种各样的形式存在着，有的是显而易见的产品功能上的替代性，有的是隐藏性的、不易察觉的替代性，更有甚者，会间接被某些处于生产链上现有的企业取而代之。更何况，对于不同的领域或产品而言，替代品的形式或威胁有着千差万别，企业在识别这些替代品的威胁时自然也困难重重。

很多浙江企业之所以能成功地预防来自替代品的威胁，是因为它们会对替代的威胁性进行全面而深入的分析，会列出一个长长的替代品清单，并从相距甚远的有威胁的替代品开始考虑。换而言之，当企业在分析替代品威胁的时候，要尽可能更周全、细致地考虑，而不要局限于某些很明显的替代品。

6. 宗庆后：以敬畏之心与市场相处

娃哈哈集团的董事长宗庆后说："放眼大众消费品领域，只有努力挤进业内前三名，才能赚到钱。要冲进前三名，第一道坎就是市场。不能开拓市场，就没有发言权。一个没有市场的产业是不会成功的。"在宗庆后看来，对市场怀有敬畏之心是身为商人的原则之一。

顺应市场，抢占制高点

联想集团的创始人柳传志说："有了好的立意，才能制定出合适的战略，才能一步步按照立意去执行；没有好的立意，就像无头苍蝇一样，蒙着头到处转，做到哪一步就是哪一步，如何才能获得忠诚的追随者，跟着你同进同退呢？"

在娃哈哈投资扩张的过程中，有一个特点尤其显著：必须顺应市场发展的大趋势，兼顾企业自身发展需求和社会效益。

在宗庆后看来，对市场心存敬畏，就要尽到自己承担的社会责任，周全地利用各种社会资源。娃哈哈尤其青睐在革命老区或相对贫困的地区布局，其旗下不少分公司的投资布局清晰地反映了这一点。比如，广元分公司位于四川北部的贫困地区，宜昌、涪陵分公司位于三峡水库区域，红安分公司则是著名的革命老区，曾经涌现出200多位为共和国立下过汗马功劳的将军。

三峡水利枢纽工程在1994年正式启动，在沿海经济相对发达地区掀起了开发西部的热潮。涪陵坐落在三峡地区，为了发展经济，当地的国有企业迫切地需要新资本、新项目为其注入新鲜血液。当时，娃哈哈经过多年的发展已经有了一定的品牌效应，就牢牢抓住了这个开拓新市场的好机会。

涪陵在三峡地区占据着区位优势，很受中央政府重视。更何况，涪陵还是四川、重庆、湖北三个省的交汇处，处于大西南的交通枢纽。当时，娃哈哈力图实现全国市场的大规模扩张，向涪陵西进与娃哈哈的市场战略相符。1994年11月14日，娃哈哈收购并兼并了涪陵当地3家濒临倒闭的特困企业，在当地成立了娃哈哈分公司。由此，娃哈哈开始了面向全国市场的布局。

涪陵当地政府为了顺利引入娃哈哈这只从大千世界飞进来的"金凤凰"，承诺娃哈哈无需承担被兼并的企业仍拖欠的债务负担。而娃哈哈作为回报，承诺要为被兼并企业的100名员工安排工作，还要保证这些企业的离退休职工老有所养。除此之外，宗庆后还向当地政府主动请缨，提出在4年时间内要突破8000万元的盈利额，如果达不到这一金额，娃哈哈将赔偿金额不足部分的60%；如果超额完成任务，娃哈哈则将获得超额金额的60%作为奖励。

就这样，娃哈哈顺应市场潮流，以"对口支援"的身份顺利进驻四川市场，并获得了当地政府提供的诸多优惠政策。比如，涪陵政府和娃哈哈集团在1995年10月签署了《关于建立杭州娃哈哈集团公司涪陵有限责任公司的补充协议》，协议规定免除娃哈哈缴纳国税、地税等；当地政府以每亩4.8万元的价格为娃哈哈集团提供建立分公司相关项目所需土地，还要为娃哈哈在当地分公司的员工提供福利分房。

娃哈哈顺因应大势，一路西进北上，开疆拓土，除了四川涪陵之外，还在四川广元、湖北宜昌、甘肃天水、湖北红安等地建立了分公司。在这片辽阔的沃土上，娃哈哈的生产线遍布每个地方。在娃哈哈纵横交错的生产线上，几乎每秒钟就有近一万瓶饮料诞生。娃哈哈在这30

多年的时间里一共生产了近1亿万吨饮料，比10个西湖的湖水加起来还要多。

开启市场与利润的双赢模式

就某种程度而言，企业要谋求自身的发展，就必须扩大投资、开拓市场。这条漫漫征途上遍布着大大小小的诱惑，一个不留神，就会掉进潜伏的陷阱之中，万劫不复。面对开拓市场，任何企业家最终都可能面临两种截然不同的情况：一种是惊喜培育出一棵"摇钱树"；另一种是打造出"差产品"，招惹来无穷无尽的麻烦。

这些年来，一些市场扩张速成论者主要持有的观点是：只有加速开拓市场，才能尽可能地占据更大的市场份额。企业的成长史是永不停歇地攻城略地，而"创利能力"是这漫漫征途中不容忽视的关键因素。

企业要发展壮大，就不可避免地要开拓市场，只有占领市场的制高点，降低成本，扩大规模，才能在最大程度上发挥自身的竞争优势。要想保持这种竞争优势，毫无疑问，必须在开拓市场的过程中不断提升"创利能力"。

在投资运作的过程中，宗庆后一直主张稳健前进，并定下了一个规矩：市场份额和利润两个都要抓起来，不可顾此失彼。对此，《南方周末》曾幽默地评价说："宗庆后熟谙经营之道，就像是一位经验丰富的农场主，如今娃哈哈集团的分公司已经遍布国内各地，就像是一只只能下金蛋的母鸡。"

针对如何在某个领域超越对手，素有"竞争战略之父"之称的迈克尔·波特提出过两条普适性的竞争原则，那就是低成本或差异化。对于一家企业，无论是哪种类型或规模大小，哪怕是不以盈利为目的的组织，这两种战略也都是行之有效的。其中的低成本战略指的是一家企业相较于它的竞争对手，在设计、生产、销售同类型产品时拥有更强的能力。

为了努力占据更多的市场份额，公司要尽可能降低成本，在同行业内推出相对较低的价格的情况下仍能获得可观的利润。在任何情况下，只要价格成了市场竞争的主流，那些效率较低的厂商总是会遭受更大的伤害。那些生产成本相对较低的企业总是比它的竞争对手有着更明显的优势。大部分消费者对于商品的价格都比较敏感，成本较低的企业为其提供产品或服务的时候就能获得更多利润。

在国内的饮料行业里有一句话广为流传："千万不要试图进入已经被娃哈哈占领的行业，要知道，那个行业的利润已经很低很低了；当然，更不要试着进入娃哈哈尚未涉足的行业，不是娃哈哈没有发现它，而是它已经没有利润可言。"这么说来未免有些夸张的成分，但同时也从另一面反映了娃哈哈在饮料帝国里的确占据着市场制高点的优势地位。

7.

任正非：拥有像狼一样敏锐的嗅觉

作为华为的创始人，任正非多次跟公司管理层强调："企业要发展起来，就要先培养一批狼。"他认为，企业发展应该向狼学习，在他的带领下，华为以狼性文化作为企业文化的核心，也在激烈的市场竞争中追求着狼的各种特质：第一，拥有百折不挠的进攻精神；第二，拥有敏锐的市场嗅觉；第三，拥有群体作战的自觉意识。

狼性文化的重要内涵之一是拥有敏锐的嗅觉，具体而言，就是说企业在发展过程中要树立足够的危机意识和市场前瞻性。任何一家在激烈的市场竞争中崛起的大企业都是一路披荆斩棘走下来的，它们面临的逆境永远比顺境多。浙商群体看似光鲜亮丽，但谁又能体会他们背后的辛酸与艰苦呢？回顾华为30多年走过来的风风雨雨，一路上都处于面对危机、化解危机的过程之中。身为华为的灵魂人物，任正非对企业所处的内部和外部环境有着深深的危机意识，华为才能在危机四伏的环境下生存下来。

推进技术，满足市场

最初，任正非刚刚创立华为时，主营业务是代销香港的HAX交换机，主要是从差价里面获取利润，相对来说风险比较低。但是，连着做了两年以后，任正非就放弃了代销，开始投入资金，自主研发交换机。任正非走上了自主研发的道路，也承担了更大的风险。当时，国内的交换机市场上几乎都是来自国外大型电信企业的产品，没有任何国内的本土产品。

在很多人看来，任正非的想法简直是天方夜谭，放弃了靠差价讨生活的好办法，冒着倾家荡产的风险做起了交换机。然而，任正非对于这些流言蜚语毫不理睬，在他看来，生存下去是华为的最高使命。生存，就要迎合市场，开发技术。1992年，华为自己生产的交换机开始投入生产，销售额很快就突破了亿元大关，公司以惊人的速度飞速发展着。华为在任正非的带领下，创下了业内一个又一个"第一"。

不久后，国内刮起了房地产热和股票热，很多企业和个人都纷纷投身其中。但是，面对巨大的诱惑，任正非却保持住了冷静与理智，在他看来，这个狂欢的泡沫时代很快就会消逝，科技和知识才是未来的商业世界赖以生存的手段。任正非仍旧把主要的资源和精力投入在研发交换机上，他决定在这个领域里做深、做尖，为客户提供更优质的产品和更贴心的服务。

在任正非看来，做企业与名利并没有太直接的联系，只是为了给自己的员工和客户一个交代。企业在成长过程中危机四伏，他凭借着对市场的敏锐嗅觉化解了企业面临的一个个危机，让企业能持续成长下去，并在市场中占据越来越大的份额。因此，面对外面喧嚣的世界，华为不忘初心、不为所动，脚踏实地地提升技术、研发产品、发展实业，最终完成了华为第一次华丽的战略转型，也为华为日后取得的漂亮成绩单埋下了伏笔。在任正非看来，"办企业，就要以当地的市场为导向。中国拥有广阔的市场和巨大的市场需求，纵观中国历史，从不缺乏冒险家。对于我们这代人来说，做一个高科技领域的弄潮儿，就是顺应时代的趋势和市场的需求。你看，北大方正、联想、百度……这些企业都是以高科技为驱动力的，在前行的路上我们从不孤单"。

对于泡沫市场，任正非深恶痛绝，从不愿意参与其中。他一心把华为的实业做大、做强，为了追求"技术自立"而付出各种努力。在他看来，华为要在某个领域里占据市场制高点，就必须拥有顶尖的科研团队，唯有在科技上不断进步，才能满足日新月异的市场需求。

永远走在对手前面

李嘉诚说："现在的世界，竞争越来越激烈，你多付出一些，赢面就大一些。比如说奥运会，跑第一的那个当然赢了，但是落在后面的第二、第三只要再跑快一点点，谁胜谁负就不可知了。生意场上的大门永远向有心的人敞开着。商场的竞争中，无论胜负，关键都在时间。"在竞争趋于白热化的商业社会里，你稍稍落后于人，你的对手就会把好的机会抢走。只有付诸不竭的努力，才能成为永远的赢家，永远走在最前面。

任正非在华为内部建立了明确的管理制度，确定了研发部门副总裁级别的员工每星期见客户的次数。只有经常与客户进行面对面的交流，听听他们的心声，才能更了解市场和客户。任正非说："今天，我们之所以能不断进步，都是得益于客户。经常与客户沟通，就能吸收客户的想法，敦促我们自己进步。有些人嘴上天天嚷着产品、客户、市场，却连市场人员或客户的名字、电话号码都不知道。客户就是华为生存并发展的理由，只有围着客户转，公司才能获得更大的发展空间。转着、转着，流程化、制度化也都实现了。"

说到底，每个具体的客户就是企业面临的微观的市场，每个客户的心声就是市场最具体的需求。任正非在公司内部执行这样的制度，目的就是让公司的员工尽可能从客户最实际的市场需求来思考问题，从中发掘每个微不足道的商机。

在任正非看来，业内的竞争对手如同雄狮和虎豹般凶猛，只有保持狼群敏锐的天性，才能在激烈的竞争中谋求生存的夹缝。华为想要战胜豺狼虎豹一般的竞争对手，想要在通信行业这片广阔的沃土上一路高歌，就要让每个员工都以狼性文化为指引，满怀着斗志加入与对手的拼杀之中。

8.

马云：市场就是看不见的江湖

马云酷爱红酒，虽然他本人很少在公共场合谈论这让人沉醉的美酿，但他爱酒的名声早已不胫而走。马云喜爱红酒并不是追随风气。如果来到他的葡萄酒江湖，就会发现江湖夜雨中的万千气候背后，是一份尽心、精心的专业态度。张裕爱斐堡北京国际酒庄的地下酒窖设在北京风景宜人的郊区，那里一个并不起眼的角落是马云的私人酒窖。对马云稍有了解的人都知道，马云生性外向，乐于结交五湖四海的朋友。如今，马云的商业帝国还在不断升级，而与生意场上各位大佬交往的他仿佛一个微醺的醉翁，看似带着些微的醉意，但是最清醒的。

觥筹交错，杯酒江湖

马云多次曝光在媒体面前，都与葡萄酒有关，一次是受比尔·盖茨和巴菲特的邀请，出席他们在中国举办的慈善晚会，另一次则是在杭州西湖畔与施瓦辛格的"西湖论剑"。马云两番与国际重量级的大佬见面，都少不得在觥筹交错之间把酒论英雄，一边品味多年陈酿，一边与商界伙伴交换着世界各个角落上的市场信息。后来，马云在接受采访时回忆起2010年5月与"股神"巴菲特短暂的交往，"在盖茨家里，我见到了巴菲特。虽然我们交流的时间不长，但是效果很好。从巴菲特身上，我深深感受到了一种对于未来的憧憬和激情"。而在"西湖论剑"上，马云更是突发奇想，请来了好莱坞巨星，也是当时美国加利福尼亚州的州长——阿诺德·施瓦辛格，并在凉风习习的西子湖畔与这位蜚声国际的重量级人物对于国际政治、经济局势进行了交流。

正所谓，"你能走到多远的地方，常常取决于你与谁同行"。马云在波涛起伏的商场越走越远，从某种程度上来说，是因为他总是与世界政界、商界举重若轻的人物结伴。于是，有人总结说，放眼马云的江湖，那片江湖在不断升级，最终迈出国门，走向国际。

中国著名学者吴晓波评价说，马云在1999年做对了三件事，而这三件事对阿里巴巴日后的发展至关重要：第一，当时所有的互联网公司都一窝蜂地涌向北京，但他却当机立断，回到杭州创立了阿里巴巴，而杭州正好是全中国各种中小企业最集中的地方；第二，互联网公司纷纷把自己打造成豪华的商场模式，而他却反其道而行之，把阿里巴巴打造成最接地气的大集市；第三，他深知"分享"是互联网行业的核心内涵。

在马云看来，市场就是看不见底的江湖，而分享的模式才能激发整个江湖的活力。2000年9月，在马云的大力推动下，第一届"西湖论剑"正式在西子湖畔拉开序幕。这堪称中国互联网行业的"嘉年华"，来自四面八方的市场信息都汇聚于此，而马云也正是牢牢抓住这个机会，把阿里巴巴推向了他向往已久的江湖。第一届"西湖论剑"，马云就力邀丁磊、张朝阳、王志东、王峻涛等当时互联网行业的掌门人参加，马云和他的阿里巴巴也由此更引人注目，名噪一时。

那时候，阿里巴巴还处于起步阶段。马云正是通过首届"西湖论剑"在互联网的江湖中为自己建立地位。而如今，阿里巴巴已摇身一变，成为一家市值近300亿美元的上市公司，作为阿里巴巴的CEO，马云也早已一跃成为偌大的互联网江湖的核心人物。

要拥有名动江湖的实力，诗酒才情、盖世武功，一样都不可少。马云天生一副好口才，人尽皆知，在公共场合他向来不拒绝说话的机会，而且他最大的魅力在于总能在很短的时间内把听众的注意力牢牢吸引住。马云是不折不扣的武侠迷，在商场驰骋时，也或多或少带着金庸笔下侠客的影子。在金庸的众多武侠小说中，马云最喜欢的是《笑傲江湖》，而他尤其希望能成为书中的风清扬。马云曾说："风清扬有绝世武功，他出招无招胜有招，这是我一直向往的境界。希望有一天，我在面对错综复杂的市场时也会达到这种出神入化的境界。"

行走江湖，马云仿佛有一种浑然天成的感染力，并在自我成长的过程中时刻不忘自我修炼。他深知市场江湖的游戏规则与侠骨道义，最擅长的一招就是以情动人。我们已经记不起马云是从何时端起酒杯，步入葡萄酒的江湖的，但他的确是互联网风起云涌的江湖里推崇葡萄酒的代表人物。他成为国内第一批在张裕爱斐堡拥有私人酒窖的人。在淅淅沥沥地下着夜雨的西子湖畔，觥筹交错之间，他与各界精英畅谈着那个很近也很远的江湖。而江湖的侠客情怀更是马云为阿里巴巴精心营造的文化氛围，在那里有着金庸武侠世界的侠道仁义，也有兼容并包的中庸情怀。

信息时代，醉翁之意不在酒

正所谓"醉翁之意不在酒，在乎山水之间也"，马云与葡萄酒的关系亦是如此。觥筹交错之间，一杯杯晶莹剔透的红酒成为互联网伙伴之间交流感情的媒介，也成了交换信息的平台。华谊于2009年上市，在开业仪式上，马云作为华谊的副董事长却并没有露面。一时之间，马云入主华谊后，与王中军等人的关系显得扑朔迷离，引得外界众说纷纭。

其实，这背后错综复杂的关系还要追溯到中国商界盛行的圈子文化。

马云从小喜欢读武侠小说，后来一个偶然的机会，他与张纪中结识。2006年，张纪中筹拍《神雕侠侣》，马云还入股投资。张纪中从中牵线搭桥，马云与王中军、王中磊等华谊的高层结识，并由此展开更深入的合作。比如，马云利用淘宝这个互联网平台，以一元钱作为起价，在上面拍卖华谊拍戏时明星使用过的道具；华谊则倾情为支付宝打造了广告片——《有支付宝，没贼》，为支付宝造势。

由此可见，马云入股华谊似乎颇有些意味深长的情分在内。要知道，马云、王中军、王中磊等人都是互联网圈子里出名的葡萄酒爱好者，并且在张裕爱斐堡里都有自己的私人酒窖。在古时候的中国，吃酒是一件风雅之事，与三五知己品味好酒乃是人生一大乐事。三五好友聚在一起，饮酒聊天，弹琴吟诗，岂不快哉！也正是在这种传统的风雅文化的影响下，马云等商界大佬经常在酒庄里聚会，一边品着美酒，一边畅所欲言。当然，这些商界精英并不是附庸风雅地以诗画寓情于景，更多地是在交换信息，互通有无，又或是讨论着最新的商业计划。

也许，这才是马云、王中军等人纷纷迷上葡萄酒的原因。有美酒，有知己，在和风细雨里一同畅谈商业帝国的宏伟蓝图，豪情万丈之余也能从多个角度更全面地把握市场大局，岂不是美事一桩。

9. 钟睒睒："农夫"的市场抢占赛

农夫山泉是国内家喻户晓的饮用水品牌，很多人对农夫山泉有限公司最初的印象都来自那句脍炙人口的广告词——"农夫山泉，有点甜"。钟睒睒就是农夫山泉的创始人兼董事长。

正是钟睒睒在国内掀起了"一分钱奥运"的营销狂潮，这场"水战"至今让人们记忆犹新。在不过十几年的时间里，他先后创建了多个国内食品行业的知名品牌，比如农夫山泉、尖叫、清嘴、农夫果园等。

率先抢占天然水市场

当年，纯净水几乎把国内饮用水的江山都占据了。这时，钟睒睒和他的团队推出了一款让人耳目一新的产品，那就是"有点甜"的天然水——农夫山泉。1997年5月，农夫山泉刚刚推向市场，这时的农夫山泉其实还是纯净水。同年7月，上海市卫生局和上海市教委联合发文，建议上海市各大中小学不要再让学生饮用纯净水，因为经过检验证明，长期饮用纯净水不利于青少年身体发育，对健康不利。国内外的很多科学家也对纯净水进行了多次实验，最后结果证明，如果长时间饮用纯净水，人体摄取的微量元素不足，存在引发心血管疾病的风险。

钟睒睒敏锐地察觉到，如果这时候向市场推出一款不同于纯净水的饮用水，激烈的竞争无疑会让纯净水更早地退出市场。接着，他开始思考如何才能让这个设想成真，并积极寻求切入市场的最佳时机。当时的情况就好比是，各家企业都在纸上画了一个圆圈，都不尽完美，仍有缺口，而谁能先把这个圆给画圆满了，谁就能成为最后的赢家。

于是，钟睒睒开始深入市场一线，细致地考察饮用水市场的生命周期，最终将目光锁定在了天然水上。消费者对"绿色""纯天然"等有着天然的向往之情，在这种消费心理的驱动下，农夫山泉很快就成为饮用水市场中最炙手可热的产品。钟睒睒抓准时机，通过媒体对广大消费者承诺："从今以后，农夫山泉再也不生产纯净水，而是把最天然的山泉水带到大家身边！"

接着，他又牢牢地把握住机会，努力地向消费者普及纯净水与天然水有何区别：

第一，水与水之间是有区别的。对于人体的健康，不同的水会产生不同的影响。天然水富含微量元素和矿物质，能有效促进生命成长与身体健康。而纯净水其实是人造的，在大自然里并不存在，饮用纯净水其实有悖于人与自然之间的和谐关系。

第二，不能把"纯净"作为饮用水的唯一标准。有的水富含矿物质离子，这种离子进入人体后，可以迅速而直接地为人体提供所需的养分。相反地，纯净水高度不饱和，不能为人体提供钙、钠、钾等营养物资，还会吸收人体内所含的矿物质元素，最终得不偿失。

第三，人体的整个代谢过程都有水参与其中。人体有15%左右的微量元素和矿物质需要从水分中获取。因此，水质就显得尤为关键。

接着，钟睒睒凭借着敏锐的市场洞察力，又为农夫山泉选中了一个更广阔的发展领域，那就是养生堂。养生堂是农夫山泉的上级品牌，这个品牌一直主打"养生"。当今时代，人们越来越关注健康，养生堂却告诉广大消费者"纯净水对人体健康不利"，毫无疑问，这会吸引无数消费者的眼球。

在这场激烈的"水战"里，钟睒睒成为最后的赢家，在中国广大的瓶装水市场里进军前三甲，这一切都离不开他对市场天生的洞察能力。当时，纯净水几乎占据了市场的所有份额，他却反其道而行之，选择了与众不同的天然水，在后期营销的过程中牢牢抓住纯净水的软肋，坚定地将天然水与其他类型的水的功能区分开来。

农夫山泉，"摇"出来的市场

市场就如同一块大骨头，而置身商业竞争的钟睒睒就像一只有着敏锐嗅觉的猎犬。他靠着天然水在国内广阔的水市场占据一席之地。接着，他又开始向果味饮料市场发力。很快，农夫果园就在"农夫果园，喝前摇一摇"的广告宣传语的造势下，开始进军饮料行业。

很长一段时间，果汁市场一片热火朝天，看上去已趋于饱和，没有了牟利空间。但是，钟睒睒却敏锐地察觉到，这其中还有利可图。当时，统一鲜橙多一炮走红，紧接着，鲜橙蜜、真鲜橙、多鲜橙等五花八门的饮品纷纷涌入市场，让消费者应接不暇，难以区分。而钟睒睒的聪明之处就在于，他很擅长在市场的大语境下对产品进行细致的区分。农夫果园，主打的就是产品的原始与天然，靠着简简单单的名字就轻松把自己与其他品牌区分开了。

在广告创意中，他又巧妙地融入了夸张的成分，让农夫果园在各色饮品中显得格外不同。我们在喝饮料时，经常看到饮品的外包装上印着一行小字："有少量果肉沉淀，摇匀之后请放心饮用。"之所以印上这行小小的字，就是为了打消消费者的顾虑，告诉他们饮品有沉淀是正常现象，喝之前摇一摇就行了，可别来找我麻烦。而农夫果园却另辟蹊径，换了一种轻松的推荐的口吻："农夫果园，喝前摇一摇。"这相当于在暗示消费者：只有真正的天然果汁才会有这种果肉的沉淀物。那么，为什么喝之前要摇一摇呢？这是因为农夫果汁由三种不同的水果配制而成，摇一摇可以让三种水果的口味更好地融合在一起；同时，也在暗示消费者，这款果汁的浓度很高，喝之前摇一摇，才能把里面浓稠的物质摇均匀。总而言之，"摇一摇"后面的潜台词是"我是货真价实的""我是有料的"。

钟睒睒对市面上的各种果汁饮品进行了实验和分析，最终大胆地把农夫果园里面的果汁含量从一般的 10% 上升为 30%，一方面果汁喝上去仍然清新爽口，另一方面也更营养健康。

正是出于对市场敏锐的直觉，钟睒睒在产品的研发、生产和销售环节才能赋予产品独特的魅力，相比起他的同行们，他也总是能在产品定位、目标消费群体、广告宣传等方面领先一步，从而成就了自己经久不衰的饮品王国。

第五章

眼光决定未来：浙商的战略眼光

1. 目光敏锐，紧抓"互联网+"机遇

2015年6月19日，"浙商大会暨2015'互联网+峰会'"在杭州正式拉开序幕。这次大会的主题是在风口浪尖上追赶"互联网+"，主要目的是协助浙江企业捕捉"互联网+"时代下的新风口，推动传统企业尽快实现"互联网+"进程，让传统与创新有机结合。

就像浙商发展研究院院长王永昌在会上所呼吁的："此时此刻，我们比过往的任何时候都更强烈地感受到，一个在互联网催发下诞生的新经济时代正在飞奔而来，毫无疑问，'互联网+'是下一轮发展的直接驱动力。"当前的大背景下，中国经济正值转型与升级时期，以"互联网+"作为突破口，在"金融资本+"的广阔舞台上，经济一定能实现由传统向创新的转变。而浙商群体需要做的，就是站在历史发展进程的高度上，去迎接这个崭新的时代。在时代的浪潮中，浙商永远不是观潮者，而是弄潮儿。

2015年，官方最为推崇的热搜词汇恐怕要数"风口"一词，而跟这个词紧紧捆绑在一起的则是"互联网+"。在"互联网+"的风口浪尖上，很多与其概念相关的股票市值已经在股票市场上一路飙升。究其根源，在"互联网+"思维的影响下，各大企业纷纷尝试着跨界发展，并促进了经济新常态下传统产业同IT产业的破冰与结合，商业模式的变革正来势汹汹。

跨境电商引领"互联网+"风潮

毋庸置疑，跨境电商是"互联网+"诸多风口之下最受政府重视的一个。2015年3月，杭州被确定为国内第一个跨境电商的综合试验区，同时也是浙江第一次尝试发展"网上自贸区"。同时，宁波也被列为跨境点上第一批试点口岸，在自贸区、"一带一路"等利好政策的刺激下，宁波在2015年浙江A股上市公司的市值排行榜中名列第二，总市值高达1200亿元。

跨境电商的交易额增长幅度以每年30%的惊人速度递增着，与此同时，包括义乌购（即义乌小商品批发市场官方网站）在内的传统外贸企业也开始大规模发展。2014年年初，义乌购的"（商家对零售商）全球合作计划"（B2R）全面启动，通过国内专业市场与海外市场的合作与对接，国内外市场的线上销售整合得以实现。

现在，义乌购已经与美国、英国、澳大利亚等20多个国家和地区成功签署了采购代理合作协议，并与国内近50个专业市场成功签约，全面覆盖了国内华南、华东、西北、西南等地区。

海宁皮城的性质与义乌类似，也属于小商品城，它的市值也一路攀升到283.34亿元。2015年5月，海宁皮城与韩国理智约株式会社达成合作，将一同投资建设合资企业，并以此为基础开发跨境电子商务平台，进口并销售海外商品，实现跨境电子商务的深度嫁接。

文化产业，资本推波助澜

文化传媒板块在整个A股市场上的表现也格外引人注目。包括华谊兄弟、华数传媒、联络互动在内的12家浙江企业都是文化传媒产业。这12家浙江的文化产业异军突起，总市值突破了3000亿元大关，从营收额为31.33亿元的浙报传媒到营收额为1.9亿元的生意宝，都位列其中，除了2014年和2015年刚刚在A股登陆的思美传媒和唐德影视之外，其他几家文化企业的市值都突破了百亿大关。其中榜单的前四名分别是华数传媒、联络互动、华谊兄弟、宋城演艺，这几家企业一路领跑，市值都超过了 400 亿元。

在文化传媒板块中，影视股的表现最为引人注目，频频并购，IPO 接连不断。从 2014 年年初到 2015 年年底，是中国影视行业迄今为止资本化最猛烈的两年，各大影视公司一时之间掀起了上市狂潮，甚至还出现了"横店板块"。比如，欢瑞世纪、印记传媒等成功借壳上市，清雨影视、华海时代、派格华创影视被成功并购，十几家横店出身的影视公司都通过这样、那样的形式最终成功上市。

传统制造业，跨界新领域

在互联网时代里，相当数量的人群都从线下转移到了线上，一时间让那些传统制造业措手不及。但是，随着"互联网+"、自贸区、移动互联网等新概念如火如荼地发展起来，那些传统制造企业纷纷顺应形势，开始向互联网或金融产业靠拢，牢牢把握住新的机遇，寻找着新时代下企业的突破口。

"兔宝宝"就上榜了这份 A 股榜单，2015 年市值高达 46.32 亿元，年营收增长率高达 14.45%。早在 2014 年 11 月，"兔宝宝"就透露，虽然目前的主营业务仍然是木质建材，但是希望通过并购等方式来提升企业的市场竞争力，未来一个重要的发展方向就是电商领域。家电制造商爱仕达在 2014 年的营收总额高达 23.15 亿元，并于 2015 年 2 月正式宣布认购前海再保险股份有限公司 4.56 亿元的股份，获得了 13.78% 的持股比例。

同时，经过几年的酝酿，智能穿戴市场已经到了濒临爆发的临界点。服装辅料制造公司伟星股份在 2015 年年初表示，他们准备向拥有更高附加值的智能穿戴市场进军，将首先拿下智能纽扣、智能眼镜的配件。

经过 YY 等海外上市公司的系统培训，如今国内的互联网在线教育已经成长为一座潜在的"金山"。2015 年 4 月初，通过定向增发的方式，海伦钢琴募集到 2.46 亿元资金，正式向互联网教育、智能钢琴、智能操控系统生产线等进军。海伦钢琴计划将智能钢琴应用在线上艺术培训教育的课程中，与目前已经全面开展的线下艺术培训教育课程互相补充。

同时，"微商"这种全新的移动电商形式也于 2014 年年底开始崛起，并逐渐趋于规范。微信流量是极具潜力的移动互联网资源，越来越多的企业开始考虑如何才能尽可能地发掘它的潜力，甚至涌现了大批方案供应商，为怎样充分利用微信流量制订方案。

在"互联网+"的引领下，跨界思维风起云涌，传统行业与 IT 行业经过试探、磨合的最初阶段后，开始在经济新常态下实现深度融合，一场时代的变革正来势汹汹。这一次，浙江企业无疑又会成为第一批"吃螃蟹"的企业。

2.

"立体化扩张"，从"浙江经济"到"浙江人经济"

步入 21 世纪，在最初的那段时间里，温州、台州强势崛起，率先领跑，而先前快速增长的区域经济的势头却有所减缓，这种现象一度让浙江省各级政府忧心忡忡。这是否意味着发展动力的衰退呢？专家学者展开了一系列调研，结论是，事实并非如此，而是一种全新的经济现象正在不知不觉中形成，也就是从"浙江经济"到"浙江人经济"的过渡。

区域经济，势头强劲

20世纪90年代，浙江全省掀起了一股投资热。区域经济在经过了短暂的休整后，趁着这股势头重新发力，浙江的民营企业家再也没有后顾之忧，开始以更大的规模向着全新的领域进军。

20世纪八九十年代，浙江省的民营经济最鲜明的特点是小而灵活，与此同时，其技术的革新与进步也受到相当程度的禁锢。投资和经营规模在21世纪新一轮的增长中变化尤为明显，这反映了浙商善于总结经验、与时俱进的眼光。对于这种潜在的变化，我们可以通过一组统计数据来直观地表明："在全国工商联公布的2010年全国民营企业500强榜单之中，有200家浙江企业入选，这已经是浙江接连第9年名列全国第一。在这份榜单中，共有31家浙江民营企业进入全国前100强，其中金田铜业、广厦等进入全国前10强。浙江民营企业在纳税10强里表现同样突出，正泰、广厦、娃哈哈等纷纷上榜。"

在浙江省良好的经济发展态势中，义乌国际商贸城的表现尤为抢眼。经济学家陆立军认为，义乌的发展正向着国际性商贸中心迈进。到了2010年，义乌市场的经济意义与辐射功能已经远远超越其行政区域范围，成为浙江甚至全国的日用品、纺织品、小商品参与国际分工、融入国际经济的重要平台。以此为背景，义乌市政府对于义乌市场在区域发展过程中的地位进行了重新定义，并以发展成为国际化商贸城为目标，这意味着义乌市场已经开始向国际化迈进。2010年，来自欧美等高端市场的订单份额明显增加，美国后来居上，成为继俄罗斯、中东之后义乌市场小商品最大的出口地。

跳出浙江，从"浙江经济"到"浙江人经济"

21世纪伊始，在国内商业圈里，一句民谣开始流传起来："哪里有市场，那里就有浙江人；哪里有浙江人，那里就有市场；哪里没有市场，那里即将会有浙江人。"如果仔细分析浙江于2012年在全国范围内的投资分布图，我们就会发现，400多万浙商在全国各地的累计投资额已经超过了1.5万亿元，这与浙江全省同一年的GDP总额是一样的。

如今，浙商正驰骋于中国大江南北的广阔市场，在大地上勾勒着一幅全新的商业版图。随着"振兴东北"计划的出台，越来越多的浙商开始"闯关东"，如今，大约有50万浙江人在东北三省做生意。"西进"也是浙江人立体化扩张的重要方向。西部地区资源丰富，如今已经成为远道而来的浙商创业的沃土，截至2011年，浙江企业已经先后与国内中西部各省签订了1000多个合作项目，累计投资总额高达615亿元。超过30万浙江商人分布在云南、新疆等地，在那里干得风生水起。同时，浙商还一路南下，如今，总共有80多万浙商分布在深圳、广州、香港、澳门等地，就连面积不大的海南也分布着将近20万浙商的创业大军。上海是最受浙商欢迎的创业乐土，一路东进成为浙商的必然选择。抢占上海，能为浙商提供更好的国际视野，这也是许多浙商开疆拓土的商业谋略。如今，已经有60多万浙江商人在上海经商，上海的浙江企业也多达8万家。同时，华中地区也是浙商不容错过的商业乐土，自古以来，武汉地区的商业贸易就很发达，也因此成为房地产商最看重的"桥头堡"。如今，已经有超过30万浙商在武汉经商。

在经济新常态下，一大批浙江商人选择"跳出浙江"，在更广阔的平台实现自我价值。其中包括"美特斯邦威"在内的第一批浙江民营企业成功地在国内建立起了庞大的销售网络。美特斯邦威贯彻"哑铃式结构"的虚拟经营模式，利用一些国外企业在生产成本、劳动力、运输、销售等方面的便利条件，由它们负责生产，并让加盟"耐克美特斯邦威"的各地经销商掌握产品的销售权，而美特斯邦威自身则全力以赴地设计、开发新产品，并在新的市场领域开疆拓土。

共有500多家厂家与美特斯邦威合作，这些厂家的年累计生产能力高达1亿件。如今，美特斯邦威已经有2300多家专卖店，分布在全国各地，其中除了少数直营店之外，大部分都是获得特许的连锁经营专卖店。就像美特斯邦威的董事长周建成说的："如果自己来投资、运营所有门店，成本就高达18亿元。而我们现在的模式是最省心、省力的。"

奥康集团则敏锐地发现了重庆巨大的市场潜力和廉价的劳动力优势，其与其他几家浙江企业联合，总计投资12亿元，在重庆打造了一个"温州鞋都"的复制品。广厦集团通过并购的方式，在全国范围内迅速布局。在短短一年时间内，宁波东睦集团就相继在天津、广东、山西等地实现了跨区域并购计划。由娃哈哈集团生产的水乳制品则畅销全国各地，并在全国近20个省市设立了几十家分厂。

浙商跳出了浙江的圈子，在外谋求发展，同时他们也并没有忘记"反哺"家乡。相关调查数据表明，在外省经商的浙江企业有近75%的商品是在浙江本土生产的，年营业额高达5000亿元，占全省相关产业产出的近30%。那些在外谋求发展的浙江企业与浙江省内经济形成一种强烈的互动关系，这支站在越来越高的平台上的创业大军已成为浙江经济发展的最强生力军。

3.

张亚波：改革应是企业的警醒与自觉

位于中东的以色列是一个充满着创新气息的国家，三花控股集团有限公司的董事长张亚波就带着他的4名助手来到了这里。半个月的时间里，他奔波于各个新项目中。他必须从中做出抉择，确定什么样、怎样的项目值得三化集团在未来为之一搏。

这趟以色列之行对张亚波而言，仿佛经历了一场残酷战争的系列洗礼，涉及包括农业、化工、太阳能在内的50多个项目。形形色色的项目充满着新时代的创新精神，强烈地冲击着张亚波的内心世界。如此猛烈的思维碰撞，是他之前并未感受过的。

2007年，张亚波开始具体负责三花集团的运营与长期战略规划。从纸面上的规划到实践操作，文质彬彬的张亚波要率领着公司上下冲过那一道道看不见的"火线"。张亚波的父亲张道才在30多年前创建了三花集团，如今张亚波必须扛起这份艰巨的任务，继续带领这家企业向前冲刺。

三花集团的总部设立在浙江新昌市，张亚波的办公室布置得朴实无华。每当一丝丝倦意袭来时，张亚波总会抬起头，看看对面墙上挂着的三花战略规划，对他而言，这是一种释放工作压力的有效方式。办公室的窗户正对着集团的厂区，喧嚣嘈杂的轰鸣声不断传过来，间歇性地扰乱他的思绪。

对于企业的改革，这位年轻的企业家有着自己的看法："促使企业前进的动力并不仅仅是轰轰烈烈的改革。做企业，不需要经历太多传奇性的变革，而是在循序渐进中不断改变。"在张亚波看来，推动企业变革的动力并不是外部环境的压力，而是企业自身需要具备的警惕性和自觉性。在新生代企业家中，还少有人拥有如此前瞻性、思辨性的战略思维。这一次，张亚波远赴以色列寻找新的合作机会，正体现了他作为企业家骨子里的这种自觉性。

不过四十出头的张亚波堪称三花集团的全能选手，从生产到营销，从技术到战略，他无不谙熟于心。他说："一项技术失去了原创性，那它就失去了竞争力；失去了竞争力的技术，是没有未来的。我亲自去以色列考察了他们的新能源项目，从中发现了原创的闪光点。虽然这是一个高风险的项目，但它值得我们为之努力。"在张亚波看来，企业的决胜之道正是掌握绝对的原创性技术，这也是他心中市场竞争力的至高境界。

新能源之战，悄然打响

在外界看来，张亚波从父亲手中接过"接力棒"后，向新能源领域发力是他打的一场漂亮仗。在确定了项目后，张亚波和他的团队的当务之急就是如何说服董事会来推动项目进程。张道才对于这个进军新能源领域的战略很看好，但张亚波认为，这场没有硝烟的战争不过刚刚打响。提及核心技术在未来的具体应用情况，他沉思片刻后，郑重地回答说："还不好说。"但是，他坚信一旦在技术上取得突破，将会是一场行业内的大变革，会对新能源领域产生划时代的影响。

2009年6月，张亚波远赴以色列实地考察，从而与遥远的弹丸之国以色列结下了不解之缘。三花集团旗下的三花中央研究院的主要职责是为集团"找项目"，但张亚波带领着研究院的工作人员对多个领域进行了深入调查，最后将公司下一轮的投资锁定在三个领域，即水处理、能源、发电。张亚波认为，人才和技术是企业的核心竞争力，于是在中东地区素有"创新之国"之称的以色列吸引了他的目光。

经过在以色列的一番考察，张亚波感触颇深，他说："中国人在饭桌上最爱讨论最近做了多少生意，赚了多少钱，以色列人呢，他们总是在聊最近关注哪些新领域，搞了哪些研究。"通过对以色列人细致入微的观察，张亚波更确信以色列的技术是先进并可靠的。以色列与浙江类似，资源都很匮乏，张亚波由此感叹道："犹太人在以色列生存下来很不容易，资源贫瘠，只能靠大脑。很多年前，温州创业大军也是这样一点点做起来的。"半个月的时间里，他每天的日程都排得满满当当，他带领着考察团前前后后走访了20多个项目，涉及海水淡化、太阳能、城市固体垃圾处理、废水处理等多个方面。

技术之战，企业核心生存力

在张亚波看来，与以色列企业展开战略合作，只是在三花制冷领域的主业之外播撒下的一颗光明的种子，并不指望着它在三五年内实现盈利。而他当前最迫切的任务是带领三花集团完成企业的战略转型，在经济新常态下由"成本领先"向"技术领先"过渡。

"三花集团不仅是'中国的三花'，也是'世界的三花'，关键在于如何让我们的客户接受这一点。"张亚波端坐在办公室里，在脑海里勾勒着这幅宏大的蓝图。他表情沉稳，却在不经意间流露出些许豪情。"想想看，如果我们被客户定位为'中国的三花'，潜在的意思就是，你们的成本很低，无法进军高端领域。事实上，无论我们是中国的三花，还是世界的三花，我们只希望当我们推出高技术含量的产品时，客户能接受相对高昂的价格，这样我们的品牌溢价才能展现出来。"

那么，要实现这一蓝图，要靠什么呢？张亚波给出了自己的答案：人才。

2003年9月，张亚波被任命为三花控股集团的副总裁，刚上任，他就开始大力提升企业自主研发能力，而人才是技术后面最有利的支撑。基于这些考虑，他花重金聘请了多名外籍专家和工程师，并在公司内部大力开展培训，培养属于公司自己的精英人才。

在张亚波看来，在企业自我革新的过程中，人才和技术是最重要的两重因素。他谦虚地表示，自己在推动企业人才与技术储备方面并没有发挥太大的作用，一切都是在自然中传承。从创业之初到现在，三花已经在风风雨雨中走过了30多年。在与国内外客户合作时，三花最看重的就是人才、技术和管理三个方面，这也是每当时代变革之际，三花集团总能迎难而上，在时代的风口浪尖上成为永不谢幕的弄潮儿的原因。

4.

戴天荣：把握时机，弯道超车，逆袭扩张

前前后后经过一年多的拉锯战，佑康集团最终与国内规模最大的禽类深加工企业山东盈泰集团在2009年5月签订了收购协议。佑康集团以较低的成本完成了这次扩张战略。在金融危机的阴云笼罩之下，佑康集团却寻找着弯道超车的机会，实现逆势扩张。2008年，随着金融危机的爆发，很多企业纷纷把扩张战线缩进，而戴天荣却反其道而行之，带领着佑康集团逆流而上，开始把握弯道超车的每次机会。

斥以巨资，升级打造"宜康"便利店，致力于为老百姓打造"家门口最放心的冰柜"，并以同样的模式在全国多个大中型城市中复制；倾情打造世界上第一个透明工厂……

"我们会深入分析市场需求，以满足市场需求为前提，选准合适的商业模式，从传统的食品制造业开始向服务行业进军。"佑康集团董事长戴天荣提出，做企业要有未雨绸缪的战略眼光，"夏天就要早早准备好入冬要穿的棉袄"，才能把握时机，逆势出击。

逆势扩张，有勇有谋

逆流而上，实现企业扩张，需要很大的勇气和魄力。2009年，在金融危机的余波之下，食品行业危机四伏。这时，戴天荣做了一个让很多人难以理解的决定：通过网络向世界各地的消费者展示佑康集团的生产车间。车间里一共安装了300多个摄像头，全天24小时一刻不停地直

播着生产过程的每个环节。戴天荣的目的很简单，希望通过这种不间断网络直播的方式打造国内第一个"透明"的食品工厂。

"我刚提出这个设想时，公司里有各种不同的声音。但是，后来2003年爆发了'非典'，2004年禽流感又席卷了全国，后来各种公共卫生安全隐患问题频发。从那时开始，佑康集团就把企业的核心价值观确定为健康安全。"在戴天荣看来，食品行业里不能存在丝毫的侥幸心理，看似微小的任何差池都会给企业带来灭顶之灾。因此，戴天荣打造"透明"的食品工厂也是为了向社会大众表明他本人和佑康集团的态度。

佑康集团严防死守食品安全的底线，无论是哪种类型的食品，都从采购、检验、收货、保存、加工、包装、冷藏、运输、销售各个环节严格把关。2008年，国内食品安全事件频发，正是因为这种严谨的态度，佑康集团旗下的产品在国内外几十次三聚氰胺的抽查中全部合格，顺利过关。

"和自然气候的一年四季一样，经济环境也有春夏秋冬的更迭。企业最重要的就是要提前准备好，把握好企业的发展战略，还要调整好产业结构。"由此，戴天荣还提出了在业内深受认可的"夏天准备过冬棉袄"的理论。

多年以来，戴天荣积累了丰富的生产实践经验，任何一件冷鲜食品都要经过采购、生产、包装、上架、销售等多个环节，最后才来到消费者手里。在戴天荣看来，它们环环相扣，并不是简单的生产制造过程，更是一个囊括了加工、销售、物流的完整的供应链。基于此，戴天荣提出了佑康集团"以商贸带动制造，以制造促进商贸，先工贸后物流"的企业发展战略。在逆势之下，他努力地推动企业从传统的食品制造业向食品加工服务业过渡。在错综复杂的经济环境下，佑康集团始终以冷冻链作为企业的核心业务，以"整合资源、协调发展"作为企业前进路上的指明灯，积极探索着传统食品制造业的转型模式。

在危机中实现弯道超车

就这样，在戴天荣的带领下，佑康集团明确了向冷鲜食品制造服务业转型的目标，并率先从改进营销渠道和传统物流这两大方面着手。佑康集团一方面要把食品制造板块做大、做强，另一方面还建立了以电子商务为基础的冷鲜食品营销平台，该平台上的上架商品主要为品牌食品。

目标一旦明确了，佑康集团就朝着转型大步迈进着。佑康集团干的第一件事就是让内部的各个销售环节实现独立，在杭州一个城市就开设了近200家连锁便利店，此外还有15000多个终端网点，搭建起了真正意义上的立体营销网络，融合零售、区域分销、团购、配送、现代商务为一体。这是一个真正独立的营销平台，消费者即使足不出户，也能在这个"家门口的货架"上挑选需要的商品。而这个营销平台并非仅仅服务于佑康集团，还为其他2000多个食品品牌提供服务。该平台推出的第一年，销售额就突破5亿元。

建立起独立的营销平台，佑康集团的基本生存问题解决了。接着，戴天荣又在其他各大城市铺设起错综复杂的销售网络，佑康集团的产品也由此从本区域迈向全国各地。戴天荣和他的团队不断加速推进佑康集团在国内的市场战略，很快佑康集团的销售网络就在华南、华东、北方这三大国内的重点市场区域普及开来。这之后，戴天荣又相继在成都、杭州、东莞等城市开设了9家分工厂，在全国范围内实现了生产、加工的全面布局。此外，他还在全国各地建立了300多家由佑康集团直营的服务中心。

布局全国市场，怎么少得了高效率的专业物流网络呢？于是，戴天荣把佑康集团内部的物流部门独立出来，开始积极拓展第三方专业物流服务。2010年，佑康集团正式与台湾统一集团达成合作，成立浙江统冠发展有限公司，并提供现代化的物流"一条龙"服务。此外，佑康集团还斥资1.5亿元，打造了目前亚洲最大规模的VNA冷冻库。

戴天荣凭借惊人的胆识和魄力，成功带领佑康集团弯道超车，实现了从传统食品制造业向食品加工服务业的转型，并建立起了合理的商业模式。这样一来，即使在资本的"寒冬"里，佑康集团仍可以惊人的速度发展和壮大。

5. 钱金波：低调者攀登的高度始终以客户为中心

钱金波在公共场合露面时，总是西装笔挺，穿着得体，儒雅的言谈举止之中透露出一贯的谦逊与低调。他一手缔造了红蜻蜓集团，自1995年创办以来，红蜻蜓已经在风风雨雨中走过了22个年头。他用一贯的低调征服了所有消费者，也用一贯的低调攀上了事业的高峰，更用一贯的低调赢得了业内同行的尊重。

从文化到科技的跨界

红蜻蜓集团所倡导的企业文化向来别具一格，归根结底，还是因为钱金波深深地痴迷于鞋文化，并热爱着他所从事的行业。

1995年，外出经商多年的钱金波回到了他的家乡永嘉。在外闯荡多年，他已经积累了丰富的从商经验，于是在永嘉创办了他的鞋业帝国——红蜻蜓。1996年，钱金波拿着自己厂家生产的皮鞋，千里迢迢赶到意大利，请著名的皮鞋设计师马罗基为他鉴定。马罗基仔细看过他的鞋子后，点点头说："你皮鞋的质量、款式都属上乘，但是我只能给它们90分，那10分就是产品的文化附加值，但我在你的皮鞋上没有感受到。"

这一次意大利之行让钱金波深受启发。1999年10月，红蜻蜓第一家鞋文化研究中心成立，钱金波亲自挂帅，担任该中心主任。他还聘请了著名的民俗学专家叶大兵担任该中心的常务副主任，致力于重新梳理中华博大精深的鞋文化。接着，红蜻蜓于2000年出版了国内首部鞋文化词典——《中国鞋履文化辞典》。不久后，国内首家"中国鞋文化博物馆"正式落成，红蜻蜓的这两项"学术成功"让业内同行对其肃然起敬。

在接受记者采访时，钱金波侃侃而谈，描绘了自己对红蜻蜓未来发展的设想："诚然，红蜻蜓很重视企业文化，但是产品也好，文化也罢，都离不开科技在其后作为支撑，只有依靠科技的力量，才能一步步推动红蜻蜓企业文化的发展，让企业生生不息。"

2007年7月，红蜻蜓运动皮鞋研发生产基地在瓯江畔正式落成。红蜻蜓投入了2亿元在该项目上，并与比利时著名的艾思康公司合作。运动皮鞋是红蜻蜓在产品革新方面的一次大胆尝试，主要是依据人体生物力学的相关原理，系统研究人在走路或进行其他运动时的一些特点，将减震、缓冲、保存能量等科技成果运用到皮鞋的设计与生产之中。这款皮鞋的创新之处在于，它不再单纯是皮鞋，而是融合了皮鞋、运动鞋、休闲鞋的部分优势，让人体在更舒适的条件下行走或运动。红蜻蜓推出的这款运动皮鞋是适应市场细分而诞生的产物，凭借自身在时尚、科技和舒适度等方面的优势，一跃成为国内鞋类市场上的宠儿，上市不久就受到了消费者的追捧。

接着，红蜻蜓又与艾思康公司展开更深入的科技合作，继续推出了更多在舒适度、时尚度和科技度上都大有提升的运动皮鞋新品种，并通过遍布全国的营销网络大力推销。在钱金波看来，之所以研发生产这款运动皮鞋，就是为了让"无处不在的运动成为可能"，消费者只要穿上这双鞋，就可以随时随地享受健康自在的生活。在他看来，投资研发这款运动皮鞋并不单单是为了盈利，而是红蜻蜓发展历程上一个重要的里程碑。就像钱金波对记者说的："通过这次合作，红蜻蜓努力突破发展过程的瓶颈，开拓一片自己的蓝海。"

设计产品，满足客户需求

"企业成立之初，最需要考虑的是如何尽可能地占有市场；企业步入成长期后，就应该多想想怎样才能不断地满足消费者的需求。红蜻蜓是消费者的红蜻蜓,设计产品的第一原则就是满足我们的消费者。"钱金波经常跟他的员工这样强调,如今这个观念早已深入人心。

在很多人看来,钱金波一手创办的红蜻蜓集团真正实现了"从温州鞋群里的突围"。相较于很多温州的鞋业企业,红蜻蜓向市场进军的时机并不是那么好。温州历来是改革开放的前沿阵地,钱金波成立红蜻蜓时,温州当地已经有近5000家鞋类企业,奥康、康奈、吉尔达等都是国内鞋业的知名品牌。放眼全国,出类拔萃的鞋类企业就更多了,富贵鸟、森达等当时都风头正劲。可以说,当时温州甚至全国的鞋类市场竞争已趋于白热化。

红蜻蜓发展的第一阶段是向国内的二三级市场进军,靠着遍布全国的营销网络和"走过四季都是情"的广告语,红蜻蜓的专卖店遍布国内二线城市,成为二级市场首屈一指的知名品牌。然而,如果要进军国内一级市场,除了红蜻蜓一贯擅长的文化情怀,它还需要一些别的竞争优势。

最终,红蜻蜓提出了"低价位、大市场"的战略思路,并开始推行立足于二三级市场并向一级市场逐渐渗透的竞争策略。1998年,红蜻蜓提出了"绿草地"的营销概念,指的是红蜻蜓专卖店就像一片片生命力旺盛的绿草地,在阳光雨露的照拂之下,茁壮成长起来。很快,红蜻蜓开始在全国范围内搭建绿草地市场网络。

在商海多年的厮杀中,钱金波深深地感受到,要想在市场角逐中成为赢家,就必须要有制胜的不二法宝,那就是你设计生产的产品要能迎合并满足客户的需求。"企业发展到一定的阶段,就不要执着于追求市场占有率,应该充分考虑客户的需求,不断设计出迎合客户需求偏好的好产品。"钱金波如是说。如今这个理念已深深根植于每个红蜻蜓人的心中。对红蜻蜓集团而言,过去纯粹追求市场份额的日子已一去不复返,现在设计生产的任何一款产品都是遵循着以客户为中心的市场理念。

6.

周晓光：生有涯，学亦有涯

　　作为浙江新广控股集团的董事长，周晓光多年来一直坚持一边学习，一边把学到的知识融会贯通于做企业的过程中。她几乎每个月都会抽出几天时间，放下公务，去学习和进修。

　　周晓光只有小学文化，但她说，正是长期不懈的学习让她理解了什么是风险驾驭，什么是财务决策，什么是企业发展战略，什么是企业经营管理等。她白手起家，如今企业市值已经过百亿。这个从山村里走出来的勤劳女性从走南闯北的货郎担做起，一步步带领着中国饰品行业走向了国际化大舞台。有一次，周晓光放下公务，参加了为期一周的儒家文化课程。课后，她兴奋地对公司的员工说："这次学习让我明白了只有同时承担起社会和企业的责任，才是当之无愧的儒商，这也是我这次最大的收获。"

　　周晓光出席公共场合时，胸口经常佩戴着一枚栩栩如生的蝴蝶胸针。有人问她："你为什么喜欢用蝴蝶胸针来装点自己？"周晓光微微一笑，回答说："我以前总觉得自己是一只'虫子'，但是总有一天'虫子'会变成'蛹'，最终破茧成蝶。我想像蝴蝶一样，翩然起飞。"我们从她的回答中就已深深地感受到周晓光在创业过程中学而无涯的奋斗精神。

用学习精神打磨现代化管理团队

　　有一次，周晓光接受著名主持人方宏进的采访。其间，方宏进问道，从多年前挑着担子走南闯北的小商贩，到如今管理一个大企业，她是如何积累点点滴滴的知识的。周晓光沉吟片刻，回答道："在我看来，社会是最好的大学，我的大部分知识都来自于社会。社会这所大学给了我很多机会，让我一边做企业，一边学习。1997年，浙江省组织一批民营企业去北京中央党校学习，这次我收获很大，回到家好几天，心情还久久不能平静。那时候，我们企业已经有400多个员工，但我不知道怎么去管理，压力很大。通过这次学习，我明白了人力资源管理、市场营销、财务预算等应该如何运作。我很受启发，从那之后，我就没有中断过学习，基本上每个月都要抽出几天去听听课。现在，我还是很依赖于用学习来提升自我，提升企业竞争力。"

在周晓光看来，作为投资控股公司的领军人物，每时每刻都必须处于学习的状态。方宏进还问她："对于你个人而言，你认为成功是什么？"周晓光仔细想了想，说："我觉得我距离自己设定的目标还有很长一段路要走。从心态上来说，我懂得知足常乐；但从事业上来说，还有许多值得我追求的东西。"

在周晓光看来，如今的当务之急是尽快让自己的知识水平达到一定水准，以便胜任国家化商人这一符合时代的身份，在企业内迅速组建一个现代化管理团队。她不定期外出听课，聘请各方面的专家来担当自己的顾问。她刻苦好学，舍得投资，有一次花了30万元从台湾地区聘请了一个专家团队来公司为员工进行有关团队精神的培训。勤奋好学之余，周晓光还以分享为乐。每次出国参展回来，她都会把在国外的新鲜见闻毫无保留地介绍给她的同行。

永远不满足于眼前的利益

周期短、更新快是饰品行业的两大特征，如果企业不具有强大的设计研发能力的专业团队，就无法在业内站稳脚跟。为了紧跟市场潮流，新光集团每年投入200万元，专门用于人才培养，还成立了由数十名专业设计人员组成的产品开发部。此外，还斥以巨资从国外引进最先进的饰品生产设备，并搭建了目前中国业内最先进的电镀自动流水线。爪链、合金等都是新光的主导产品，占据了国内大大小小的饰品市场。

　　周晓光常常奔波于世界各地，参加各国的饰品展销会，以便及时获取更多业内信息并掌握更多行业知识。正是因为这种紧跟趋势的精神，周晓光总是能在第一时间了解国际饰品行业最流行的款式，以及推陈出新的新原料、新工艺、新技术。周晓光总是能敏锐地提取其中的精髓，将之与国内市场需求相结合，研发出具有新光特色的饰品。她不仅自己忙于学习，还时常带着公司的设计团队前往欧美、南非以及亚洲其他国家和地区考察。在她看来，各个国家的饰品均有着当地的风格，多在外面看看这片广阔的天地，能为产品的设计与开发提供更多思路，也能推动企业更快地成长。有一次，周晓光去伦敦参加一场饰品展销会，为了买下一张产品的构思说明书，她毫不犹豫地掏出了3万美元。经过好几年的精心筹划，周晓光把公司上下的精锐力量集中起来，设计并生产了5000多款新的饰品，并将它们运往香港地区，在那里隆重亮相，全港为之轰动。回忆起当年，万丈豪情涌上周晓光心头，她激动地说："这是我头一次带着公司的产品在国际展览上亮相，结果反响热烈，我的信心也大大提升。我对自己的产品有信心，相信可以把它们打入国际市场。新光不仅要做国内第一，还要成为国际认可的中国品牌！"

　　如今，新光旗下拥有"新光""新光希宝""EVE"三个品牌，产品包括爪链、合金、铜金、亚克力、水晶五个系列。自2004年开始，连续三年，"新光"在香港地区举办的亚洲时尚饰品展览上亮相，并在韩国举办的国际畅销产品博览会上荣获金奖。

　　周晓光之所以获得巨大的成功，在于她开拓进取、永不满足的精神。如今，她又在考虑如何在企业的资本运作方面实现突破。她说："我现在正考虑企业股份制改革和上市的问题，这是企业发展历程中不可避免的一步。但具体到目标和具体措施上，我还没有完全理清头绪。有人说，做民营企业就像驾驶着一叶独木舟，从喜马拉雅山一路行驶到长江口，接下来眼看着就要入海，在入海之前，我们必须做好充足的准备，才不至于在汪洋中迷失方向。身为董事长，我必须担起这个责任来。"

7. 姚新义：要做就做到业内顶尖水平，
　　　向高端制造起航

2016年2月，一所全新的校企共建研究院在美国田纳西大学正式宣告筹建，这就是田纳西大学——盾安联合机器人研究院。该研究院将作为设计与研发平台，推动工业机器人和智能传感器技术的研发，以推动机器人与智能制造科研成果以更快的速度实现市场化和产业化。

人们一贯认为，能与田纳西大学这种顶尖学府合作的肯定是美国企业，然而这次与田纳西大学签订框架协议的却是一家从中国浙江远道而来的民营企业，即隶属于盾安集团的上市公司——盾安环境。如今盾安集团的国际化战略已经拉开帷幕，这是它漫漫征途上众多项目中的一个。作为盾安集团创始人、董事局主席的姚新义认为，"如今盾安集团既定的发展战略就是在市场、设计、研发、生产、管理、人才、资本等多方面实现国际化"。

蓬勃生机，成长于小镇的盾安

众所周知，田纳西是美国的一个小镇，是乡村音乐的摇篮，无巧不成书，盾安也是从浙江诸暨一个名为店口的小镇诞生，并一步步成长起来的。1987年，刚刚20出头的姚新义就在家乡店口镇创办了一家名为"振兴"的弹簧厂，这家毫不起眼的小工厂就是日后盾安的前身。5年后，姚新义积极带领公司转型，开始生产空调配件。一个不经意的决定，却让盾安走得更远，如今世界上每2台家用空调之中就有1家使用了来自盾安的配件。此后，姚新义继续拓展盾安集团的相关业务，涉及通暖阀门、电机、风电机组等制造业的多个领域。

1999年，为了让盾安走得更远，姚新义开始积极推动公司股份制改革，并号召公司中高层管理人员参股。员工只要交纳全部金额的15%，剩下的85%由公司借给他们，按照银行同期的贷款利率来计算利息。对此，姚新义解释："送股份的事情我是不会干的。我认为，把东西轻易送给别人，它就会失去本身的价值。没有价值的东西，哪个员工会珍惜呢？"盾安正是得益于这场变革，在它的竞争对手之前早早摆脱了家族制，在股权激励的影响下，使现代企业制度得以完善。盾安环境是盾安集团旗下的首家上市公司，2004年正式在深圳证券交易所上市。这家来自浙江的民营企业有着科学而完善的法人治理结构，这一点让证券监管部门惊讶不已。

接着，在广阔的资本舞台上，盾安长袖善舞，左右逢源。2011年，盾安集团旗下的民爆企业与上市公司江南化工正式重组，于是盾安麾下又多了一员上市的"猛将"。然而，盾安向资本市场昂首迈进的步伐并没有就此打住。2015年9月，隶属于盾安智控的华益精机正式上市。

"我们生产的7款产品都是世界性首创，同时我们还有10款产品在国内属于首创。此外，我们还有182项技术在国内外处于领先水平，比如核级空调、MEMS传感器等。只要牢牢抓住窗口机遇期，我们的很多业务就能在短时间内迎来爆发式的迅猛发展。"就产业投资领域而言，"要么就不做，要做，就做到业内顶尖水平"是盾安长期以来坚持的原则。姚新义表示，之所以设立这条原则，其实也是受到美国通用电气公司提出的"数一数二"法则的启发。

姚新义计划，在未来5年的时间里带领盾安逐渐实现资本的证券化，并对多家上市公司实现控股，销售额要突破1000亿元大关，使之进入大型跨国公司的行列。

向世界桥头堡迈进

装备制造、新能源、化工、新材料等多个领域都属于盾安集团的主营业务，在2016年浙商全国500强排行榜上，盾安集团名列第22位。近几年来，盾安集团围绕着"高端智能制造"的思路，不断推进产业升级，开始向机器人领域大步迈进。盾安环境、江南化工都隶属于盾安集团，2015年这两家公司分别以投资参股的形式与遨博智能科技有限公司和北京光年无限科技有限公司这两家机器人公司合作，前者的主营业务是生产轻型工业机器人，可以在实际操作环节实现人机合作。

2015年11月，盾安环境与遨博智能科技有限公司携手参加了在北京举办的世界机器人大赛，其产品在会场上大获好评。时任中国国家副主席李源潮表示，他们要继续努力，在"中国制造2025"规划中交出一份漂亮的成绩单，把公司品牌推上更大的国际舞台。

盾安的高端制造化与国际化齐头并进，双管齐下，并通过合资与并购的方式接连在美国硅谷、奥斯丁等城市成立研发中心。2015年12月，隶属于盾安环境的"盾安精密制造有限公司"在美国田纳西州正式成立，这是盾安环境在美国境内的制造服务中心，致力于为全美境内的市场服务。

盾安控股从浙江诸暨名不见经传的小镇崛起，一点点成长起来，如今已昂然挺立于精彩且凶险的国际舞台，等待着开始一段更波澜壮阔的冒险旅程。

第六章

游走于规则与不规则之间：浙商的管理运营

1.

冲破樊笼，摆脱家族制

纵观浙江私营企业，崛起之处几乎无一例外地采用家族制管理模式，但随着时间的推移，这种管理模式的局限性日益凸显。虽然一部分企业率先尝试了现代企业制度，并获得了政府、专家、学者的多方肯定，但是现代企业制度仍须在被人们不断议论和认识的过程中，一步步被艰难地践行。

家族制，当代社会的画地为牢

经济学家厉以宁表示：在改革开放之初，家族制是行之有效的企业管理模式。基于家族制建立起来的经济组织，曾在相当漫长的历史时期，尤其是创业初期发挥着重要作用。

纵观浙江私营企业的发展史，以家庭为基础的血缘和准血缘关系，又或是费孝通在《乡土中国》中所提出的基于中国传统家族文化所形成的"差序格局"发挥着巨大的作用。科尔曼说过，一定的信任关系是所有人际关系和组织得以建立的基础。人们对于亲缘或地缘关系的认同感，或费孝通所指的对"圈内人"的认同感，都成就了企业参与者的"共同价值观"。这种基于认同感的"共同价值观"对于促进浙江私营企业的崛起与成长有着重大意义。

然而，进入 21 世纪，随着企业规模的扩大与市场化程度的提高，旧式家族制管理的局限性日益明显。《中国民营经济发展报告》一文中将家族制称为"低水平的管理模式",认为这种企业"内部缺乏民主,老板一手遮天,对从外引进的人才不放心、不撒手;随意性比较大,缺乏系统、科学的决策,老板本人往往率先打破企业制度;职能部门不健全,难当重任;企业笼罩着浓重的家族控制色彩"。

按照当下主流的经济学观点,如今家族式企业已成为一种古典企业组织形态,日益衰微。出于企业生存与成长的要求,企业的所有权与控制权必须顺应时代,做出变迁,并最终转型为现代股份公司,由职业经理人代为管理。这就意味着,企业在从家族制向现代企业制过渡的过程中,要重新进行各种资源的整合和再分配。

在美特斯邦威董事长周成建看来,要想谋求企业的可持续发展,家族制向现代化企业制度转型可谓势在必行:"当企业是 1 个亿的规模,可能靠一个人的想法就能决定企业的成败。那么,当企业是数十亿的规模,它的成长就不能单单依靠三五个人,而甚至要依靠全社会的知识与资源。"

作为浙江私营企业,康奈集团也是典型的家族制企业,但该企业懂得顺应时代潮流,在前进的过程中实现自我更新。正如康奈集团的副总裁郑莱莉所说:"家族企业的优势很明显,决策灵活、沟通方便、彼此信任。但是,我们必须在家族企业的发展过程中建立起适当的现代企业管理制度,以更健康的方式实现企业的持续发展。在我看来,要尽量避免传统的家族式管理,建立一系列符合企业实际管理情况的现代化企业制度。"

开展股份制,注入新活力

基于明晰产权、分散需求的出发点,很多浙江企业在从家族制向现代企业制转型的过程中进行了股份制改革。早在刚刚步入 21 世纪时,正泰集团创始人南存辉就开始思索如何推动股份制企业持续发展的问题。2005 年,浙江民营企业多位 CEO 在杭州举办了一次圆桌会议。南存辉在会上表示:"如今,正泰的 100 多个股东里有 9 个高管。我经常对这些高管的子女说,他们念完书以后不要急着进正泰,而应该去外面的世界打拼,而正泰会在这个过程中观察并考验他们。如果他们有资质,集团董事会会聘请他们来集团工作;如果他们不符合集团的要求,是败家子,那么公司的原始股东就成立一个'败家子'基金,交由专人管理,用这笔基金来养他们。"

这个"败家子"基金虽听起来有些别扭,但南存辉却经过了很长一段时间的思考。起因是,每当正泰集团高管的儿女们聚会时,常常会讨论父母在集团里所持股份多少,并以此来"论资排辈"。这种讨论看似孩子气,却深深触动了南存辉。他想,如果这些高管的子女以后继承了他们父辈的职位,来管理正泰,那么他们会不会按照持股的多少而非实力的强弱来论资排辈呢?于是,纠结再三,南存辉提前把接班人的问题摆上台面,并通过成立"败家子"基金来表明对于接班人的明确态度。他指出:"未来企业会交给职业经理人管理,他是不是家族成员并不重要。职业经理人不是终生制的,你干得好就继续,干不好就走人。"

职业经理人,家族企业的新活力

唯有实现所有权和经营权的分离,现代企业制度才能趋于完善。中国传统文化对家族企业产生了深刻的影响,对于企业内的外姓人,家族成员有着天然的不信任和排斥心理,这也是浙江本土家族制的一个鲜明特色。然而,浙商想要顺应时代潮流,实现转型,就必须引入更多的人才,打破原来小规模的扁平化经营模式。所以,在企业管理中引入职业经理人这一角色,可谓势在必行。所谓现代化企业制度,就是让有现代企业思想的人来管理企业,突破企业所面临的发展瓶颈。

浙商第二代接班人更倾向于将自己定位为职业经理人。屠红燕是万事利集团的副总裁,她表示:"我们这批人头上顶着很多光环,也拥有很好的发展平台。因此,对于我们这些浙商第二代接班人而言,最重要的是承担起承上启下的作用,更好地经营和管理企业。我认为,职业经理人是我们给自己最适合的定位。"作为万事利集团董事局主席沈爱琴的女儿,她在企业成立之初就是母亲身边的得力干将。

在很多家族制企业的领导人看来,聘请更专业的职业经理人来经营管理企业,实现所有权与经营权的分离,是企业实现可持续发展的最佳路径。但是,前提是作为企业的所有者,"家长"应该给予职业经理人充分的信任与权力,不要过多地干涉企业的运营管理,根据企业的实际情况来选择更科学合理的管理方式。

2.

儒商思想,成就浙商企业

传统的儒学文化对国人影响深远,几乎浸透在每个人的血脉之中,代代相承。在一定程度上,儒学所推崇的精神境界已成为中华文化之精魂,亦是中国知识分子潜意识里的文化气节。在儒学文化的影响下,为商、经商亦讲究遵循儒学之道,力求成为儒商。

所谓儒商,就是"儒"与"商"的完美结合,兼顾儒者的德性与才学和商人的成功与财富,堪称商界真正的精英人物。一般而言,信守诚信、追求自我提升、有较高的文化素养、有合作精神、有责任心等都是作为儒商的典型特征。

较之一般的商人,儒商的不同之处在于他们拥有超越功利性的最终目标,对于社会发展和家国存亡有着强烈的责任感和使命感,有达则兼济天下的气魄与情怀。在这个新时代里,浙商中就涌现了大批具有儒商精神的人物,并把儒家精神融会贯通于企业的运营管理之中。

以人为本，给员工当老板的机会

就像正泰集团董事长南存辉所说："做企业，最讲究以人为本，全员参保最有利于企业凝聚人心，也是企业必须尽到的社会责任，关乎国运，恩泽本人，惠及子孙，对于企业的持续发展大有裨益。"

靠着某个人的指挥来管理企业的一切，即使短时间内能获得惊人的成就，也终有一天会走进死胡同。浙商在企业管理方面最突出的优势是，他们以人为本，知人善任，懂得抓最重要的部分，而适当放一放次要部分。在很多浙商看来，真正有"手腕"的管理者，从不事事躬亲，而是有技巧地把各项事务交给下属，却能收获更好的效果。

以人为本，就是浙商管理企业的一大特色。不妨设想下，企业如何才能让每个员工充分施展他们的才华呢？答案不言而喻，应该向浙商学习，树立"以人为本"的管理理念，让每个员工都把企业视为自己的家，把自己视为企业的主人。俗话说得好，"旁人的事情上心七分，自己的事情上心十二分"。只有让企业中的每个成员都树立起"主人翁意识"，才能调动他们的聪明才智，谋求企业与自身的共同发展，此乃用人的最高境界。

胡济荣是浙江星月集团有限公司的总经理，他经常把"人才是企业的财富"这句话挂在嘴上。这一点是当过老板的人都知道的，但关键在于老板是否舍得将部分利益与员工一同分享。

胡济荣举了这样一个例子：他本来是防盗门业的"外行"，为了进入这个行业，他投入了7000万元，却只持有40%的股份；管理层的另外几名技术人员只投资了500万元，却持有60%的股份。他说："我让他们担任董事长、总经理等重要职位，全权负责管理、运营、技术这些重要环节，但必须确保产品的质量与效益，这就是我的用人之道。"在胡济荣的激励政策下，技术部门的员工竭尽所能研发出高水准的新产品，管理部门的员工则尽力减少企业的内部消耗，把运营成本降到最低。当每个员工都对企业产生由衷的认同感时，他们自然而然会努力工作，工作成效自然也更好。

作为正泰集团的创始人，南存辉在这方面的表现同样可圈可点。在企业内部，他一方面吸引家族资本入股，另一方面积极推动股权配送制。在南存辉看来，要不断推动企业发展，就要把企业最优质的资源分配到企业最优秀的员工手里。

在接受记者采访时，南存辉表示："如果某位员工在工作中表现突出，那么他所持有的岗位鼓励股就会变成永久股。岗位激励股指的是，当某个岗位上的员工为公司创造了效益，就可能获得50万至100万元的企业分红，并享有先于股东的优先分配权。而永久股则是永久享有的，哪怕离开了公司或从公司退休了，这些股份仍旧属于你。"

南存辉还指出："从岗位激励股到永久股，其实是期权的概念。比如说，股份最开始的时候是每股1元，也许三五年过去了，每股股票涨到了5元，那么由股份增值所带来的收益自然由持股人享有，这就是期权。"

在股份制里引入岗位激励股制度，把股份一分为二，一来使股份制更加机动灵活，二来让享有股份的股东更加振作。这就是正泰集团在管理过程中推出的"要素入股"概念。很快，股东就增加到了100多人。虽然在这个过程中南存辉所持有的个人股份被一再稀释，但他心里很清楚，这是企业持续发展的唯一途径。

充分授权，实现员工价值

在企业成长的过程中，如果企业家事必躬亲，其结果往往是焦头烂额。高明的企业家懂得借助他人的力量，适当放权，而自己只要管理企业最重要的事宜。浙商群体中不乏聪明的商人，他们总能认识到自己和他人的才能，并充分利用他人的才能，在成功的路上越走越远。相较于金钱，浙商这种懂得借力使力的智慧更为可贵。

在万向集团董事局主席鲁冠球看来，不仅要适度引进专业的技术人员，还要想办法"留住"并"用好"他们。鲁冠球深知专业技术人员在企业发展过程中的重要性，不仅为他们提供优渥的待遇，还很尊重人才，放心地把权力交到他们手上，让他们全权负责公司技术领域的相关事宜。有时候，懂得适当放权才是成功的开始，一个事必躬亲、不懂得适当放权的企业家，很难带领着企业攀登上事业的巅峰。

星月集团总经理胡济荣有一套管理人才的办法，他总是能把形形色色的人才聚集在一起，让他们各司其职，为公司效力。有一次，胡济荣派出财务部门的王虎前往成都，去催一笔200万元的货款。到了成都后，王虎第一时间给胡济荣打电话，请示要如何处理该事。胡济荣爽快地说："这件事由你全权负责，不要有任何心理负担。只要不违背公司原则，照着你自己的想法去干吧。"后来，王虎成功地拿回了货款，200万元一分都没少。

身为企业管理者，要掌握些管理的艺术，懂得以信任的心态把权力适当地交给员工，一方面自己轻松了，另一方面也让员工满足了，岂不是一举两得？

3.

任正非：潜力比经验更重要

在招聘人才和任用人才的过程中，华为创始人任正非觉得最重要的不是经验，而是潜力。说到底，一家企业的发展潜力是由其员工自身的潜力决定的。只有拥有大批极具潜质的员工，这家企业才能蓬勃向上，不断突破自身极限。

以结果为导向，考核员工

在管理员工方面，任正非对绩效管理很重视。在他看来，绩效管理能让企业站在比较公正的角度来评定员工，但是好的绩效管理同时又很难制定。虽然很多企业在员工考核方面下足了功夫，但所制定的考核方式却常常难以让员工信服。对员工进行量化考察是一道难题，有的企业考核了员工，却遭到员工质疑，最终考核沦为形式主义。

在华为成立之初，考核员工的相关事宜比较混乱。当时，公司并没有真正设立绩效考核，华为人力资源部门的工作人员只是关注公司那些空缺的岗位是否及时补充、工资是否按时发放这些普遍存在的问题，却忽略了员工的考核指标和绩效等问题。久而久之，就造成了这样的局面：有的员工认为自己做得比别人好，但年底发奖金时，却发现自己的奖金比别人少，从而心生怨愤。任正非很清楚，想让企业稳步前进，当务之急就是让员工的心态稳定下来。于是，他带领着华为的管理团队不断摸索，一步步将华为的绩效考核标准明确起来。

2001年，华为人力资源部门的工作指标趋于细化，能详细、清晰地表述每个员工承担的工作任务。华为的每个员工在年初时都要制定当年的绩效目标，然后不断向着这个目标努力。在这个过程中，主管也会根据实际情况来调整员工的工作目标，并提供适当的帮助。每年年底是华为对员工进行考核的时候，绩效结果和激励机制密切相关。在任正非看来，无论花费多少时间和精力，都必须把华为的管理工作梳理清楚。

在华为，推行的是自上而下的绩效管理制度，绩效考核被划分为ABC三个档次，每个档次在绩效奖金上的差距大约为5000元。按照员工在公司的比例，来固定分配绩效考核：大约5%的员工为A档次，45%的员工为B档次，45%的员工为C档次，最后还剩下5%的员工，则被视为绩效考核中的最后一档，将被直接淘汰。

如果某位员工在连续几个月的绩效考核中都被评为C档或是最后一档，就有可能被降级，甚至是直接淘汰出局。正是基于这种严苛的绩效考核制度，企业决策的透明度大幅度提升。绩效考核单中详细列出了各项考核条款，员工可以根据这些条款来审视自己在过去一年中的工作，究竟在哪些方面做得好，在哪些方面还有待提高。通过这些绩效考核单，每个员工在工作中的各项表现都得以明确。这样一来，虽然有的员工拿的奖金比别人少，但他不会觉得自己吃了亏。根据这些绩效考核单，他就能分析并判断自己应该拿多少奖金，为什么某部分奖金拿得比别人少，并在下一年的工作中更加努力。

在任正非看来，"在公司内部建设人才市场和战略储备人才对公司至关重要。华为将永远以真战实备的方式来建设强大的后备军"。正是通过这种绩效考核的方式，华为在公司内部建立起以结果为导向的价值观。通过严格的绩效考核，一方面可以通过每个员工在一年当中的表现来审查他们尚未挖掘的潜力，另一方面也促进了他们进行自我约束和管理。通过绩效考核的方式，管理者与员工之间建立起设定目标和正向反馈的有效途径，有利于充分挖掘员工的潜力。

为个性的种子提供一片沃土

任正非很重视对员工的培训，在他看来，这是企业必不可少的投资方式，也是开发员工潜能的有效方式。作为企业家，如果想让每个员工都充分接受和认可企业文化，并在此基础上不断成长，就必须不定期地对员工进行培训。

在华为，新员工和老员工都会不定期地接受公司的培训。任正非说过："在我们公司，人力资本的增长速度远远比财务资本的增长速度要快。想追求资本，就要先追求人才。有了人才，才有创造价值的动力，才能带动资本的迅速增值。"

很多企业喜欢招聘有丰富从业经验的人员，但应届毕业生反而更受华为欢迎。在任正非看来，这些年轻人就像一座座未经挖掘的宝藏，应多给他们一些机会。同时，任正非也注意到，这些应届毕业生刚刚踏入社会，常常会陷入一种困境，那就是在学校学到的理论知识与公司中面临的实际问题存在着矛盾。为了解决这些矛盾，就要给这些社会"新鲜人"提供培训的机会。也就是说，华为在这些"一张白纸"的应届毕业生身上投入了大量的人力、物力和财力。

一项统计结果显示，华为每年都要花费上亿元，为公司员工提供培训。为了让华为成为一家学习型企业，2005年任正非斥巨资成立了华威大学，为包括华为员工和客户在内的众多受众提供培训，让每个员工和客户星星点点的思维火花都能在培训过程中得到启迪和升华。任正非还为华为成立了一支教授专家团，该团成员不乏国内外名牌大学的教授和一些高科技研发中心的退休专家。这些专家有着丰富的从业经验，当员工在生产研发中遇到困难时，他们可以及时提供帮助。通过一系列的培训，华为员工的自身能力大大提升，与此同时，华为也拥有了一批又一批高质量人才，最终实现了企业与员工的共同进步。

在日新月异的当今社会，一家企业能否保持旺盛的生命力，一方面在于它的员工是否拥有充足的知识和不俗的专业素养，另一方面也在于这些员工是否拥有主动创新的精神，能否理解并践行这家企业所秉持的企业文化。而培训的终极目标也正在于此。

4.
宗庆后：高度集权的扁平管理追求简单和稳定

何谓管理？在泰勒那里，管理是科学地提高劳动生产率；在韦伯那里，管理是官僚制度的权威体现；在杰克·韦尔奇那里，管理是无边界的；在张瑞敏那里，管理就是借力使力；在松下幸之助那里，管理的关键是发掘人才的潜力。对于管理，娃哈哈集团总裁宗庆后有着独到的见解：所谓管理，就是独揽大权，管人理事。

从某种程度上来说，公司的组织构架决定了企业各部门和员工间的分工与协作，决定了各部门的职能、权限与工作流程。对于企业而言，组织构架就是它的骨架，为了保证公司在相对稳定的条件下运作，一旦组建起相应的组织构架就不应该轻易改变，朝令夕改很容易让公司"伤筋动骨"，从而降低企业运作的效率。

组织架构，追求简单和稳定

娃哈哈集团的资金规模超过 800 亿元，横跨饮料、食品、保健品等多个领域。作为娃哈哈的创始人，宗庆后在经营管理中也身兼数职。纵观国内各大企业，恐怕只有娃哈哈一家没有设立副总经理，这家规模巨大的集团并没有采用业内常见的事业部或品牌经理制，却采用了中小型企业中常见的直线职能制，这让很多业内同行感到不可思议。

1991 年，娃哈哈兼并了杭州一家 2 万多人的罐头厂，并在此基础上成立了集团公司，自此以后，娃哈哈确立的组织架构就没有任何大的变动。1994 年，娃哈哈在涪陵等地建设分厂，并成立了对外投资部。1996 年，娃哈哈旗下一部分优质资产与达能实现合资，除了在财务方面名义上增添了几家生产型合资企业，娃哈哈市场部更名为销售公司之外，娃哈哈集团内部的各大职能部门几乎没有变化。2000 年，娃哈哈集团内部推行股权改革，但仍旧保持了原有的组织架构。

2009 年，为了顺应时代潮流，宗庆后把已经沿用了十几年的公关广告部改名为市场部，除了听上去更加时髦并且增添了市场拓展功能之外，市场部的职能仍旧是广告和促销方面的策划工作，并不像当下的消费品企业那样，由市场部兼具研究市场、规划产品、定位品牌等多项职能。

经过数十年的发展，娃哈哈的产品从儿童营养液等单一品种不断拓展，如今已经拥有十几个大类品种和 150 多种细分产品，企业的经营规模从最初的 2 亿元发展至如今的 800 亿元，旗下拥有 100 多个子公司，集团员工也从最初的几百人增长到近 5 万人。然而，纵观几十年的发展历程，娃哈哈的组织架构几乎毫无变化，纵观全国各大企业，独此一家拥有如此稳定的组织。

这一切都是因为宗庆后作为娃哈哈集团创始人，十年如一日地集权、敬业和坚持；也依赖于他对饮料行业和产品特性的了如指掌；更是因为宗庆后领导下的企业能高效率地运行。

但是，如此庞大的组织结构能够稳定运行，都是建立在宗庆后作为娃哈哈创始人的个人集权和威信的基础之上的。有朝一日，娃哈哈失去了灵魂人物宗庆后，那么必然会对企业造成很大影响。宗庆后是娃哈哈集团中集威望、实力与敬业精神于一体的灵魂人物，至少到目前为止没有任何人能取代他。

高度中央集权制

众所周知，娃哈哈集团的组织结构促成了宗庆后高度的个人集权：在娃哈哈内部，没有设立副总经理，人权、事权和财权都由宗庆后一手掌控。一开始，销售人员去外地出差的差旅费用都需要宗庆后亲自签名，虽然现在已经进行了分级授权，但是不同级别的员工的差旅费用仍然要严格遵守规定。餐饮、社交、交通、广告预算、促销活动预算等，凡是每笔超过1000元的开支，最后都必须由宗庆后签字。

与高度集权如影随形的，往往是专制。诚然，娃哈哈高度集权的管理体系有利于统一指挥，在某种程度上减少了部门或员工之间的摩擦，提高了工作效率和决策的执行力，却不利于民主决策，也不能培养和提升下属的能力，不利于员工在工作中发挥积极性和创造性。因此，高度集权的管理体制究竟是利是弊，关键还在于能否把握其中的度。

就娃哈哈目前的状况而言，最上面的一个绳子系着下面成百上千根线，宗庆后凭借着个人权威和高度集权促使公司高效率地运转着。

正所谓"全国运作一步棋"，重要的人力、物力、财力全部集中在娃哈哈总部，并且由宗庆后一人统一指挥相应的职能部门。这样一来，就会形成一股强势力量，从而把可口可乐、康师傅这些相对势单力薄的各区域子公司逐个击破，但弊端同样存在，那就是不利于娃哈哈在区域市场内部进行深耕细作。

极致扁平的组织架构

娃哈哈集团上下共有 5 万名员工，而相关的职能部门却只分为简单的 4 个层级，即总经理、部级（副部级）、科级（副科级）、员工。同样，娃哈哈的销售部门也分为 4 个层级，即总经理（销售总经理）、省区经理（助理）、区域经理、客户经理。总共有 100 多名下属需要直接向宗庆后本人汇报，这些人包括 10 多名部长、40 多名省区经理以及近百名生产厂长和子公司总经理。

组织扁平化的同时也就意味着管理幅度宽泛化，管理者必须投入极多的时间和精力，才能确保企业正常运作。也许，只有像宗庆后这样有着超凡企业运营能力的商界奇才，才能担此重任。对于大部分职业经理人而言，工作并不是他们生活中唯一的乐趣，他们完全不可能承担起 100 多人的管理幅度，因此像娃哈哈这样极致扁平的组织架构自然也就不适用了。

为了提升管理效率，加强决策执行力，很多企业高声呼吁要实现组织架构的扁平化，然而早在 20 年前，娃哈哈就做到了这一点。近年来，虽然娃哈哈旗下的子公司不断增加，产品的种类与数量，以及职工的工作量也相应增加，但是在宗庆后"跟着我做"的超强示范力下，娃哈哈管理层仍保持着企业界内最扁平化的组织结构。

也许有人会问，为什么娃哈哈能在这种扁平化组织架构下如鱼得水，有着高效的执行力和超快的市场反应速度呢？这在很大程度上得益于宗庆后本人的个人能力和性格特点。对于这种高度集权的极致扁平化组织结构，我们可以欣赏和学习，但不必照搬过来。在现代信息社会的背景下，面对越来越激烈的市场竞争，在管理的某些层面适度实现扁平化也许是必然趋势，从这一点看，娃哈哈的经验值得我们深思。

5.

吴志泽：从家族模式走向联合经营

"报喜鸟"是个地地道道的浙江本土服装品牌，创建于 1981 年，并在 1996 年组建集团，短短十几年间迅速在服装行业崛起。如今，"报喜鸟"已经成为国人家喻户晓的知名服装品牌，集团上下共有约 5000 名员工，总资产已逾 10 亿，净资产约 5 亿。

从家族模式到联合经营的华丽转身

在成立之初，报喜鸟带有新浙商企业的典型标识，是不折不扣的家族企业。作为报喜鸟集团董事长，吴志泽从 1983 年就投身服装市场，创办了一家家庭作坊式的小型服装厂，主营西服。1995 年，吴志泽的总资产已经超过 2000 万。于是，吴氏家族把握机会，注册了"浙江纳士制衣有限公司"，公司实行家族式管理模式。对于当时的"纳士"而言，这种管理模式有着诸多优势。凭借着对市场行情的敏锐洞察力，在创业的十几年时间里，吴志泽牢牢把握住了市场的每个转机，最终成功实现了资本的原始积累。

在吴志泽看来，完成资本原始积累之后，如果企业还纯粹以赚钱为目的，等待它的只会是死路一条。从长远角度来看，家族制管理肯定对企业的发展弊大于利，因此调整管理模式势在必行。1996 年，由吴氏家族经营的纳士公司虽然盈利不错，但却面临着一个严峻的行业危机：整体而言，服装行业供大于求，已经逐渐从过去的数量竞争向质量竞争发展。品牌竞争的浪潮正在逐渐兴起。

在吴志泽看来，如果一个企业无法树立起过硬的品牌，不仅难以继续发展，就连生存下去也会困难重重。但是，经营一个好的品牌需要相当的实力，也需要整合更多优势资源。正是基于这些现实考虑，吴志泽最终决定放弃家族模式，向联合经营模式过渡。当时，光是温州就已经有2000多家服装企业，但是它们规模都比较小，而且缺乏名牌产品。吴志泽准备将当地的三家中型工厂合并，但它们在实力和资金上都无法与大型工厂抗衡。

对于这次管理模式的转型，有些家族成员大力反对，但大家经过再三分析和探讨，最终看清了未来的发展方向，认为继续关起门来实行家族管理模式，会逐渐丧失竞争力，直到走向穷途末路。经过长时间酝酿，1996年3月1日，纳士、报喜鸟、奥斯特这三家温州本土服装企业达成共识，决定打破传统家族经营模式，正式成立浙江报喜鸟服饰集团。就这样，报喜鸟集团成立了，这是温州第一家真正意义上在自觉自愿的基础上联合成立的服饰集团。

分散股权，乘风起航

刚刚组建报喜鸟集团时，吴志泽尤其重视对企业的职业化管理。集团的5名创始人的股权分散，没有人能掌握绝对控股权，也巧妙地避免了一股独大的局面出现。合并的这三家企业之前都是家族企业，一般丈夫长期在外跑业务，妻子则在家里管理厂房。针对这些情况，报喜鸟很快推出了两项规定：第一，5名股东的夫人都必须脱离新企业；第二，离开报喜鸟集团后，她们不能参与其他经营活动。

此外，报喜鸟还推行严格的"连坐制"，也就是5名股东的任何直系亲属都不能在公司内担任主要职务，也不能与公司进行任何有关联的业务往来。报喜鸟集团的董事有权选择是否在公司任职，但是平等对待所有职位，并将他们视为职业经理人。到了年底考核时，这些拥有董事身份的职业经理人同样要经受董事会考核，如果业绩不好或经营管理不善，同也要出局。

最初组建集团时，5名股东分别主管某一项业务。随着公司不断发展，相应的组织结构也不断变化着。1998年，吴志泽和他的团队建立了集团化的管理结构，形成了资本运作层、利润增长层、成本控制层三个层面的运作模式。在吴志泽看来，这种职业化的管理模式是目前最适合报喜鸟集团的管理模式。当家族企业发展到一定阶段时，吴志泽把握时机，完成了从家族制向股份制的转变，走向了职业化管理路径，企业迅速崛起。

自20世纪90年代初，报喜鸟公司就明确了自己的品牌定位，以各种西服作为主营业务，在时尚休闲、正装男装等系列产品上全面发力。报喜鸟集团明确了"西服专家"这一品牌核心价值观，让消费者能在纷繁复杂的服装品牌中明确地识别并记住"报喜鸟"这个品牌。

在很多温州商人看来，报喜鸟这5名股东有胆识、有魄力，抓住时机脱离了传统的家族管理模式，联合合作，成为国内服装行业的佼佼者。

为了不断规范报喜鸟集团的管理模式，吴志泽又成立了董事会和监事会，并严格按照现代企业管理制度运作，形成严格的约束机制来约束企业的"当家人"。在很多民营股份制企业里，股份经常集中在某个人手里，这样就容易造成"一言堂"的局面。在吴志泽看来，作为大股东，要有意识避免这种局面，要把个人主义抛之脑后，更多地依赖管理系统来推动企业的发展与进步。

6. 马云：管理企业，先管理人心

作为管理界的大师级人物，约翰·科特说过："很多时候，作为管理者并不非要长篇大论，其实只要多关注一下员工情感上的细节，就会收获惊人的效果。"

在企业里，想要让员工全心全意为公司效劳，企业管理者在这中间发挥着重要作用。说到底，能否管理好企业的每一个员工，就是能否坦诚地对待他们。

真诚交流，以心换心

作为阿里巴巴的领导者，马云一直以真诚的态度来与员工沟通交流。在演讲时，他曾说过："你可以不说话，但只要说话，就务必要说真话。"因此，在阿里巴巴的员工看来，马云不仅是领导，更是他们的家人和朋友。

2005年，阿里巴巴实现了对雅虎中国的并购。那一天，马云初次踏入雅虎中国的写字楼。数百名员工端坐在他们的工位上，马云从他们的眼神中读到了许多意味，其中有沮丧、迷茫、无措，甚至愤怒。对于雅虎中国数百位员工错综复杂的情绪，马云最终选择了以诚相待。

经过短暂的沉默后，马云说出了第一句话："首先，我要向你们说句抱歉。因为制度方面的规定，我不能事先与各位进行沟通；其次，请各位给我一个机会，留下来工作一年，算做是对我的考验；最后，我将为大家提供舒适的办公环境，让大家每天上班的时候都有好心情。"

宣布并购后一个月，马云又做出了一个惊人的决定。他花费近百万元，让雅虎中国的数百名员工乘坐特快专列，前往杭州进行体验。这些员工抵达杭州后，马云热情地款待了他们。他们刚走出火车站的大门，就看到数十辆大客车整整齐齐地在站外列队恭候。车队浩浩荡荡开往阿里巴巴总部，沿途的马路两侧挂满了红色条幅，上面写着"欢迎回家，欢迎每位雅虎人回家"。除此之外，马云考虑周到，还为他们提供了兼容中西特色的早餐。每天早上，所有雅虎中国的员工都会收到一个包装精美的小袋子，里面放着他们当天的早餐：两个热气腾腾的包子，一根香喷喷的烤肠，外加一瓶鲜牛奶，还有一包餐巾纸和一包口香糖。

然而，阿里巴巴和雅虎中国仍存在着文化上的冲突，表面上的一团和气并不能彻底消除这种抵触情绪。并购之初，对于马云的这种表达方式，雅虎中国的员工并不能完全理解。而在马云看来，雅虎中国的员工不乐于沟通，有些小团队倾向。

当时，阿里巴巴的很多竞争对手抓准时机，在暗处挖墙脚。也就是说，收购雅虎中国以后，马云面临着必须协调双方关系的巨大难题。他左思右想，最后把所有雅虎中国的员工都聚集到一起，抛出了一项具有诱惑力的"理智补贴"政策：如果有员工决定离职可以获得"N+1"个月的工资作为补偿，其中的 N 指的是该员工为雅虎效力的年数，而且还可以完全套现所有期权。然而，最后只有不到 5% 的员工选择离开，马云和阿里巴巴的诚意打动了雅虎中国的大部分员工，他们决定留下来。

可见，马云正是靠着满满的诚意和独特的人格魅力赢得了员工的尊重。作为企业家，如果一开始就不能以坦诚的态度来对待你的员工，就很难让你的员工绝对忠实于你和你的企业。

胸怀，领导者不可或缺的品质

作为阿里巴巴的领导者，马云兼具广阔的胸怀与人格魅力。当时，阿里巴巴还处于起步阶段，有很多商业精英仰慕马云的人格魅力，纷纷前来投奔。他们不在乎职位或薪水，只是单纯地想和马云一同成就一番事业。

在马云众多的追随者中，蔡崇信是比较突出的一个。蔡崇信出生在台湾，是耶鲁大学法学院的高材生，毕业后投身法律行业取得了不俗的成绩，还出任过世界知名风险投资公司 Invest AB 的亚洲代表。阿里巴巴成立之初，蔡崇信早就是风险投资领域中的翘楚。蔡崇信既有海外名校求学经历，又在跨国公司担任过重要职务，为何他要把所有名利抛之脑后，为阿里巴巴效劳呢？

归根结底，是马云别具一格的领导者魅力征服了他。蔡崇信被马云身为领导者的广阔胸怀所吸引，放弃了原本拥有的职位与薪酬，成为阿里巴巴的一员。而马云和蔡崇信的结识则开始于一场谈判。

当时，马云四处为阿里巴巴寻找风险投资的机会，而蔡崇信作为投资人去杭州与马云谈判。最终，这场风险投资没谈成，但这位谈判人却决意要加入阿里巴巴。这让马云大吃一惊，他深知以阿里巴巴当时的实力，完全无法支付与蔡崇信实力相匹配的薪酬。于是，马云如实说："你开玩笑吧，我这里的薪水很低的。"

但是，蔡崇信对高薪不以为意，而是更在乎马云这样有格局、有眼光的领导者能带给他的美好未来。谈判后，蔡崇信说服了家人，加入了阿里巴巴并担任公司的首席财务官。蔡崇信抱着很大的决心，成为阿里巴巴的一员，就像他说的："这里的人都是做事情的人，他们在做的事情我也很有兴趣，所以我决定加入他们。在我看来，马云的理念很先进，他站在比我们更高的格局上思考企业的发展，这就足够了。"

马云确实在领导力这个问题上下过一番功夫，他说："在我看来，领导力与管理息息相关，又有所区别：领导力倾向于艺术，而管理倾向于科学。说白了，领导就是一门艺术，平衡是做艺术的最高境界。真正高明的领导者就像太极图里区分阴阳的那条线。在阴阳之间流转，阴到了一定程度就是阳，阳到了一定程度就是阴。对于领导者来说，平衡是最重要的。"

7. 马云：要唐僧团队，不要刘备团队

浙商在商业角逐中异军突起，称雄百年，一直游走在规则与不规则之间。就管理运营方面，他们注重传统，不墨守陈规，在关照企业实际的前提下，对企业进行灵活而富有创造性的管理。

马云是一代新浙商中的杰出代表，在运筹帷幄之间，他深知打造适合于企业发展的一支队伍才是企业不断壮大发展的不二砝码。他深知，一个企业处于任何一个发展阶段都离不开团队的支持。其实，没有任何一个人能伟大到独自建立起一个像阿里巴巴这样的企业，是团队和制度不断推动企业向前发展，而不是个人。正是优秀的文化将伟大的人团结在了一起。

马云在谈到团队管理时不无感慨道："就像我经常说的，我并不是公司的英雄。如果我看起来像是英雄，那也是因为我们的团队磨砺了我、成就了我，而不是我成就了团队。阿里巴巴的员工是我们最宝贵的一笔财富，是我们的一切。"

要团队英雄，不要公司英雄

说起马云的团队故事，应该追溯到1999年10月。当时，阿里巴巴刚刚注册成立，在高盛牵头下，一笔500万美元的风险资金打入了阿里巴巴的公司账户里。马云斗志昂扬，要干一番大事业，他用这笔钱做的第一件事就是从美国和香港引入了一大批外部人才。这个时期，马云

的团队理念还处于依葫芦画瓢阶段，他反复对外强调"创业人员只能担任连长及以下的职位，至于团长级别以上的职位必须全部由MBA来担任"。那个时候，阿里巴巴由12个人组成的高管团队里除了马云自己以外，其他所有人都来自海外，有着引人注目的留学背景。然而事实证明，这些海外归来的精英作为公司的高层，却不能将公司的发展很好地与国内的市场环境结合起来，阿里巴巴成立之初就挫折连连。后来，马云反思了这一次的经历，承认自己犯了许多公司都犯过的错误，其中就包括想造就公司英雄，而非团队英雄。他说道："因为当时有大笔的钱，所以我希望有高手加入进来。殊不知高手却不能让整个公司团队协调。"

不要务虚，要务实

可能创业伊始马云就遭受了因为招MBA带来的教训，所以他一直对MBA心怀芥蒂。一次，马云在谈论到团队建设时对某家商学院直言不讳道："教授总认为自己是最优秀的，但商学院需要反思一下，你们的客户究竟是谁？没错，是我们这些企业和用人单位。所以，企业的声音一定要听！"

关于MBA，马云有一个形象而生动的比喻："就好比在拖拉机里装上了波音747的引擎，把拖拉机拆了，还是跑不起来。"在马云看来，如果MBA要在企业团队中发挥应有的作用，就一定要调整自己的期望值。"MBA认为自己是经营，事实上，这些精英在一起干不出什么事情来，我跟MBA坐在一起就发现，他们可以用一年的时间来讨论谁来当CEO，而不是谁去踏踏实实地做一些事情。"

所以，建设团队时需要招揽的是那些能够务实做事的人。俗话说得好，不想当将军的士兵不是好士兵，然而当不好士兵的人也永远当不了将军。

最好的团队是唐僧团队

在中国人眼里，最佳组合的团队非刘备团队莫属，也就是刘备、关羽、张飞，如果诸葛亮和赵子龙再加入进来，这种团队真算得上是"千年等一回"了。

但在马云看来，世界上最好的团队要数唐僧团队。对于唐僧团队，马云有着深刻而独到的见解："唐僧是这个团队的领导，也是最无为的一个，唐僧生性有点书呆子气，甚至可以说是迂腐，只知道西天取经的最后目的是取得真经。作为领导，唐僧不一定要会说话，但他以慈悲为怀，这样的领导许多企业都有。那么孙悟空呢？他品德很好，能力又强，对于这样的人才，企业真是又爱又恨。猪八戒呢？他好吃懒做，但是情趣多多，是一个团队的调和剂。作为任何一个企业，没有猪八戒都是不正常的。沙僧呢？他碌碌无为，每天都挑着担、牵着马，重复着每天8小时的工作，但也任劳任怨，总是做着最单调的工作。这样的人在企业中是最多的。乍眼一看，这样的唐僧团队并不起眼，甚至瑕疵多多，但这才是一个符合生态链条的团队，这既是一个平凡的团队，又是一个严格创造出来的团队。相比之下，唐僧四师徒的团队无疑比'一个唐僧加上三个孙悟空'的团队更能够精诚合作、同舟共济。"

对于一个公司而言，创业初期残酷的低潮期是最难度过的，这时候必须依靠团队力量。马云所推崇的唐僧团队也正是以此作为出发点的，唐僧团队在西天取经的路上历经了九九八十一难，一直在与残酷的命运进行着最艰难的斗争。这时候，就要发扬团队精神：有了唐僧，就将整个队伍融合在了一起；有了孙悟空，就可以靠着他通天的本领攻坚克难，解决企业发展中最棘手的问题；有了猪八戒，这个团队就有了乐趣，有了活力；有了沙和尚，就有人挑起担子，做那些最基本也最枯燥乏味的工作。这个团队少了谁也不行，每个成员之间都是互补的关系，他们互相支撑着彼此。虽然关键时刻他们也会发生争吵，但他们像唐僧师徒一样，有着共同的价值观。就像马云2010年在厦门的一次演讲中说的："阿里巴巴就是这样一个'唐僧团队'，当遭遇互联网低潮时，所有人都在往外跑，但我们的流失率是最低的。"

  试想一下，如果一个人行走在黑暗里，他会觉得很恐怖、很害怕，但如果是几十个人甚至上百个人手拉着手在黑暗里向前冲，他们就没有什么可害怕的了。

第七章

产品与文化的前世今生：浙商的品牌营销

1.

用品牌敲开市场大门

面对竞争日益激烈的市场，品牌如今已成为各大企业用来抢占市场份额的一大利器。形形色色的品牌构成了我们日常生活的缤纷世界：打开电脑，第一眼看到的是 Microsoft；购买冷饮，可口可乐是首选；挑选洗衣机，青睐于海尔；购买轿车，宝马和奔驰既可以彰显身份，又经济适用。

我们之所以选择某个品牌的产品，是因为我们信任这个品牌。对于消费者来说，品牌能带给他们超越产品本身的附加价值；对于企业而言，品牌能实现产品价值和企业利润的最大化。比如说，同样是一套男士西服，如果贴上"海澜之家"的标签，它就能买卖上千元；如果贴上一个普通商标，则顶多能喊出几百元的价格。处于同样的价格，品牌产品总是比非品牌产品更受消费者青睐。

浙商之所以能把他们的产品销往全国各地，甚至远销海外，原因就在于他们早就意识到品牌的重要性，知道利用品牌来造成不同企业的类似产品之间的差距，不同的品牌往往代表着不同企业的产品质量与工艺水平。名牌产品往往意味着优良的品质，成为市场上消费者争相追逐的目标。对于企业而言，品牌代表着企业形象，优质品牌能代表良好的企业形象。因此，品牌效应是企业安身立命的根本，也是企业实力的体现。

好品牌，市场的"敲门砖"

大多数浙商都深知，企业的产品要想在市场打开销路，就必须拥有好的品牌。实际上，品牌决定了企业产品的销量，代表着企业与产品的形象。企业必须立足于品牌，进行广告宣传，开拓市场。可以说，品牌是产品的核心竞争力，是企业生死存亡的关键因素。

纵观那些成功的浙江企业，为何他们的产品能成功占领市场呢？答案很简单，就是品牌。附加在所有畅销产品上的都是响当当的品牌，比如娃哈哈、纳爱斯、美特斯邦威等。因此，想在激烈的市场竞争中成为最终的赢家，就必须把品牌打响。

"宜禾"是中国职业装第一品牌，迄今为止，生产职业装已逾30年，常常有外资找上门来，希望与"宜禾"合作，按他们的要求生产服装，并挂上他们的品牌。然而，在"宜禾"的董事长马金芳看来，一家企业如果没有创新精神，就会受制于人，走向穷途末路。唯有创建属于自己的品牌，坚定地走自己的路，企业才能拥有旺盛的生命力。

马金芳一次次把国际品牌拒之门外，潜心打造属于"宜禾"自己的品牌，认为合资必须以使用"宜禾"品牌为前提。她坚持初心，一次次拒绝了外国企业的要求，这些要求乍听之下很合理，其实无不威胁着民族品牌的生存与发展。马金芳认为，品牌是企业的生命力，即使损失了一个企业或一家工厂，只要品牌还在，就有东山再起的机会。她始终坚持着让"宜禾"这个品牌保留绝对的自我精神。因此，即使与外方展开合作，"宜禾"也仅限于与对方互相学习技术。而"宜禾"永远不会在自己的自主品牌上做出半点让步，他们所秉持的创新是基于自有品牌的"拿来主义"。

"宜禾"堪称国内职业装领域的佼佼者，一直引领着职业装的风潮。正因"宜禾"提升了品牌价值并保持了品牌的独立与自我，它才确保了国内"职业装第一品牌"的江湖地位。可见，品牌的力量是何其强大，其他任何东西都是可以学习或复制的，唯有品牌是别人永远拿不走的。当今时代，产品日趋同质化，品牌是产品的特质，亦是吸引消费者的亮点。一个企业的品牌竞争力，其实包括了企业在资源、管理、市场、营销、技术、人力等方面的综合优势。

纵观各大浙江企业的发展历程，我们会发现，大多数浙江企业在发展的初期阶段都奉行"产品至上"的原则，以产量取胜，不断扩张规模；到了企业发展的第二阶段，则奉行"管理至上"的原则，通过营销、创新、管理等方式来增强企业的竞争优势。接着，步入"品牌至上"的发展阶段，企业则致力于在资源、管理、市场、营销、技术、人力、广告宣传等方面为品牌服务，以系统性提升企业品牌的整体竞争力，实现企业发展的又一次飞跃。

浙江品牌的"走出去"战略

随着经济全球化时代的到来，浙江经济必然会与世界经济融为一体。而大多数浙江企业也的确交出了一份漂亮的成绩单，在竞争激烈的国际市场取得了丰硕的成果，为浙江省乃至国内各大企业品牌的发展指明了方向。

迄今为止，在美国、英国、德国、俄罗斯、日本、韩国、墨西哥、泰国、印度尼西亚等100多个国家和地区，浙江企业相继开设了1500多家企业，总投资额接近10亿美元。在浙江奉行的"走出去"战略中，浙江建工集团等国企打响了第一炮，而现在民营企业渐渐从国企手中接过"接力棒"，在迈向国际舞台的过程中唱起了主角。以飞跃、横店、万向等企业为代表，这些浙江民营企业纷纷将触角伸向了更广阔的海外市场。有的采取"拉帮结派"的方式，在国外"克隆"了一个个朝气勃勃的浙江市场；还有的通过联合或并购的方式，携手外国企业在海外市场建立起"中国制造"，一曲曲"国际歌"让人听来荡气回肠。

在中国市场上，我们常常看到外国的品牌连锁专卖店，但在海外市场上，我们却很难看到来自中国的品牌连锁专卖店。然而，诞生于浙江温州的"康奈"鞋业却率先走出国门，在时尚之都巴黎开设了第一家海外专卖店。从某种意义上而言，以"地摊经济"而蜚声国际的中国产品终于跨入了一个新时代，可以与其他海外的名牌产品一样登上大雅之堂。

有人这样评价康奈鞋业：如今，康奈已经在欧美国家开设了数百家专卖店，这如同"星星之火"，催生着中国产品创造世界名牌的"燎原之势"。从这个层面来说，康奈向海外市场发力，其意义早已不再局限于多卖几双皮鞋去海外。经济全球化向我们提出了越来越严峻的挑战，只有拥有自主知识产权，才能拥有市场竞争优势，这一事实毋庸置疑。

2.

品牌魅力，"再活五百年攻略"

在企业发展历程中，品牌是最为高级的形式之一。一般来说，企业经营可分为三个阶段，即产品经营、资本经营、品牌经营。

当下，市场中存在着很普遍的现象：10%的强势品牌占领了市场90%的份额。真正优秀的企业必然拥有强大的品牌。品牌是企业生命力的不竭源泉，是企业生存与发展的动力之源。如果我们仔细研究一番浙江品牌的经营与发展，就会发现其中的奥妙：浙江企业往往能在激烈的品牌竞争中脱颖而出，原因在于他们牢牢地把握了两点优势，第一是把品牌经营从战术高度上升至战略高度，第二是品牌传播的主要内容从过去的传播品牌形象到现在的积累品牌资产。

很多成功的浙商企业熟谙品牌经营之道，一般从品牌的知名度、美誉度、信任度和忠诚度四个方面入手，积累品牌资产，推动品牌战略的系统化实施，因此品牌竞争力最终演变为企业的核心竞争力。

以系统化战略成就品牌生命力

当今市场中,产品同质化越来越明显,品牌成为企业可持续发展的动力之源,也是企业核心竞争力的直观体现。对于许多有着远大志向的浙江企业而言,当前他们最大的愿景就是打造一个有着强大生命力的品牌,将鲜明的个性、丰富的联想力、高端的价值感、高度的忠诚感融为一体。

一般来说,实施企业的品牌战略可以分为以下6个步骤:第一,树立起正确的品牌价值观;第二,建立一套营销网络,并随时更新和完善它;第三,产品质量是品牌的生命力,必须严格把关;第四,配合适当的广告宣传;第五,悉心维护品牌形象;第六,加大市场营销力度。

在实施品牌营销战略方面,浙江汽配城具有现实的启迪和借鉴意义。2005年,以国际现代物流业态为参照对象,浙江汽配城理性地分析并思考了自己在专业市场的比较优势和面临的挑战,清醒地意识到,当前市场无序的竞争严重地冲击了市场建设,而传统的经营理念同时也制约着开拓市场的能力。经过再三斟酌,汽配城的高层决定将其改造成聚集型现代汽配物流中心,实行以物流服务推动商城品牌的品牌营销战略。

第一,可完善电子商务,促使两大市场同步发展。2002年,浙江汽配城AUT0518网站正式建成,以计算机为媒介,实现了全商城在进口、销售、库存、经营信息等方面的资源共享。与此同时,引入4名专业技术人员,全方位建设汽配系统、报价系统、交易系统。随着真正意义上的汽配电子商务网站的建成,物流、资金流、信息流在该平台上得以重新整合与利用,2003年该商城仅仅在网络上的交易额就高达20亿元。

第二,建立专业的配送服务公司,并逐渐向配送中心过渡。2004年,浙江宝马物流配送中心正式建成,可以为商城经营者提供方便、快捷的配送服务。配送中心的建成,既为经营者与消费者提供了便利,又加快了货物的周转时间,还使之前运输公司抢业务的混乱局面得到改善。据相关数据显示，2004年至2005年一年时间里，配送中心就完成20多亿元的配送额。

第三，积极展开战略联盟，并建立集团化经销体系。为了增强经营户的竞争力，扩大影响力，对商城内的经营户进行了重新整合，敦促商城的经营户之间或经营户与厂家之间建立经营联盟。这种联盟按照各自生产或经销的产品种类来进行分类，根据各自的进出货渠道优势进行分工，发挥各自的比较优势。这样一来，组织与个体的优势都实现了最大化，从而赢得了市场竞争力。

接着，2009年，浙江汽配城又在江西、湖北、安徽等省成立了多个连锁市场，把浙江汽配城的影响力辐射到全国各地的市场，而浙江汽配城也由此成为聚集型全国性汽配配送中心市场。

发挥品牌魅力，提升企业核心竞争力

企业的核心竞争力是树立品牌效应的有力支撑，而品牌效应又可以反过来助力企业的核心竞争力。对于企业而言，它们的核心竞争力一般反映在某一个或某几个关键环节上。

在创业之初，大多数浙江企业受限于人才、技术、资金等，无法全面出击，只有加大对优势环节的投入，通过创新手段让企业的核心竞争力获得旺盛的生命力，并为日后的品牌营销奠定基础。知名品牌的背后往往有着丰富的内涵，意味着这家企业在产品质量、管理水平、技术水平、员工素质、商业道德方面都高出业内一般水平，是企业在激烈的市场竞争中的综合实力。

1979年，一家小小的服装厂在宁波市成立了，与其说这是一家工厂，不如说是一家蜗居在地下室的家庭式小作坊。花1万多元买几台缝纫机，再由员工自带着剪刀、尺子、板凳来上班，主要业务就是为其他的大工厂加工背心、短裤等产品。然而，当年那家毫不起眼的小工厂如今却摇身一变，成为坐拥近50亿资产的雅戈尔集团。如今，雅戈尔集团每年平均生产300万套西服、1200万件衬衫，还有2000多万件其他类型的服饰，

一跃成为亚洲最大规模的西服、衬衫生产基地。

雅戈尔集团以"创立国际品牌，铸就百年企业"为目标，不惜投入巨额资金打造高技术水准的服装生产基地，与此同时，还积极建设并完善营销网络体系。如今，雅戈尔已在全国各地开设了 200 多家分公司，还设立了 2000 多个商业网点，拥有强大的销售能力。1999 年，雅戈尔在国内各大省会城市开设大型旗舰店，这象征着雅戈尔开始向零售终端进军。2000 年 9 月，在上海的南京路上，雅戈尔专卖店正式开张，这是雅戈尔迄今为止在国内最大规模的服装专卖店，营业面积共计 1700 多平方米。如今，在南京、杭州、宁波、上海、武汉、长沙等地，雅戈尔已拥有 100 多家面积从 500 平方米到 1000 平方米不等的品牌专卖店。

相关数据显示，近年来，在西服、衬衫的生产规模与销售量方面，雅戈尔一直稳居国内首位。但衣服面料的品质却长期困扰着雅戈尔，并制约着雅戈尔服装在品质和档次方面更上一层楼。于是，自 2007 年起，雅戈尔与日本伊藤忠等国际知名企业展开合作，投资近 2 亿美元，建立了配套的纺织城，自行研发设计适用于雅戈尔服饰的高端面料。就这样，核心技术和产品质量成为雅戈尔在打造国际知名品牌过程中强有力的后盾。

如今，经过数十年的漫漫征途，雅戈尔已经建立了相对完善的经营格局：以纺织品和服装为主业，以国际贸易、房地产为副业。如今，雅戈尔的品牌获得了强大的生命力，从服装领域一直延伸至地产、旅游、休闲等领域。

3.

以生动的语言讲述品牌故事

著名经济学家于光远说过:"国家富强在于经济,经济繁荣在于企业,企业兴旺在于管理,管理优劣在于文化。"于光远先生正是用这段简短精炼的语言将企业文化的地位上升到了战略的高度。

文化乃企业的灵魂与动力,而品牌则是企业文化的实际载体。浙江商人一次次用他们的实际行动告诉我们:"老板文化"并不是浙江企业的全部内涵,为了推动企业的发展,他们对企业文化提出了更高的追求。关于浙江企业常见的"老板文化",正泰集团董事长南存辉有着自己的见解,"公司成立之初,正泰属于南存辉;企业不断发展,南存辉属于正泰;再后来,正泰属于世界"。要实现企业文化的价值,就要寻找一种合适而生动的语言,去讲述企业的品牌故事,让消费者和同行都理解这些企业背后的文化内涵。

品牌之可贵,在于其不可复制

在《联想无限——柳传志的管理艺术》一书中,柳传志是这样给企业文化下定义的:"倘若每个人都是一颗珍珠,但必须有一根线将它们串在一起,才能得到一根珍珠项链。的确,这根线也许分文不值,但如果缺少了它,所有珍珠就如同一盘散沙。具体到企业,这根线就是品牌文化,赋予了企业内在与外在的生命力。"

在大多数浙商看来,品牌最难能可贵的地方在于它的唯一性,也就是说，真正好的品牌都是不可复制的。哈佛大学社会经济学系的一个调研组曾展开过一项调查，最后结果证明，当你在从事可复制性工作时，你的投资回报比一般为 1/3，而当你在从事不可复制的工作时，你的投资回报比则高达 3/1。在不远的将来，企业文化势必会成为企业最重要的竞争力。在《美国企业精神》这本书中，作者劳伦斯·米勒这样写道："公司必须发展起一种文化，这种文化能激励竞争中一切为成功而努力的行为，唯有拥有这种文化的公司才能在竞争中生存下来，并成为最后的胜利者。"

1999 年 10 月，经过创业初期的迷茫阶段，红蜻蜓最终选准了鞋文化这个明确的发展方向。靠着鞋履文化这个柔软的载体，空灵广泛的文化得以传承。2000 年，国内第一家鞋文化研究中心正式成立，红蜻蜓集团董事长钱金波亲自出任该中心主任，致力于把中国博大精深的鞋文化在潜移默化中体现于红蜻蜓的每一件产品上。踏入全国各地任何一家红蜻蜓的专卖店，消费者都能领略到浓郁的中国鞋履文化韵味。步入门店中，首先引入眼帘的就是假山流水、花鸟鱼虫的布景，四面墙壁上挂着各种独具文化韵味的字画，让人恍惚间穿越回那个轻衣缓袍的时代。细细把玩店内布景之余，你还会发现，店内各种款式的皮鞋以各种有趣的造型摆放着。你轻轻拿起一双做工精细的女士皮鞋，只见棕色的鞋底上印刻着一只小小的蜻蜓，仿佛下一秒就会振翅飞走。此外，红蜻蜓集团每年还会邀请近百位 VIP 客户参加为期 3 天的"红蜻蜓鞋文化之旅"，让客户有机会零距离接触和感受红蜻蜓的企业文化，在该品牌独特的人文关怀之下，全身心地感受历史悠久的永嘉耕读文化。

数十年来，红蜻蜓都在用心发掘、钻研和传播着历史悠久的中华鞋履文化，并致力于将传统文化融合于红蜻蜓的现代鞋履产品中，用最生动的语言讲述着那只翩然欲飞的小小蜻蜓的理想与抱负。

确立格调鲜明的企业形象

浙江企业在品牌的知名度、美誉度、信任度、忠诚度几个方面发力，致力于打造格调鲜明的品牌形象，以赢得目标消费群体的认可与接受，谋求更长远的发展。

近年来，纳爱斯积极地在品牌营销方面展开探索，取得的成绩有目共睹。1999年到2001年，是纳爱斯旗下雕牌的飞速发展时期。之后，雕牌进入瓶颈期，年销售额一直在50亿上下徘徊。为了摆脱困境，纳爱斯品牌相继推出了冠名雕牌的洗发水、护发素、沐浴露、牙膏等，这些产品身上或多或少保留了些许雕牌的痕迹，并没有打开销路。最终，纳爱斯决定用纳爱斯牙膏取代雕牌牙膏，重新打造纳爱斯的品牌形象。

那几年里，作为企业品牌，纳爱斯一直伴随着雕牌一同成长，在市场享有相当的品牌知名度与美誉度。加之，纳爱斯与英文单词"nice"谐音，并由此转化为英文，就成了"纳爱斯"，潜台词就是这是"好的、漂亮的"产品。如果用纳爱斯这个品牌推出牙膏，"漂亮"的品牌内涵可以与牙膏对牙齿的使用效果融合在一起。以"nice"为出发点，联想到一种漂亮、灵动、柔美的品牌形象，最终纳爱斯牙膏的品牌格调倾向于柔美、温和。

2005年2月，纳爱斯牙膏的品牌推广活动在全国各地如火如荼地展开。包括CCTV-1在内的各大主流电视媒体上，我们常常可以看到纳爱斯的广告，可爱的纳爱斯卡通形象活泼地舞动着，相关广告也萦绕在耳边，如"看得到的品质，尝得到的VC、VE""强根健齿，营养牙床"等。更难能可贵的是，这次纳爱斯破釜沉舟，推出的纳爱斯牙膏身上已经很难找到丝毫雕牌的印记。

具体到产品方面，纳爱斯牙膏对于包装形象的创意尤其注重，推出了透明的牙膏管体，并巧妙地运用了黄色、绿色、蓝色、白色这四种接近自然的清新色调。这样一来，纳爱斯就顺利地利用视觉效果树立了牙膏时尚而高端的品牌形象。纳爱斯牙膏在广告宣传方面主打"营养、天然"的概念，以消费者的差异化需求为切入点，巧妙地避免了与佳洁士、高露洁等驰名品牌在市场上的正面碰撞。

企业讲述品牌故事时，要力求做到语言的多样性，从视觉、听觉、颜色、造型等多个方面入手。用生动的语言讲述品牌故事的最终目的就是把品牌深深地印在消费者的脑海里，形成鲜明而个性化的联想。唯有认准这个终极目标，持之以恒地开展宣传营销，才能打造一款崛起于市场的强势品牌，从而使企业走上高速发展的康庄大道。

4.
丁磊：品牌营销的根本是态度营销

改革开放以来，新浙商逐渐崛起，他们是一个善于品牌营销的群体，在品牌营销上走过了一条曲折而艰难的道路，并取得了辉煌的成绩。品牌营销的目的是提升品牌资产，实现短期销售业绩与长期客户满意度之间的平衡。

在新浙商这个年轻而充满活力的群体里，作为网易的创始人，丁磊对于品牌营销有着自己独到的见解。沉浮商场多年，丁磊深知一家企业的兴衰与其品牌的生命力息息相关。品牌就是企业文化，就是一家企业的态度。2014年的寒冬，在丁磊的带领下，网易高举着"品牌是一种态度"的旗帜，掀起了一股"态度营销"的热潮。

作为一家企业的领军人物，丁磊思考的是如何将普通用户转化为粉丝，进而激发用户潜在的热情，产生排他性的喜好与对品牌持久性的忠诚度。这是每一位企业家日思夜想的营销课题之一。在丁磊的引领下，网易开始打造全新的"态度营销"模式，也就是根据用户热点需求的相关分析，了解用户当下对品牌的态度诉求，并与品牌的态度策略融合起来，从而优化品牌营销策略。

品牌态度趋势热词

正如丁磊所说，"所谓态度营销，就是力求将网易对于用户情感的理解与洞察充分运用到品牌营销中去，帮助广告主高效地传递品牌态度，从而实现品牌与用户之间情感上的共鸣"。

在丁磊这一营销理念的指导之下，网易于2014年初正式提出了"态度营销"的概念，并于同年底联合尼尔森权威发布了《互联网品牌态度蓝皮书》。这是一种营销的大趋势，是网易对于品牌态度营销的不断探索与尝试。不久后，网易营销再度与尼尔森携手，联合挖掘提炼，推出了全新的"十大品牌态度趋势热词"，这些词包括我、玩儿、温暖、格调、愉快、纯粹、责任、逆袭、信赖和包容。

可以说，这些热词精准而生动地传达了消费者的心声，是万千消费者心声的汇聚，也是将品牌与消费者联系在一起的无形纽带。通过这十大热词，网易力求能揭示当下大环境里最能引发用户共鸣的态度，从而帮助广告主寻找到能够触碰到人心底最柔软的那一片地方的精神力量。正如丁磊所强调的，"只有唤醒了品牌的态度，才能够推动品牌营销"。

在网易的活动现场，作为网易门户市场部的总经理，李安还对这份榜单的意义进行了别出心裁的解读："早在2010年，包括丁总在内的网易工作人员就发现了一件有意思的事情，那就是网易这个平台上其实聚集了许多有思想、有观点、爱表达的人，而这群人也推动了我们这个媒体的热情，让我们竭尽所能地追求发表独立观点与创造优质内容的机会。可能有人会问：网易的用户是这么有态度的一群人，那他们的态度到底是什么呢？相信很多品牌主内心也有着同样的思考和困惑。所以，今天我们推出了'十大品牌态度趋势热词'，我相信，它不仅能帮助我们的合作伙伴、品牌主快速高效地获取到目标用户群主张的最关键的态度，也能为品牌选择适合的传播方式提供针对性建议。"

态度，用大数据表达

网易新闻客户端可以说是网易的态度阵地，这份热词榜单也正是源于这个客户端。截至 2014 年 12 月，网易新闻客户端的月活跃用户量已累计过亿。正如网易新闻用户所倡导的"无跟帖，不新闻"，这已经成为他们表达态度的缩影。在海量的用户数据与强烈的用户态度表达的基础上，网易新闻客户端源源不断地为"态度营销"提供着养分。网易新闻客户端对它的用户的态度进行了一次大规模的彻底调查，在数据挖掘的基础上结合多种调查手段，经过一系列综合分析得到一个排名，将形形色色、五花八门的用户态度提炼为一个又一个趋势热词，最终"十大品牌态度趋势热词"得以出炉。

丁磊在接受采访时还表示，在这次活动中尼尔森也是大功臣之一，他介绍："这个项目里，尼尔森通过 NSI 社交媒体系统，针对网易提交的十大品牌态度趋势热词，对网民所关注的问题进行了系统分析。在对 2012 年 8 月至 2014 年 8 月这两年时间里高达十亿之多的原始口碑数据进行分析后，为了确保信息的真实性与准确性，还进行了近乎严苛的数据清洗，最终结果表明，基于网易新闻客户端所提出的'十大品牌态度趋势热词'与尼尔森通过全网调研所得到的结果高度吻合。因此，这些基于大数据而产生的热词是具有全网适用性的，是态度营销的有效手段。"

态度热词，用户发声

基于网易新闻客户端的大数据，品牌态度趋势热词应运而生。可见，态度热词其实代表了每一位在网易新闻中发声的用户，这是大众的想法和观念。基于此，当网易在现场发布热词时，也采取了一种特别的方式，即让代表网易用户的观众来提出热词。

其中，吴秀波既是这场网易专场的压轴嘉宾，又是网易的资深用户。在谈到作为热词之一的"格调"一词时，吴秀波言辞问题有些意味深长。因为 15 年前他曾在北京开过一家西餐厅，名字正好也叫做"格调"。他很喜欢绿色，还爱唱歌，于是他将整个餐厅装潢成了绿色，并且在餐厅里播放各种他喜欢的音乐，还摆上了台球桌等他喜欢的玩具。他将所有彰显自我品味的东西都放进了这家西餐厅里，15年前，在他看来，这就是他的"格调"。

而15年后，"格调"一词再次在网易的态度趋势热词里出现了，吴秀波也给出了他个人15年后关于"格调"的理解："'格调'其实是一个外来词，它的意思是品格、品位或阶级。其实，人类所有的争议或争执，乃至战争都源自于自我立场之间的差异与对立，也就是我们所说的品类或阶级。我认为，最高尚的品位就是没有差别的品位，最崇高的格调就是没有自我立场的格调。"

关于这场态度营销，丁磊思考的核心问题是，未来品牌在做选择时最需要思考的事情是如何才能抓住每个人的耳朵和心。正如他反复强调的："原因再简单不过了，就是要有态度。要做好品牌，就要做好推广和营销，你可以选择网易的平台，在这片广阔的网络天地里，你首先最需要感受到的就是态度。"

5.

宗庆后：把握好时机，让品牌绽放

品牌在英文中的对应单词是"brand"，该词起源于古挪威文"brandr"，意思是"灼烧"，人们当时经常用这种方式来给家畜等做上标记，以便和其他人的私有财产区分开来。到了中世纪，欧洲的一些手工匠人开始通过打烙印，给自己制作的手工工艺品留下标记，让顾客更容易识别产品的生产地和生产者。于是，最初的商标应运而生，一方面为消费者提供了品牌保证，另一方面也为生产者提供了法律上的保护。

正所谓"品牌强,则国强;品牌弱,则国弱",相较于那些大型跨国公司,中国企业目前的短板就是品牌竞争力。浙江企业想要崛起于中华与世界企业之林,就必须积极推动品牌战略,让品牌战略处于与科技战略并驾齐驱的地位。在品牌营销方面,宗庆后真正做到了让"娃哈哈"完美绽放。

品牌建设,命名成就美好联想

对于中国企业品牌史而言,1995年是一个有纪念意义的年份。北京名牌资产评估有限公司在1995年第一次发布"中国最具价值品牌年度研究报告",在业内引起轰动效应,其中娃哈哈的品牌价值高达22.13亿元,名列第19位,在饮料行业内排名第一。

品牌建设的第一步就是命名。一旦拥有了好名字,这个品牌就拥有了有力的支撑点,能起到四两拨千斤的奇妙效果。一个好的品牌名称,一方面能让消费者印象深刻,带来种种美好的联想,另一方面也能直接刺激企业的产品销售额。

作为象形文字,每个汉字都蕴含着某些特定意义,把不同的文字搭配在一起,也会产生各种奇妙的效果,并由此引申出丰富的品牌联想。相比起26个英文字母,汉字确实能产生更激烈的"化学反应"。

在品牌命名方面,很多大型跨国公司有着丰富而独到的经验。以可口可乐为例,其中"可口"二字直接体现了饮料的口感,是它的物理特性,而"可乐"二字则体现了饮料带给消费者的心理效应,即让消费者感到愉悦与激情。又比如"飘柔",两个字读来朗朗上口,人们只要听到这个曼妙的品牌名称就会产生诸多联想,比如"飘"让人联想到"潇洒""飘逸"等,直接体现了洗发水的物理功能与心理效应,而"柔"则让人联想到"温柔""柔情"等一系列美好的字眼。

作为浙江企业中的佼佼者,娃哈哈在品牌意识方面是不折不扣的先行者。就品牌命名的专业性而言,娃哈哈公司的行动比起那些规范的外资企业也毫不逊色。娃哈哈集团旗下包括"娃哈哈""非常""营养快线""乳娃娃""粗粮生活"在内的一系列品牌都是叫好又叫座，深受广大消费者喜爱。此外，还有大热门的"爽歪歪"这款为儿童打造的饮品，迎合了儿童心理，深受国内小朋友的喜爱。

当然，在娃哈哈五花八门的品牌名称中，要数"娃哈哈"的知名度最高。然而，娃哈哈这一品牌名称的由来却大费周章。最初，娃哈哈集团与其他公司合作，决定研发一款冷门产品——儿童营养液，并通过新闻媒体向广大消费者征集名称。当时，人们对市场上传统的营养液产品已形成思维定式，倾向于"素""精""宝"之类的大众名称。

此时，宗庆后却把目光锁定在了一首新疆民歌中"娃哈哈"三个字上，最终以此命名。对此，他有三个理由：第一，"娃哈哈"三个字的元音都是 a，是孩子最早学会也最容易发出的一个音，容易模仿，音韵和谐，读来朗朗上口，难以忘记。第二，就字面意义而言，"哈哈"是拟声词，世界各地人民欢笑时都是类似的声音。第三，同名的新疆儿歌风格明艳欢乐，有着浓烈的民族色彩，传唱于大江南北，把这首为人们熟知的歌曲与品牌紧密联系起来，更有利于消费者接受并认可它。总而言之，"娃哈哈"是一个别致又接地气的品牌名称，一下子就拉近了商品与消费者之间的距离。敲定品牌名称后，厂里的宣传团队又精心设计了商标图形，即两个活泼可爱的小娃娃，与品牌名称遥相呼应。这次别具匠心的品牌命名为后来娃哈哈成为国内饮料行业的龙头老大拉开了序幕。

品牌延伸，生根开花

中国什么时候也能拥有大量驰名国际的品牌呢？著名营销大师菲利普·科特勒说过："从 1947 年到 1967 年，日本花了 20 年时间，才让国际市场接纳了它的品牌。当时，日本公司主要是模仿欧美的产品，如今，中国企业也是这么做的。但是，企业不能停留在这个阶段，要从廉价制造产品，到提升产品质量，再到以更好的产品回馈市场，然后高价销售，中国企业要在这个革命性的历程中打造属于自己的品牌。"可见，对于企业而言，打造品牌是一项长期工程。对于现阶段的中国企业来说，品牌延伸显得尤为重要。其中，娃哈哈的品牌延伸战略收获了较好的市场成果，也给了人们很多启示与借鉴，总的来说，娃哈哈是从三个方面着力的：

1. 不轻易动摇现有品牌的定位。儿童营养液是娃哈哈最初推出的产品，"健康、向上、营养、儿童、高品质、大众消费"等是该品牌的核心价值。久而久之，娃哈哈成为儿童营养液的代名词，此后娃哈哈的产品历经各种演变，但是在五花八门的产品中总有一些维系着娃哈哈最开始的品牌形象。

2. 品牌延伸要有度，不轻易打破消费者的心理定势。企业在推动品牌延伸前，要对消费者的心理和行为有所调研。1992年，娃哈哈相继推出儿童果奶、八宝粥，在一定程度上与最初的儿童营养液核心价值相符，面对的也是相似的消费群体。因此，对于娃哈哈这次调皮的"变脸"，消费者在心理上也很容易接受。

3. 品牌是企业无形的资产，不要轻易放弃老顾客。娃哈哈推出纯净水和非常可乐后，开始华丽转身，从原来的儿童饮料切入成人饮料，虽然开拓了新的市场，但同时也失去了原来的一批老顾客。不过，娃哈哈很快意识到这个问题，频频在儿童饮品上发力，相继推出了AD钙奶、"乳娃娃""爽歪歪"等一系列儿童饮品，顺利挽回了大批老顾客。

其实，对于企业而言，必须在品牌具备了足够实力的情况下，才能确保品牌延伸战略的顺利推进。当企业品牌在知名度、美誉度方面尚且乏善可陈时不断推出新产品，就难以获得"品牌伞效应"的庇护，与同期面世的新品牌也毫无区别。可见，企业要推行品牌延伸战略，把握好时机至关重要。

6.

柳传志：融合东西方文化，
走国际化道路，让联想做世界的品牌

作为联想集团创始人兼前任董事长，柳传志在接受记者采访时说："我的观点就是，中国企业必须带着自己的品牌走向国际舞台。如果中国产品是品牌产品，中国企业也是品牌企业，这样的力量汇聚在一起，最终成就了属于中国的国家品牌。因此，如今中国企业在'走出去'的时候，国家的经济品牌是否强大尤为重要。"由此可见，当中国企业走上国际舞台后再汇集起来，就会拧成一股绳，造就国家品牌。

可以说，随着联想的规模发展到一定程度，柳传志关于联想的国际化运作的思考越来越丰富。在柳传志看来，企业在参与国际化的过程中最重要的一点就是建设自身品牌。在跨出国门、登上世界舞台之前，联想就已经加入中国"国家品牌协会"，并积极推动着品牌建设。相对而言，虽然在此之前，联想的管理团队已经深知品牌的重要性，但却是在国际市场上才深深为品牌的力量所震撼。

国际化进程中，品牌策略推波助澜

当时，联想电脑刚刚进军国际市场，品牌知名度还没有打响。有时候，对于某款性能类似的产品，即使联想的价格相对更便宜，也难以俘获国际市场的青睐，更难以在短时间内获得消费者的喜爱。正因为如此，柳传志才把并购 IBM 的 PC 业务视为联想国际化品牌战略的重要一环。

IBM旗下包括软件部PC部（个人电脑业务）、大型计算机部、超级计算机部等，2004年IBM正式将PC部出售给联想集团。对于联想而言，此举意义重大，这标志着联想从之前的"海量"产品业务向"高价值"产品业务全面转型。此后，柳传志积极通过IBM在全球市场上的品牌效应提升联想集团在国际上的知名度和美誉度，其中尤其值得一提的是，在并购完成后，联想开始积极推行"双品牌"策略，也就是说联想在海外市场上既使用IBM的品牌，也使用联想"Lenovo"的品牌。"双品牌"策略的成效立竿见影，推行不到3年时间，联想品牌就在国际市场上获得了消费者的普遍认可。于是，联想适时地放弃了继续利用IBM的品牌效应，而只用联想的品牌。事实表明，这种策略在进军国际市场的过程中发挥了至关重要的作用。

在柳传志看来，企业要在市场这张"大饼"中拿到更多份额，在国际市场做出一番成就，就一定要积极建设企业自身品牌。其实，任何知名品牌的形成都不是一蹴而就的，而需要长期经营，从而在市场中收获认可度。对于企业而言，品牌效应一旦形成，就相当于拥有了一笔无形资产，可以为企业的发展服务。

不忘本色，迈向国际化

2011年11月，柳传志在接受《21世纪》杂志的采访时说："我希望联想集团由中国人来管理，也就是说，由中国人来担任公司一把手。对于企业而言，一把手意味着鲜明的发展方向，一个团队的一把手不行，公司就是一盘散沙。一把手在其中发挥了中心作用，是融合，也是平衡。我们要让国际员工从一开始就觉得联想是一家国际化公司，再逐渐融合下去，建立一套双方都认可的价值观。"

事实上，在实现国际化的历程中，联想遭遇了形形色色的问题。自从2004年12月联想并购IBM的PC业务以来，一系列问题也随之出现，如团队流失、失去大客户订单、遭受国外政府的歧视性采购政策打压、企业文化融合困难重重、2008年全球性金融危机大爆发等，这让刚刚向国际市场起航的联想经受着重重考验，更让联想一度面临着巨额亏损，情况之危机可以说是"站在了悬崖边上"。

为了应对危机四伏的国际化市场，柳传志开始深入研究国际化进程，并逐渐从中摸索和总结出一套适用于中国企业的国际化公司管理方法。其实，正是在中国式价值观与西方价值观的激烈碰撞之下，联想才跌跌撞撞地实现了国际化。最终，柳传志将东西方文化融为一体，找到了一个适合联想的平衡点。

关于中国品牌如何向国际化进军，柳传志进行了深入剖析："中国本土的电脑行业也有很多值得深入研究的地方，比如说，在整个PC领域里，供应链发挥着至关重要的作用。了解清楚这件事情后，我们也就知道多少库存是最合适的。事实上，有的元器件的库存是各项成本中最高的。针对这些问题，我们采取了相应的措施，提升了我们在国际市场中的竞争力。"

联想以并购IBM的PC业务作为迈向国际化市场的"敲门砖"，接着又果断放弃，不再依赖于IBM的品牌效应，而主打Lenovo，并在国际化进程中根据中国本土情况不断调整国际化战略。正因为将东西方文化有效融合，联想才在国际化道路上越走越远。

7.

屠红燕：从品牌起航，以文化立足

2012年2月，"浙江文化个性与经济创新发展"高端研讨会在杭州召开。在众多浙商代表中，屠红燕是唯一出席的女性嘉宾，万绿丛中一点红，她刚出场就格外引人注目。只见她身着一套得体的黑色职业套裙，短发微微卷着，时尚、利落又干练。"沈爱琴的爱女""万事利掌门人"等，都是屠红燕身上不可忽视的标签。正当台下听众在议论这位美女企业家时，她已经开始煞有介事地给人们介绍起丝绸与文化之间千丝万缕的关系。她深知要提升丝绸工艺的品牌格调，就必须为其注入文化的新鲜血液。听众追随着她环环相扣的思路，中国丝绸工艺品未来的发展道路已然脉络清晰，也就是屠红燕总结的"从品牌起航，以文化立足"。屠红燕对于丝绸文化有着深入、独到的见解，她以丝绸文化为出发点，为万事利的品牌发展推波助澜，而其本人也崛起为这个丝绸王国的实力掌门人。

坚守传承，泱泱五千年丝绸文明

古人常说"化干戈为玉帛"，言下之意即礼尚往来、重修旧好，每每提及那顺滑光亮的丝绸，人们心中难免泛起丝丝涟漪。在古代，玉和帛就被人们作为上供的佳品，象征着古典的美德与利益。纵观中华泱泱五千年文明史，丝绸就像一记鲜明的符号，点缀着古老的文明。因此，对于以丝绸为主业的万事利而言，其从成立之初就与历史悠久的丝绸文化结下了深深的缘分。

2001年，亚太经济合作组织领导人非正式会议在上海召开，对于中国而言，这是当时最高规模的国际会议。会议结束后，一张领导人的合影格外引人注目，照片上各位领导人都身着象征着中国传统文化的唐装。丝制唐装承载着中华传统文化，身着唐装出席公共场合最容易引起人们关注。而这次会议上领导人所穿的唐装正是由万事利专门设计和生产的。此外，万事利还专程设计了一款"丝绸唐装内衣"，作为给各国与会领导人的礼物。这款丝绸服饰既融入了传统的中国文化要素，又具有鲜明的时代气息，赢得了一致好评。

这场丝绸与文化的激烈碰撞让万事利人发现，当丝绸工艺品与文化元素结合在一起后，会碰撞出美妙的火花。对于万事利来说，这无异于一场轰轰烈烈的思想解放运动，从此其不再局限于"丝绸即服装面料"的思维框架，而是跳出丝绸来看待丝绸、设计丝绸产品。

在屠红燕看来，她是"创二代"，而非"富二代"，在她心目中，万事利犹如一只尚未孵化的蚕蛹，当它"破茧成蝶"的那一刻，必然会绽放令人炫目的魅力。除了从母亲手中传承家业，她也渴望为这个传统而古老的行业注入一些新鲜活力，让万事利攀登上另一座高峰。

文化助力，万事利品牌升级

在2008年北京奥运会上，最受大众瞩目的要数由万事利倾情提供的"青花瓷"系列。通过这次盛典，万事利的品牌知名度大大提升。后来，屠红燕接受采访时说，当时是用苏式革针的纯手工技法来制作这款"青花瓷"奥运服装的，这种技法几近失传，屠红燕和她的团队四处走访，才最后寻觅到了线索，好不容易组建起一个手工刺绣团队。正因为屠红燕对于丝绸文化的热爱与执着，我们才有幸在奥运会盛典上看到这婀娜曼妙的"会行走的青花瓷"。

屠红燕对于万事利的品牌建设有着清醒的认知，她指出："我认为，万事利的品牌运营分为三步走，要分别实现品牌的艺术化、高端化和多元化。文化往往蕴涵于品牌之中，对于消费者而言，丝绸不仅仅是消费产品，更是对传统文化和美好艺术的回归。在实现了以上三步后，还要有创造力地推动品牌设计。设计是品牌运营的灵魂。只有将多元文化融于一体，才能设计出一款好产品。"

在建设万事利品牌的过程中，屠红燕将文化融入其中，并着重开展丝绸文化产品、丝绸艺术品、高端丝绸服饰三大业务。接着，她还颇有创意地提出了"丝绸生活"这一理念，力求让人们享受更具有艺术情怀的格调生活，并相继推出了以丝绸为原料的拖鞋、屏风、发饰、内衣、壁纸等。如今，现代家居生活的各个领域都可以看到万事利产品的身影，对于这个时代而言，这种怀古又能迎合时代潮流的审美情趣最符合消费者胃口。

情怀，品牌文化的灵魂

屠红燕怀揣着美丽的丝绸之梦，进入万事利工作，从最基层的工作开始干起，一步步踏实地走过来。唯有梦想能让人热血沸腾，从基层到高层，屠红燕深深地明白万事利乃至国内丝绸行业与其他竞争者之间的差距，她敏锐地指出，必须依靠文化与创意来缩短这种差距。

在屠红燕看来，丝绸不仅是一种消费品，更是一种文化载体，"自古以来，浙江就是丝绸大省，杭州在古时被称为'丝绸之府'，丝绸身上承载着泱泱五千年的华夏文明。我们必须将丝绸的文化价值、历史价值与经济价值结合在一起，让这个古老的行业焕发新的光彩"。

在《万事利丝绸产业转型升级报告》一文中，屠红燕提出了一个大胆的构想，那就是在江干区成立"浙江丝绸文化研究会"和"现代丝绸博物馆"。自古以来，江干笕桥就盛产丝绸，万事利的丝绸王国正是在这片热土上一点点发展壮大的。屠红燕认为，正是要借助这一系列文化载体，重新唤起笕桥丝绸的生命活力，将江干区的传统丝绸文化注入丝绸产品之中。

当丝绸邂逅文化，古老而有着旺盛生命力的事物碰撞出绚烂多彩的火花，万事利这个让世界瞩目的丝绸王国置身其间，流光溢彩。丝绸产业无论如何升级或转型，都必须与传统的丝绸文化结合起来，让全世界的消费者获得艺术化享受。

第八章

竞争是游戏，更是艺术：浙商的竞争谋略

1.

同学经济，为浙商插上翅膀

浙商大多数出身草根，浙商商帮的组织往往是身边的几个人最先缔结而成，其中以血缘为基础的宗族组织和以地缘为基础的同乡组织是最典型的模式。短时间内，这种商业模式会获利，但长期看来，这种圈子比较闭塞，社会网络不健全，产业发展受限。创业之初，在业务的基础上构建起人脉网，于是"圈子"被局限在上下游产业链之间。长此以往，人脉与买卖就会形成"互锁"的局面，无论是产业升级，还是企业可持续发展，都会受到不利影响。

那么，要怎样才能建立一个于人、于己都有利的人脉网络呢？答案不言自明：应该摒弃以业务为基础来搭建人脉网的传统方式，而是另辟蹊径，从零开始，建立一套更高级别的人脉网，这样的人脉网应该是不受限于地域或行业的。在众多人际关系中，同学关系正好符合这点要求，同学来自大江南北，这个人脉网不再受限于行业或地域，原来单向的链条变成多维的网络，在这个平台上各行各业的精英人士都可以自由自在地交流并互通有无。于是，浙商做出了一个对自身发展有重大意义的选择，那就是建立"同学经济"。

同学经济对浙商的意义

浙商俞飞跃曾先后两次担任浙江大学同学会会长，他在自己的论文里首次突出了"同学经济"这一概念。同学经济是基于相同的教育背景和类似的文化背景而建立的一种合作模式，其核心内涵在于互信互利、高效共赢。

其实，同学经济并非当今时代的新产物，而是古已有之，靠着同学师门的裙带关系谋取政治资本的"工学政治"在中国可谓历史悠久。然而，在经济发展的浪潮中，这种同学或师门间裙带关系所具备的经济功能被放大了。纵观国内商业群体，浙商无疑走在同学经济的最前列。浙商放下手头的生意，重新参与到各种培训班、MBA 或 EMBA 课程、国学研读班里，一边读书交朋友，一边谈着买卖。如今，浙商奉行的同学经济已经完全融入其商帮的运作流程中，浙商正是效仿曾经经营商帮的手法，又一次打造了一个庞大的浙商同学网络平台。

从传统角度而言，浙商传统商帮实现联合常常是从身边最熟悉、最信赖的人入手的，其中最典型的就是基于地缘关系所形成的"同乡圈子"或基于血缘关系所形成的"家族圈子"。然而，基于血缘或地缘所形成的"圈子经济"也有很明显的弱点，那就是产业在一定空间内高度密集，辐射范围有限，拓展空间被局限。基于同学关系打造的"同学经济"则恰到好处地弥补了浙商"圈子经济"的不足，在"同学经济"的促进下，"圈子"不再受限于地域或行业，原来单一的链条逐渐交织在一起，形成错综复杂的网络，不同行业之间也有了相互交流的平台。

"同学经济"，浙商新经济体系

如今，浙商的同学经济俨然已发展成为一个完善且庞大的经济体系，大致可以分为以下几个层次：

第一，以同学关系为基础的人脉延伸，很多浙商回归学校的目的就是拓展高端人脉。对于大多数浙商而言，他们往往更关心同学是谁，而不是老师是谁。

第二，在学习过程中互帮互助，共同交流。这些商界精英彼此了解并学习对方从事的业务，为早日展开多元化经营模式打下基础。有时候，浙商还从同学中挑选合适的人选，担任公司顾问，参与诸如投资判断、重要职位面试等公司的重要决策。

第三，在同学经济的基础上实现财团化和金融化。班里那些志同道合之人一起合作，成立投资公司，利用股东人脉为投资公司介绍业务，而投资公司又反过来服务于各大股东。当然，班上学员一同成立的投资公司也可以开展对外业务，进一步拓展服务范围。

第四，杠杆效应的正面影响力。班里有的学员对某些新兴产业有兴趣，甚至有条件发展省外或境外业务，就可以抱团出击。基于同学情谊，也更容易达成互相信赖的合作关系。

第五，打造大融合、多元化生态链。对于浙商而言，同学经济就意味着各行各业精英人士的大融合。在一个班级里，往往聚集了金融、IT、媒体、研究所、咨询公司、猎头公司等各个领域的资深人士，经过一段时间的相处，彼此之间会产生信赖感，进而逐步开展合作。如果其中有人违规，整个圈子里的同学都会知道，因此违约要付出很高的成本和代价。

如今，"同学经济"正逐渐发展成一种全新的浙江商业模式。当"资本"邂逅"智本"，必然会碰撞出美妙的火花，萌生出一种全新的生态体系。

2.

从"团"到"群"：产业的集群式拓展

如果单就企业规模而言，浙江民营企业似乎缺乏在现代化大生产中生存下去的理由，但是如果就地区领域而言，浙江民营企业之间却又有超强的协作能力，从而打造出在世界处于领先水平的生产方式。

集群化的产业链条

手工制成方式最先出现，它的鲜明特征是工艺好、可定制、产量少。后来，福特式的流水线生产方式逐渐兴起，使产品零部件具备了连贯性和可替代性。然而，这种方式同样有明显的弱势，那就是成本大、库存多、产品更新换代慢。产品种类少，自然就难以迎合多元化的市场需求。为了改进这种生产方式，日本发明了更精益的生产方式，在改良车床的基础上，开始小批量生产零件，在各车间里进行灵活组装，从而实现品种多元化，并尽可能减少库存。日本人之间有很强的协作性，推动了不同工厂之间的协作，正是基于这种生产模式，日本汽车领域才能一度领先于美国。如今，这种更先进的生产方式已经遍布全球各地。

浙江民营企业的生产方式就是在此基础上发展起来的。以正泰集团为例，他们本厂只负责生产 10% 的主要零部件，其余 90% 的零部件则向 600 多家协作厂进行公开招标。这样一来，比起其他同行，正泰的成本足足降低了 2/3。再比如温州的打火机行业，处于金字塔尖上的是 600 多家成品厂，而它们下面还有 2000 多家工厂负责为其提供打火机的零部件。那些成品厂往往只负责生产50%的零部件，其余的零部件直接从下面的2000多家协作厂拿货。光是专门用来生产打火机的0—88mm螺丝丁就有上百家温州厂商可以生产。上百家螺丝厂家彼此竞争，同时又与上级的打火机成品厂彼此协作。

相较于日本而言，浙江民营企业采取的是一种比较奢侈的协作生产方式，该方式是以处于下一级别的上百家厂商之间的竞争作为基础的。浙江企业多为家族企业，具有很强的独立性，协作厂与成品厂之间并不是依附关系，因此一旦有任何一家生产零部件的厂商技术进步了，几乎其他成品厂都可以从中受益。就日本所采取的精益方式而言，大厂下一级的各车间之间不存在竞争，浙江的打火机协作厂就好像日本工厂下面设立的各个车间，然而车间之间却存在着激烈的竞争，这也避免了患上所谓的"大公司病"。

有人生动地把浙江企业比喻为"许多小鸟聚集而成的鸟群"，乍一看，它们在形体上如一团乌云般庞大，但同时也兼顾了小鸟的灵活性。就像有人说的，"也许大鸟会被打败，但鸟群却不会被打败，它看似有形，实则无形，能够在瞬间化整为零"。以金乡徽章厂为例，它拥有100台烘箱和150台压力机，在一定程度上掌握了成品规模。它每次接到订单，就分配给下面数百家同乡企业。如果某段时间里订单量减少了，它会及时裁撤几十名甚至上百名工人，但是这些工人完全可以凭借着过硬的技术去其他规模更小的徽章厂里讨生活。也就是说，当地已经形成了同行业的集群现象，任何一家工厂都能接大规模的订单，只要将其中一部分订单转让给下级工厂即可。哪怕是在宏观经济每况愈下的情况下，浙江大大小小的民营企业仍然能依靠这种生产方式快速向前迈进。

专业市场，孵化浙商的温床

产业集群堪称浙商打遍天下无敌手的"拳头"。放眼全球，浙商并不是产业集群的发明者，但这种生产方式是被浙商发扬光大的。在全国乃至世界范围内，浙江的产业集群都负有盛名，如今产业集群已成为浙江区域经济的核心竞争力之一。比如，义乌的小商品、海宁的皮革、温州的皮鞋、诸暨的袜子、桐乡的羊毛衫等等，这些产业集群就好比把五根手指头握成一个拳头，将优势资源集中起来，把一个产业做大做强。纵观浙江全省，几乎每个县都能不费吹灰之力伸出一个甚至好几个"拳头"，打对手个措手不及。

而专业市场则堪称浙商最大的温床，许多浙商就是在这里发家并完成了资本原始积累的。浙商擅长办市场是出了名的，很多浙商跑到全国各地，创办了许多商品市场，四处开枝散叶。据不完全统计，浙商在省外已经拥有500多家占地面积50亩以上的市场，涉及领域包罗万象，如日化、百货、汽车配件、建材、纺织服饰、家居等。

总体而言，产业集群有两大明显优势：第一，在一定程度上能避免某些小企业因势单力薄而过于虚弱，难以在市场上生存下去；第二，能有效避免某些大企业因结构冗余而迟钝臃肿。产业集群的原理就是在一定的地理区域内，通过价值链完成生产要素在企业之间的整合，用市场交易取代产权控制和内部管理，使企业趋于专业化和小型化。这其实是一种就近择优的选购行为，既有垂直整合的效率，又有更广泛的选择性和自主性。这样一来，很多小企业就能有效地提高效率和竞争力，在一定程度上降低交易成本。

宁波商人石忠韶在《抢位》一书中就谈到浙江地区众多中小型电器厂或制衣厂自发地组织起一种"合作大生产"的模式。在产品销售过程中存在着各种纷繁复杂的环节，这些生产商、供应商、经销商各有分工。如驰名中外的康奈、红蜻蜓、奥康皮鞋也是基于产业集群发展起来的。一双鞋的生产可以分为20多道工序，而这些鞋业集团把一只鞋细化到每个鞋帮、鞋底、鞋面，都由协作厂负责。在浙江，任何一个产业都形成了一个相对完整而闭合的联合产业群，在细致分工的基础上充分发挥各自的优势，这在全国乃至世界范围内都是罕见的。

聪明而灵活的浙商告诉人们，在市场中靠着单打独斗是很难占有竞争优势的，对于一些想开创属于自己品牌的企业来说，走上集约整合的联盟发展之路是最佳之选。

3. 郑莱莉：天道酬勤，做成功的创二代，永远给自己充电

从 1998 年担任康奈集团副总裁起，郑莱莉一年到头就只剩下国庆、春节两个假期。在主流媒体眼里，刚 40 出头的郑莱莉是"新浙商"的典型代表。她的父亲郑秀康是康奈集团的创始人，在许多人看来，她从出生之日起就含着"金钥匙"，不用吃苦头就可以成为新一代浙商的代表人物。然而，郑莱莉却正一步一个脚印地走在她的"二次创业"之路上。

从皮鞋车间工做起

1998 年 7 月，刚刚大学毕业的郑莱莉在深圳一家知名会计事务所实习。实习结束后，该事务所力邀她留下来工作。然而，郑莱莉却婉拒了，当天就北上回到温州。第二天，她开始在康奈集团上班。

人们刚得知"大小姐"要回公司上班的消息时，都认为她一定会从总裁助理之类的高端职位做起。可真实的情况却让不少人跌破了眼镜：郑莱莉直接下车间，从最基础的做皮鞋做起。

做皮鞋对于技术的要求很高，第一道工序是划料，操作者必须熟练而细致，任何一点瑕疵都会浪费一大块皮料，影响后续生产。郑莱莉是高度近视，她每次都戴着眼镜和一群工人坐在一起，一步步地学习，拿着一把大剪子从早剪到晚，两只手上磨满了水泡。她只花了半年时间，就把车间生产的基本流程都学了一遍。在她看来，这是在进行"二次创

业"，虽然父亲已经扎下了坚实的根基，但她不能啃父亲的老本，要靠自己的努力带领康奈迈上一个新台阶。

后来，每当郑莱莉回忆起这个历程时，总是感慨良多："这个过程很重要，让我了解到一双双美丽的鞋子是怎么制造出来的。"末了，郑莱莉还会不无骄傲地说："给我一张皮，我现在还能做出一双完整的鞋来！"

康奈集团从1994年左右开始做认证工作，但起色不大。到了1998年底，郑莱莉开始接触公司的ISO9002认证工作。她刚接手这项工作，就立即在公司内部组织有关学习培训，对公司有关制度进行调整，让整个认证体系与公司业务密切联系起来。对于郑莱莉而言，这是她第一次参与公司的管理工作，她那段时间里每天要忙碌到凌晨一两点才回家。事实上，任何管理工作都是由各种小事累积起来的，任何一件小事没做到位，就会产生连锁效应，影响后续一系列事情。比如，盘点库存时必须要做到账实相符，郑莱莉为此经常通宵加班。

1999年初，"康奈"顺利通过认证，郑莱莉也长长地舒了一口气。初出茅庐的郑莱莉正是靠着吃苦耐劳的精神赢得了公司上下的肯定。

让温州鞋拥抱世界

1987年8月8日，在杭州武林广场发生了"火烧温州鞋"事件。至此，国内很多地方开始排斥温州皮鞋，温州鞋业也一蹶不振。虽然包括"康奈"在内的很多温州鞋厂并没有生产冒牌鞋，然而"城门失火，殃及池鱼"，在大背景的影响之下，温州鞋的黄金时代几乎一去不复返。

当时，为了生存下去，很多厂家开始"借牌销售"，但"康奈"坚持用自己的品牌，郑莱莉更是把握住机会，开始向海外市场进军。2000年初，"康奈"第一家海外专卖店在法国巴黎开张。"康奈"成为中国第一个迈出国门的鞋业品牌，一时间，国内议论纷纷。紧接着，"康奈"又在意大利米兰、美国纽约、希腊雅典、日本东京等国际化都市相继推出专卖店，如今"康奈"总计在海外拥有100多家专卖店。"康奈"皮鞋的零售价格保持在60美元以上，基本上与其他国外品牌处于同一水平。

这一切都凝聚着郑莱莉的心血与汗水。她说："向国际市场进军，我们就不能只是依赖价格优势，同时还要遵守国际准则。"因此，她总是在工作之余抽出时间，给自己"充电"，以使康奈集团在全球意识、法律意识和市场抗风险能力等方面得以全面提升。

天道酬勤，成功的二次创业

在很多人看来，郑莱莉之所以在激烈的市场竞争中能成为最终的赢家，主要原因在于她有一位相当成功的父亲。诚然，郑莱莉也坦言道，如果没有父亲打下来的基础，她不可能年纪轻轻就有此成就。但是，这是她带领着康奈集团冲锋陷阵、屡获成功的唯一原因吗？

古往今来，有太多含着"金钥匙"出生的二代，把祖上积累的家产败光后，落得食不果腹的下场。就像郑莱莉说的："父亲的成功为我提供了一个很好的平台，我才有机会在这个平台上挥洒我的聪明才智。他是企业的第一代领导，我和我弟弟是第二代，我们的事业是在原来的基础上进行创造性劳动。"

郑莱莉认为，"勤奋"乃是新一代浙商身上弥足珍贵的品格，尤其是在原生条件优越下，还能发愤图强，带领企业攀登下一个高峰，更显得难能可贵。正如郑莱莉说的，"不能光顾着啃上一代的老本，还要靠自己努力，做出新的成绩来"。

4.

丁磊：不急于一时，后来者居上

在丁磊看来，BAT 的模式并不相同，阿里巴巴和百度是流量模式，而网易则是内容供应商。在互联网领域这场日趋白热化的厮杀中，丁磊对网易充满信心，如今 BAT 的年利润与网易不相上下，所以鳄鱼不吭声，也别把它当壁虎。在丁磊看来，领先于同行的产品和管理理念就是网易在这场竞争中的制胜法宝。

打造一款"够酷"的产品

如今，网易打造的多款 APP 已陆续上线，丁磊对这些 APP 都很满意，在他看来，它们的区别在于面向不同的受众群体。比如，以音乐为主题的 APP 主要有 7 款，QQ、百度、虾米、酷狗、多米、酷我、千千动听。而丁磊是后发制人，最后一个进军音乐领域的，但网易只花了短短一年时间，用户量就超过了 1.2 亿。在丁磊看来，这是因为"网易音乐对产品有着独到的理解，能够贴近用户的使用心理"。

在丁磊看来，那些真正听音乐的人在使用 APP 时尤其关注三个方面：首先，他们格外关注音质及音质里面微乎其微的小细节，零点几秒的声音，虽然会转瞬即逝，但如果把握住了，却是最性感、最迷人的。其次，过去的音乐主要是用唱片的形式发行出来的，一张唱片往往从第一首歌到最后一首歌，需要按部就班地听下来。而网易云音乐却把唱片的次序彻底打乱，让听众在听音乐时产生不一样的感觉。再者，可以按照歌单的形式把不同的音乐拼凑在一起，就像串烧一般，带给听众全新的体验。

没错，这正是丁磊带领着他的团队进行的创新，网易之所以打造云音乐，就是为了让懂音乐、爱音乐的人能通过这款产品真正享受音乐的美好。很多云音乐的老用户反映，使用网易云音乐，会在上面发现越来越多有意思的好音乐，就如同发掘宝藏一般。丁磊还充满自信地对记者说："我告诉你，老外的产品也比不上我的，在这方面我有绝对的信心。我让日本的朋友用了这款产品，他们告诉我，全日本也找不到一款能跟它媲美的产品。"

网易云音乐以充满复古格调的黑胶唱片作为界面，不仅在视觉上给用户营造出一种充满质感的感觉，而且严格控制黑胶唱片的旋转速度，让用户在听音乐时全身心地放松下来。黑胶唱片在转动时，下面还会弹出来一个小菜单，里面列着相似的歌曲。这样一来，用户就能知道听这首歌曲的人们还听了哪些歌。

丁磊致力于将网易云音乐打造成一款"够酷"的产品，定位中的"酷"多多少少流露出几分精英的味道。如今，互联网领域流传着一句话，"得屌丝者得天下"，而我们日常生活中看到的很多"酷酷"的网易产品却大多与"屌丝"的口味并不符合。然而，丁磊认为，作为最后一个进军音乐市场的产品，目前所占市场份额相对较小是再正常不过的。但是，他相信网易云音乐会以最快的速度取代它的竞争对手，"你看，那些小公司慢慢把用户听音乐的习惯培养起来了，也就是说，人们现在已经开始懂得品红酒了。接着，他们开始追求品位和品质，慢慢学会品味法国红酒，接着是五大名庄。总得一步一步慢慢来"。

做 90 分以上的产品经理

在丁磊看来，自己在网易同样扮演着产品经理的角色。作为产品经理，你就必须亲身体会你的产品，才能真正了解它们。据说，网易内部不同的产品拥有不同的交流群。无论是丁磊自己发现了某个问题，或是微博上的网易用户在使用中的吐槽，他都会及时截屏下来，发在产品群里，让大家解决问题。事实上，这是一个相当高效的反应机制。如今，通讯手段相当便捷，网易工程师一旦看到了群里的问题，立马会打起精神来，集中力量解决问题。对于这种高效解决产品问题的现象，丁磊有自己的体会，"事实上，这反映了一种公司文化。这时，我不是老板，而是用户或评估者。这些问题不会决定任何人的加薪或提拔，只是为了解决问题"。

在丁磊看来，当他和他的团队在实现优势互补的情况下，绝对能称得上优秀的产品经理团队，至少能打90分至95分。他说："我想出一些东西，需要有人及时给我踩刹车，这一点很重要。在我看来，我负责创新，他们负责评估。我抛出来一些想法，这帮人就开始考虑，也许老板这些方面还没考虑到。我斟酌一番，觉得有道理，就先把这些想法放一放。我负责天马行空地胡思乱想，他们则负责为我把关，及时踩刹车。但是，有时候大家达成了共识，就可以立即执行。"

纵观中国互联网领域的几大巨头，网易的崛起看上去颇有些逆互联网化的味道。在这个凡事讲求效率的年代，人们都强调"唯快不破"，但网易做任何事都会先想一想，一般情况下不争做老大。在丁磊看来，这是基于缺少真正优秀的产品经理的无奈。在做产品决策时，丁磊常常感到很被动，原因就是总是找不到真正优秀的产品经理。很多时候，他心里有了一个很妙的点子，因为缺少好的产品经理无法下手去做，真正优秀的产品经理既要有深厚的技术功底和丰富的想象力，又要懂得满足用户需求，还需在运营或商务谈判方面有经验，总的来说，产品经理要具备较高的综合素质。就像丁磊自己说的，"网易做游戏也是如此，有时候没有好的策划，就只能放弃。拍电影也是如此，没有好的导演，怎么拍电影呢？"

可见，产品经理既要有天马行空的想象力，又要能审时度势，根据实际情况做决定。纵观国内互联网领域几大巨头，网易总是追求着后来者居上。网易之所以有如此大的爆发力，与丁磊对于互联网领域中"产品经理"这一角色内涵的清晰把握不无关系。

5.

张亚波：从"成本领先"走向"技术领先"

根据相关调查显示，目前在原材料价格波动、人工成本增加、汇率不稳定等多个因素的冲击下，国内制冷空调企业正面临着严峻的考验。然而，在逆市之中，浙江三花股份有限公司仍全面爆发，牢牢抓住一切机会，在稳步中快速前进。

只有确定了正确的发展战略，公司才能一路高歌，奋勇向前。在三花公司所制定的一系列发展战略中，最让人印象深刻的莫过于那条"从成本领先走向技术领先"。

从"成本领先"走向"技术领先"，注定造就不一样的三花。

开拓市场，从成本领先走向技术领先

在三花公司总经理张亚波看来，科学技术就是公司的核心竞争力，多年来，三花数次荣获各项技术奖项。张亚波有着敏锐的市场嗅觉，早早就捕捉到技术发展的大趋势，积极在全球范围内布局营销网络，与世界领先水平的制冷空调巨头携手合作，研发和生产各种节能产品，并牢牢把握知识产权。

接受采访时，张亚波告诉记者，三花公司很早以前就储备并开发了多项节能技术成果，如今三花把这些成果都应用于新型四通阀、变频热泵、电子膨胀阀等新产品上。与此同时，三花还加大对公司科研技术的资金投入，创建了符合国家级标准的CNAS认可实验室和企业技术中心，致力于紧跟行业内技术潮流，进行10年以内的技术前瞻性

研究。

自三花公司创建技术中心以来，为了满足市场需求，相继推出了可以运用于家用或商用空调工业制冷、冰箱等产品的配套元器件，具有极高的技术含量和附加值。虽然面临着行业凋敝的逆市，但三花仍致力于以市场需求为导向，注重研究与开发行业内的核心技术和前沿技术，在短短几年内就实现了从"成本领先"向"技术领先"的过渡。

此前，三花主要的目标市场是传统的家用制冷空调领域，自2012年起，三花开始积极开拓国内外市场，向商用领域进军。三花之前主要专注于产品的零部件开发，目前也正处于向控制系统集成开发的过渡阶段。三花根据产品各自的应用领域展开具有前瞻性意义的研究与开发，为冷藏冷链等领域提供对应的解决方案。

推陈出新，人才是公司的基石

很多公司为了加快成长速度，每年都会推出几款新产品，以吸引消费者的眼球并抢占市场份额。三花公司也不例外，他们每年都会有专业的考察团队深入市场，调查研究消费者的需求，有针对性地展开研发，推出一系列满足更多消费者需求的新产品。比如，三花公司2012年推出的一款变频控制器就很具有代表性，而且能满足消费者的多种需求。这款变频器能适用于多种品牌的产品，在更宽频率和更广阔的应用领域实现变频驱动控制，并且能将能效提高25%至35%。

卡耐基说过，"只要把人才留给我，哪怕拿走我所有财产，我也不怕。几年后，我又是钢铁大王"。可见，对于企业而言，人才是最大的底气。

近年来，三花公司每年倾注大量的人力、物力、财力在新产品的研发和生产方面。在张亚波看来，产品的推陈出新必须以人才为基础。谈到培养人才这一问题时，他很有心得体会地说："人才是保持企业核心技术的关键，有力保障企业可持续发展。"首先，从2012年至今，三花公司先后招聘了300多名与机械相关专业的应届毕业生，其中包括180

多名来自上海交通大学、浙江大学、复旦大学等名牌大学的本科生和研究生。其次，张亚波对于培养企业内部有潜力的人才尤为重视，公司内部相继组织了 30 多次各类技术专项内容培训，累计有 200 多人次外派出国深造。再者，张亚波积极从国内外引进高端人才，与国内外知名猎头公司展开合作，相继引进 40 多名紧缺专业的高端人才。第四，张亚波对科研团队采取有效的激励政策，制定了包括薪酬鼓励、研发项目奖金等鼓励制度，致力于在市场竞争中激发人才的潜力。第五，为技术人员提供光明顺畅的职场上升渠道，公司内部每年都会组织专业考核，短短 3 年时间内，就为公司培养了 45 名主管工程师和高级工程师。在张亚波的带领下，三花公司积极实行并完善人才策略，为三花从"成本领先"向"技术领先"转型奠定了强有力的基础。

近年来，三花公司以破竹之势迅猛发展，这与其自身高端而准确的定位不无关系。自 21 世纪以来，三花就致力于开拓海外市场，成为全球商用控制元器件的最大供应商。正是在从成本领先转变为技术领先的战略思路的指引下，三花在短短几年时间内从家用领域成功进军商用领域，从部品开发转型为控制系统集成开发，力求在更广阔的舞台上实现自己的抱负与理想。

6.

马云：颠覆，即拥有一支超高效执行力的队伍

随着中国经济体量越来越大，国内企业规模越办越大，执行力逐渐成为企业面临的困境。马云和孙正义曾就类似问题进行过探讨：三流的点子搭配一流的执行力，或一流的点子搭配三流的执行力，究竟哪一种更可取。两人的答案不谋而合：三流的点子搭配一流的执行力，更容易取得成功。那些杰出的领导者总是深知执行力对于企业竞争的重要性。

长久以来，马云就致力于将阿里巴巴打造成"一支拥有执行力而非想法的队伍"，即将执行力视为企业的核心竞争力。出席不同的场合时，马云多次提起，很多时候哪怕执行一个错误的决定也好过毫无决断力，因为你在执行的过程中才有机会发现错误并改正它。

有了想法，立即执行

阿里巴巴成立之初，马云说过一句话："你们现在、立即、马上去做！现在！立即！马上！"由此可见，马云的成功一方面归结于他与生俱来的经商天赋，另一方面则来自于他超强的执行力，不断把头脑中的想法变为现实。

念及当初，马云感慨，正是独到的眼光和超人的胆识成就了他，"一来，我对互联网的未来很有信心；二来，我觉得无论做什么，只要经历过，就是一种成功"。

2001年，阿里巴巴在国内还处于沉默时期，这时马云已开始积极开

拓国外市场。2003年，伊拉克战争前夕，马云牢牢抓住了这一时间节点，寻觅了一批开始关注中国的西方商人，把他们聚集在阿里巴巴这一平台上。此时，之前一向不热衷投放广告的阿里巴巴却破天荒地在美国CNBC电视上做起了广告。

马云之所以选择这个时间点投放广告，原因在于他认为即将爆发的伊拉克战争肯定会吸引全世界的眼球。美国代表整个西方世界出征伊拉克，自然会引起人们的普遍关注。这样千载难逢的聚焦点正是马云苦苦寻觅的，他要做的就是利用国外买家来加强中国国内对阿里巴巴平台上的中国供应商的认可。事实证明，阿里巴巴不仅收获了一定效益，回报还远远超出了预期。

个人魅力成就执行力

在很多人看来，马云与一贯低调内敛的浙商的最大区别在于，他比较高调，特别能忽悠。那么，能忽悠究竟算不算执行力呢？马云在学生时代更像是个问题少年，打架、转学、三次高考，还经常免费给外国人当导游。在当时很多人看来，这是典型的不学无术。然而，马云与金庸笔下的韦小宝颇有些相似之处，这些并不寻常的人生经历让马云拥有了更多民间智慧，也推动了他的执行力。

很多人都知道，马云只花了短短6分钟就搞定了"天使投资人"孙正义，去个卫生间的工夫就拿下了8200万美元"天使投资"，打高尔夫球时谈笑几句就实现了与雅虎10亿美元的合作。正应了那句古话"谈笑有鸿儒，往来无白丁"，倘若没有超强的执行力，普通人能做到这点吗？

作为企业家，如果不具备人脉资源和个人魅力，就不可能拥有超强的执行力。小时候，马云为了强身健体学过几年武术，尤其爱看金庸的小说，是不折不扣的金庸迷。2000年7月29日，马云去香港出差。当时，由阿里巴巴市场部副总裁李博达负责公司的公关活动，他虽然是美国人，但能讲一口地地道道的中文。他了解到马云是金庸迷，就为马云和金庸二人安排了一次会面。那天，马云来到"庸记酒家"，如愿见到了自己的精神偶像。那天，马云与金庸交谈了三个多小时。其间，金庸没说上几句话，马云一直在侃侃而谈。临别之际，金庸赠予马云手书，上面写道："神交已久，一见如故。"

从那一天起，马云就凭借着自己的超强执行力与金庸成为忘年之交。

几周后，马云给李博达打电话，说："我有个想法，说给你听听。现在国内互联网几家巨头的CEO吵得不可开交，我想邀请金庸，再加上网易、搜狐、新浪、8848几家互联网的CEO，大家来一场西湖论剑，你觉得如何？"马云话音未落，就遭到李博达的强烈反对："你这事肯定办不成！几个CEO之间的关系不太好，而且很难请到金庸。要不你先给他们打电话，征求一下意见，我再从中协调。"当时，李博达生怕马云把这事完全推给他，更盼望着马云一觉醒来就把这事给忘了。

马云虽然之前与金庸只有一面之缘，但他并没有丝毫迟疑，当即给金庸打电话，没料到金庸立刻答应了。马云又分别给王峻涛、丁磊打了电话，二人都是武侠迷，听说金庸要来，立即答应了。接着，马云又联系了张朝阳。虽然他不爱读武侠，但也答应了。最后，马云给王志东打电话，王志东有些犹豫，没有马上答应。马云当天就坐飞机赶到北京，去王志东办公室面谈了两个小时，生拉硬拽着把这事搞定了。

这件在李博达看来无异于异想天开的事情，马云却雷厉风行，在短短一天里就彻底搞定了。事后，马云对李博达说："做Business就是这么回事，你可以多想，但重点还在于多做。" 2000年9月10日，在74岁高龄的金庸的主持下，第一届互联网领域的"西湖论剑"在微风习习的西子湖畔拉开序幕，也为马云在互联网江湖奠定了地位。

马云是典型的孔雀型领导者，自信却不自负，有着极强的社交能力。他通过"朋友遍天下"的社交实力来推动事业的发展，这次"西湖论剑"就是马云这种能力的综合体现。此后，互联网领域的"西湖论剑"每年如期召开，将该领域内的行业大佬聚集起来，在不知不觉中为该会议的发起者阿里巴巴壮大声势。这一切的成功都源自于马云颠覆式的智慧和超强的执行能力。就像有人对马云的评价,"只要给他一根杆,他就能撬动整个互联网江湖"。

第九章

黄金时代,以资本角逐市场:
浙商的资本布局

1.

浙商时代：大步迈开，全球布局

当今时代，资本即是王道。越来越多的浙商以资本为媒介，放眼全球，开始进入更高层次的角逐。如今，纵观A股上市公司榜单，浙江已经成为上市公司最多的省份之一。然而，浙江对于资本市场的控制并非局限于浙江省内，早已延伸至全国甚至全世界大大小小的资本市场。

越来越多的浙商靠着雄大的资金实力，构建起庞大的资本王国，他们之中甚至有不少人逐渐消失在公众视野中，转而投入资本市场，在那里做得风生水起。但是，也有一些人仍旧若即若离地徘徊在公众视野之内，披着神秘的面纱，低调地潜行于全球各地的资本市场；也有一些人实业与资本两手抓，潜行于全球各地的资本市场。

走出去，资本的全球布局

2015年11月12日，隶属于万向集团的Karma汽车公司正式宣布，已经与宝马公司缔结为友好合作关系，将充分整合、利用宝马的优质资源，致力于打造一系列豪华电动汽车。这一次Karma公司与宝马公司的合作意味着万向集团开始在全球资本市场重新整合资源。

在众多华人商帮之中，浙商群体无疑是最受人瞩目的，它始终紧跟全球经济态势的律动，积极参与全球经济资本整合。浙商经过几十年的快速发展，如今已在全球范围内拥有雄厚的产业根基，打造了一系列由众多成熟产业组成的产业链。在当今的资本时代，浙商则更致力于在更大的空间范围内实现资源的优化配置，打通跨国经营的新渠道，在国际化视域内提升浙江民营企业的竞争力。

近年来，浙商牢牢抓住"走出去"的机遇，实现了在海外市场的全新布局。浙商紧跟国家的"一带一路"倡议，加快推进全球化进程。越来越多的浙商开始在世界市场抛头露面，并在全球148个国家和地区建起了海外生产基地。浙商在2016年一年里直接向海外投资46.7亿元，相比2015年同期增长了37%。

客观来说，浙商在海外的资本布局并非只局限于量的增长，更有质的飞跃。截至2017年，浙江已相继在142个国家和地区投资，其中仍以北美洲、欧洲和亚洲作为最主要的投资对象。那些海外投资的大型项目有着明显的带动效应，比如吉利集团斥资14亿美元成功并购沃尔沃，堪称浙江民营企业在海外市场最大手笔的投资。在这种积极效应的影响下，其他中国企业也都跃跃欲试，希望在国际市场上大显身手。

对于浙商的海外投资而言，他们悉心打造的境外合作区无疑是一张对外展示风采的崭新名片。如今，浙商带头在海外建起包括泰中罗勇工业区、乌苏里斯克工业园、龙江工业园在内的6家境外经贸合作区。到2016年12月为止，浙江企业累计投资7.13亿美元用于建设这6个境外合作区，吸引了大批企业入园投资，累计可达16.7亿美元，每年平均带动出口总额高达12.33亿美元。

浙商江湖资本的四大特色

无论是在中国经济舞台，还是在全球资本市场，浙商群体无疑都是最引人注目的明星。在资本时代的浪潮中，浙江奋勇前进，活跃在A股市场、香港市场、日本市场、美国市场，在全球范围内通过并购重组积极推动资本扩张，并从中催生了一系列行业巨头。

根据相关数据显示，到2017年3月1日为止，浙江省外和中国境外处于浙商控制之下的上市公司累计可达143家，那些在国内外交易所挂牌的浙江企业在数量和综合实力上都格外耀眼。

总体而言，浙商的资本江湖呈现以下几个典型特征：

第一，浙商很深入地融入全球经济发展的大趋势中。相关数据显示，浙商在省外的上市公司为69家，在境外的上市公司为71家，在数量上大致持平。这就有力地说明，浙商既是中国的浙商，又是世界的浙商。浙商通过资本控制等方式，打造了境外上市、境外营销网络、生产基地的产业生态链，一方面积极推动着世界经济的增长，为各国提供了更多就业机会，另一方面也向全世界展现了新时代浙商的国际精神。

第二，浙商资本在上海的活动指数最高。通过分析各企业总部的分布情况，我们可以发现，浙商控股的140多家上市公司中有24家把总部设立在上海。上海是中国的经济中心，也是产业高度聚集的国际化平台，无论是从地理区位优势还是文化心理认同感上，浙商都将上海视为其投资的首选。自从上海成为通商口岸以来，浙商就一直活跃在这个大舞台上。可以说，如今浙商资本已经渗透到上海的各行各业之中，从服装、日化、建筑等传统行业，到金融、互联网、信息通信等新兴产业，可谓包罗万象。

第三，浙商资本在不同地区有着鲜明的特色。大多数浙商的籍贯是杭州、宁波、温州、金华、绍兴等地。省外或境外处于这些企业家控制之下的上市公司与其在省内各地的经济特色也基本一致。比如，来自杭州的企业家在新能源、互联网、保健等行业颇有建树，而来自绍兴的企业家则主要活跃在纺织服装、日化、机械、建筑等传统行业。

第四，浙商资本热衷于追捧新经济。就行业分布的情况来看，大多数上市公司主要还是集中在汽车、化工、纺织、电气设备、汽车等传统优势行业，这与浙商在省内的资本布局基本一致。这说明，浙商在制造业所占据的优势地位仍然在延续着。然而，浙商普遍认为，包括互联网、智能制造、新能源在内的新经济产业是未来的经济新增长点，有着更大的投资潜力。比如，健康产业就是将传统的中医药种植业与现代医药产业相结合，马云、郭广昌等浙商群体炙手可热的人物都在积极探索着健康产业领域更广阔的市场内涵。

经过多年的不懈努力，浙商在省外和境外的上市公司板块已成为一个大型的上市公司群体，具有相当的品牌效应和影响力。这支经过千锤百炼的企业家队伍秉持着浙商精神，一路高歌前行，为中国经济发展推波助澜。

2.

颠覆传统，全球资本布局

根据浙江省农业厅、商务厅公布的相关数据显示，截至 2017 年 6 月，已经有 62 万浙商在全球 50 多个国家和地区进行着农林牧渔等相关产业活动。据统计，浙商在境外累计承包 300 多万亩土地，在省外累计承包 5000 多万亩土地，进行农业开发。浙商在省外、境外承包的面积已经远远超出本省耕地，这无异于在省外、境外又有一个浙江农业诞生了。

就像浙商资本投资促进会秘书长蔡骅接受采访时所说的："进口农产品的同时，也进口了土地和空气。"如今，随着浙商的快速崛起，他们面临着环境、资源、土地、劳动力等资源严重短缺的困境，只能积极开展全球化战略，以"资本输出"的方式来打破生产资料配置造成的时空格局。

把中国农场开往巴西

朱张金来自浙江省海宁市，但他却在距离浙江万里之遥的巴西南大河州拥有一片 20 多万亩的农场。他对记者说："我现在已经投入了 3000

多万美元，在农场里养了4100多头牛，还有大片的果林。"从2007年开始，他接手了这片农场，在这片巴西农场上种植了大片小麦、大豆和水稻，同时还养牛。

巴西8.5亿公顷的领土面积中有1.5亿公顷为可耕田地，足足是中国的3倍之多。在朱张金看来，巴西是不折不扣的农业大国。相比中国大多数地区，巴西土壤肥沃、阳光充沛、降水充足、水源优质，有着进行农业生产的先天优势。巴西从事农业生产的人口很少，巴西总人口为1.8亿，其中只有11%的人从事着与农业相关的职业。在巴西当地，即使本地出产的农产品价格也比较高，很多农产品需要通过进口才能满足当地民众需求。基于这种现实情况，巴西政府也积极鼓励外资进驻巴西，进一步开发农耕土地，推动农业生产。

坐飞机从杭州出发，只需要3个小时就能抵达东北，却需要40多个小时才能抵达巴西。但朱张金说，巴西种大豆的成本比东北低很多，巴西每公顷出产的大豆量几乎是东北的2倍，更何况巴西的气候条件也远远优于东北，东北每年只有10来天时间适合种大豆，而巴西却足足有2个多月。把大豆从巴西运往中国，平均每吨的运输费用是50美元，与东北大豆一路南下至浙江的费用不相上下。

朱张金表示，他在巴西农场上种植的农作物大部分都运回中国，他经常会深入考察国内市场，看中国缺什么，他就种什么。牛乳、牛肉、皮革等也销往欧美市场。据悉，在巴西，你只需要花费1000元左右人民币，就可以购买到一亩土地并享受永久使用权。如今，朱张金与黑龙江省农垦总局展开合作，计划3年之内在巴西承包30万亩农耕土地。同时，朱张金还为他的农场制定了长期发展目标，计划5年之内从他所在的华丰村转移150户村民来到巴西，让他们学习先进的技术和管理理念，同时通过对内投资的方式，在国内建设加工工厂，进一步完善农产品的产业链。

浙农的全球圈地盛宴

温州人对于市场有着天然的敏锐嗅觉，简直到了无孔不入的地步。对于这场全球性的农产品盛宴，他们自然也不会缺席。

2006年，浙江青田人王加建带着妻儿去阿塞拜疆旅游。他很快发现，当地的蔬菜、水果价格昂贵，即使是一份最简单不过的蔬菜沙拉也要10欧元左右，去超市里买一个小小的苹果，折算下来也要花上10元人民币。他灵光一现，当即就在阿塞拜疆一个名为Blada的城市郊区买下一片60多亩的农田，投资了350万元用来种植蔬菜、水果。

据王加建介绍，光是在小小的Blada城里就有5个浙江人在那里开设菜市场，菜市场里的菜农大部分也是浙江籍。据不完全统计，如今有1000个左右温州人在境外地区当"农场主"，按照每个农场平均雇用15人来计算，活跃在境外地区的温州菜农就有1.2万。

同时，温州人还把投资渠道锁定在草场、森林等天然资源上。2004年，温州人卢伟光花费1亿元人民币，购买了150万亩巴西森林的永久砍伐权。事实上，森林中的土地和动植物资源也为他所有。但是，这位主营木地板产业的温州商人也必须严格按照巴西法律的规定，每当他砍伐一棵森林里的树木，就必须马上种植一棵树苗。

2005年，卢伟光再度出手，投资8000万元人民币买下了俄罗斯海参崴50多亩森林。按照国内相关法律规定，自从1998年之后，中国就严禁砍伐自然林，而如今木地板出口业享有零关税、退税等优惠政策。一旦有人掌握了充足的森林资源，这也就无异于在国内木地板产业链中占据了领先地位。

2010年左右，浙商再次把圈地的目标锁定在了澳大利亚。在澳大利亚，你只要花上几百元人民币就能购买一亩土地，并获得永久使用权和所有权，这是很有潜力和价值的投资行为。澳大利亚农业很发达，当地不少农场主世世代代生活在农场里，早已厌倦了这种枯燥的生活。很多农场主纷纷出卖农场，大部分农场还有配套的机械设备，而每亩土地标价也不足1000元人民币，可谓物美价廉。

在这场风靡全球的"圈地"运动中，浙商资本无孔不入，遍布于世界范围内多个国家和地区。相信不久的将来，这些在异国他乡土生土长的农产品同样会遍布全球市场，为世界各地的消费者带来全新的消费体验。

3.

李如成：从服装大王到资本大鳄，不断磨砺，提高抗风险能力

如今，人们仍然习惯用"中国最大的服装企业"来形容雅戈尔。根据中国服装协会提供的相关数据显示，从2001年开始，雅戈尔的利税就稳居业内第一，2002年开始，营业额也跃居业内第一。

仔细分析这些数据，我们不难发现，雅戈尔最近几年的销售收入和利润中有1/3以上的金额来自有关房地产的项目。根据雅戈尔2010年年中发布的报表显示，当年服装收入总计31.24亿元，利润率为45.12%，房地产收入为18.23亿元，利润率为37.12%。可见，雅戈尔在房地产的置业已经全面展开，甚至直追纺织服装这一主业。

2008年，美国《商业周刊》曾对雅戈尔给出了很中肯的评价：该公司持有中国人寿、宁波银行、中信证券股份等十余家公司股票，这些股票使雅戈尔在2007年1月至9月的投资收益达到了2.236亿美元，在公司盈利总额中占98.5%。该公司目前主要致力于股票与地产投资业务，其他业务的比重已经微乎其微。

由此可见，在雅戈尔涉足的整体业务中，股权投资业务和房地产业

务对于公司净收入额的贡献显而易见，甚至远远超过了作为传统主业的纺织服装业，原来的主营业务逐渐光芒黯淡。很多人心生困惑，雅戈尔还是那个从宁波发家的服装企业吗？

颠覆传统，转战资本舞台

1992 年，为了向地产行业进军，雅戈尔正式成立"雅戈尔置业"。1999 年，雅戈尔厂房搬迁，新的地产项目在原厂区上启动。当时，正值宁波地产行业热度不断攀升，雅戈尔原本持有大量成本低廉的土地储备，项目的毛利润甚至一度攀升到 40% 以上。雅戈尔这次尝到了地产掘金的甜头，开始大举向地产行业发力。

2000 年，雅戈尔成功推出"东湖花园"项目，一跃成为宁波地区地产开发商的巨头。2002 年，雅戈尔置业成功上市，当时的注册资本为 1.3 亿元。到了 2005 年，短短 4 年的时间里，雅戈尔置业的总资产已经攀升至 39 亿元，几乎占据了雅戈尔集团总资产的半壁江山。

2007 年，雅戈尔又凭借几个大项目在销售收入上突破了 20 亿元大关，就像雅戈尔总裁李如成说的，"不要只是把雅戈尔简单看成一个服装企业，再过几十年，雅戈尔说不定会造卫星"。

李如成熟谙操作资本的套路，如今雅戈尔持有宜科科技、交通银行、中国远洋、百联股份等众多上市公司股份，总市值突破 200 亿元，光是流通股市值就高达 160 亿元。此外，雅戈尔还持有 5% 杭州湾大桥股份，可以在长达 30 年的时间里收取大桥的过路费。往来车辆途经这座大桥的收费标准为 80 元至 100 元，毋庸置疑，雅戈尔正是这场投资的直接受益者。雅戈尔还手握 1.8 亿元宁波银行股权，占其股权总额的近 1%，雅戈尔每年光是靠这一项就能直接受益 20 亿元。

三层业务链，推动增长

在很多人看来，雅戈尔就如同一架大飞机，服装作为主业就好像飞机的机身，而房地产和股权投资则是这架飞机的机翼。对此，宁波民营企业商会秘书长黄江伟评价说:"李如成有着敏锐的市场嗅觉,他把握住了房地产和股市的牛市,飞机的两翼快速成长,甚至一度掩盖住了机身。"

对于很多业内人士而言,雅戈尔如何平衡纺织服装业与房地产、股权投资三者之间的关系,实在是一个让人好奇的问题。然而,这种分散投资的策略却在金融危机的滔天巨浪中经受住了考验。

早在1998年左右,李如成就开始积极推动雅戈尔向多元化发展。首先,雅戈尔开始向纺织、面料等服装行业的上游行业和销售等服装行业的下游行业延伸,这是最为关键的第一步。接着,服装产业带给雅戈尔的利润率逐年降低,2002年雅戈尔的销售总额为24亿元,其中西服、衬衫等的销售收入为13亿元,大约占销售总额的一半。然而,到了2016年,雅戈尔的销售总额已经突飞猛进至40亿元,而西服、衬衫等服装领域的收入仍然徘徊在16、17亿元左右,在销售总额中的比例下降到28%。

其实,在很多经济学家看来,雅戈尔和很多老牌服装企业都面临着同样的问题,在服装等主业方面已经触碰到了行业天花板,想进一步占据更多市场份额的空间很小。在李如成看来,要想实现雅戈尔的可持续发展,就要建立环环相扣的三层业务链:房地产属于资本密集型产业,可以通过纺织服装获得的现金流来推动房地产的发展,而股权投资则能为雅戈尔集团的长远发展提供"蓄水池"式的有效保障,三者环环相扣,形成良性循环。

2008年秋,房地产行业一度陷入困境,股市行情也在熊市中一落千丈。短短两个月的时间里,雅戈尔市值就下降了上百亿元。雅戈尔高层管理者在2009年初对外宣布:"如今,股权投资和房地产都处于大起大落的状态,雅戈尔在新的一年里会把更多精力投入在服装产业上。"诚然,雅戈尔的确在服装这一主营业务上加大了研发力度,服装的毛利润得以提升。尤其值得一提的是,在此期间,雅戈尔的渠道整合也趋于完整。将之前遍布全国的6000多家门店不断精简,最终整合为1000多家。

相关数据显示，雅戈尔的自营店和商场在 2010 年的销售额总贡献利润各为 30% 左右，其他利润则由团购、网购等方式实现。

在不断的质疑声中，雅戈尔花了 20 多年的时间建立起一套环环相扣的三层业务链，推动三层业务不断实现增长：其中纺织服装是现金流业务，房地产是增长业务，股权投资是种子业务。在李如成的带领下，雅戈尔完成了从单一制造业向多元复合产业的转型。在风起云涌的资本市场中，雅戈尔战战兢兢地在资本的钢丝上行走着，然而比起其他专注于风险投资的公司，雅戈尔推行的三层业务链无疑安全系数更高。正如硬币的正反两面，利润与风险总是如影随形，在追求高利润的同时，只有不断磨砺自身，才能提高抗风险的能力。

4.

郭广昌：用中国动力嫁接世界资源

中国版的亚特兰蒂斯酒店于 2017 年 10 月在三亚海棠湾开业，这是一个由复星集团斥资 110 亿元打造而成的项目，日后将主要由柯兹纳集团负责管理，它同样也是迪拜亚特兰蒂斯酒店的管理方。这是复星集团又一次在高端旅游地产领域试水。

如今，许多企业都热衷于投资旅游产业，但复星集团却另辟蹊径，在全球范围内物色合适的海外成熟旅游企业，以入股或收购的方式将其引入中国，展开经营管理。随着全球化进程越来越深入，复星集团企图整合多元化跨界优质资源，完善旅游产业链，在全球范围内打造旅游生态圈。

AHAVA 于 1988 年成立，是以色列的"国宝级"护肤品牌，以死海泥矿物护肤品为主打产品。2016年4月，复星以海外投资并购的方式用4.9亿元人民币买下了该品牌，这是复星第一次向日化行业发力。

近年来，复星一直致力于"健康""快乐"的发展理念，这两次海外投资收购都与复星所秉持的发展理念紧密相关。复星早年的投资路径以医药、矿业、房地产等为主，如今正向轻资产和中国家庭消费等领域延伸。

复星集团董事长郭广昌现年49岁，素有"中国巴菲特"之称。复星集团在他的带领下，坚持以"中国动力嫁接全球资源"为战略目标，总资产很快突破4000亿元人民币。复星集团成立至今已有25年，作为中国规模最大的民营企业之一，如今它的商业帝国涉及房地产、金融、医疗医药、销售、旅游等多个领域。到2015年底，复星集团累计在海外投资超过100亿美元，直接处于复星管理之下的基金累计突破600亿人民币，保险板块中可以用于投资的资金累计超过1600亿人民币。

开启"多元化"模式

1992年，郭广昌从复旦大学哲学系毕业，毅然决然地放弃了在校任职的机会，开始自主创业。他当时只有不足4万元的启动资金，与校友合作，一同注册了一家名为广信的科技咨询公司。就这样，这家小小的咨询公司在一间十几平米的房间里诞生了，它就是复兴的雏形。当时，公司里那台386电脑是全公司最值钱的东西。郭广昌经常骑着一辆自行车在上海走街串巷，到处跑业务。那一年，郭广昌和他的合伙人为太阳神、乐凯胶卷、远祖等展开市场调查，从而积累了原始资金。公司账目到了年底足足有了100万人民币，对于才25岁的郭广昌而言，这实在是鼓舞人心。

在这之后，郭广昌积极推动复星集团向"多元化"方向发展，开始积极进军房地产、金融服务、医疗医药、旅游等领域。在郭广昌看来，股神沃尔·巴菲特正是他驰骋商海的楷模。

如今，复星集团早已实现了"多元化""全方位"的立体化发展，郭广昌继而将复星的后续发展目标锁定在为中国的消费者家庭提供一种"健康、快乐、天然、富足"的生活方式，并引导复星立足于以保险为基础的综合金融业务，扎根在中国，积极整合全球优质产业。他坚信，在不久的将来，复星一定会崛起为全球首屈一指的投资集团。

用中国动力嫁接世界资源

复星国际于 2007 年在香港成功上市。借此机会，郭广昌适时提出复星下一步的战略目标：用中国动力嫁接世界资源，开始在全球范围内进行资产布局。在此之后的接连几年里，复星一直将目光锁定在全球优质资源上，2014 年在保险行业和旅游产业展开了几项具有关键意义的并购项目，从而为复星成为扎根中国的国际化企业奠定了强有力的基石。

2014 年，复星在综合金融板块全面发力，用 10 亿欧元成功收购葡萄牙老牌保险公司 Fidelidade（忠诚保险）80% 的股权，该公司占据了葡萄牙整个保险市场近 30% 的份额。不久后，复星又收购了日本的不动产管理公司 IDERA，接着又以该公司为平台，成功收购了东京品川公园大厦和花旗银行中心。

复星集团以"健康、快乐、天然、富足"为主题，相继在全球范围内展开了一系列并购、投资，如成功收购地中海俱乐部、成为太阳马戏团股东，以全资收购葡萄牙著名医疗集团 Lus Saude 等。相关数据显示，在 2014 年至 2015 年期间，复星集团在全球范围内频频出手，实现优质资源整合，光是在收购和投资方面就耗资超过 100 多亿美元。

如今，复星在保险、地产等多个领域拥有丰富的投资经验，美国、德国、日本等国的多家媒体都将复星生动地比喻为伯克希尔·哈撒韦公司的迷你版，而英国《金融时报》更是直接指出，"郭广昌堪称是中国版的沃尔·巴菲特"。对此，郭广昌却频频否认，认为自己的实力与巴菲特仍相去甚远，不过是股神的"中国门徒"。

然而，不可否认的是，郭广昌俨然已成为中国商人将触角伸向海外，进行投资并购的典范，而复星集团也为中国民营企业积极开拓海外市场树立了好榜样。在经济新态势下，郭广昌及时而有效地实现了中国动力与世界资源的嫁接，积极向更辉煌的全球化时代迈进。

5.

马云：战略至上，我的融资之道

就马云的融资观而言，有两种类型的投资是最不可取的：第一种是"管得太严"，投资人每时每刻都盯着，每一步都管得死死的；第二种是"从来不管"，投资人把鸡蛋分散在多个篮子里，同时投了十几甚至二十几个项目，根本不关心个别项目的成败与否。

马云认为，融资逻辑从来就不符合"有奶就是娘"这句话，"不能共患难，有奶也不是娘"。哪怕是创业面临着资本枯竭的困境，马云也绝不愿丧失作为创业者、企业家应该秉持的融资标准，在他看来，这是尊严，亦是底线。互联网世界始终遵循着以烧钱为核心的游戏规则，鲜少有创业者能像马云那样不断拒绝抛来橄榄枝的投资人。

为什么要拒绝呢？马云对此解释道："钱不是我最看重的，我看重的是钱背后的价值。我最关注的是，这笔风险资金除了钱之外还能为我们带来什么。"准确而言，马云在苦苦寻觅的不是风险投资者，也不是心存侥幸的赌徒，而是有勇有谋的策略投资者。这些有策略的投资者对阿里巴巴怀有长远信心，会长期持股，至少二三十年内都不会卖出。就像马云所说，"想着两三年后就卖出套现的，就是投机者，这种钱我是不敢拿的"。

苦苦寻觅策略投资者

马云一直在苦苦挑选风险投资商，在38家投资商之间反复权衡，最终把橄榄枝抛向了高盛。马云认为，第一笔风险投资对于阿里巴巴意义重大，除了钱之外，他还希望能获得更多非资金要素，比如更进一步的风险投资、丰富的海外资源等。

在融资的漫漫征途上，马云一直秉持战略至上的原则。刚刚成立阿里巴巴时，融资主要是为了满足公司的生存与发展，因此当时是以"让阿里巴巴生存下去，促进阿里巴巴长期发展"为选择风险投资的第一标准。

1999年10月，在高盛的发起下，包括富达投资、Invest AB、新加坡政府科技发展基金在内的多家投资机构一同给阿里巴巴投入了第一批风险投资，高达500万美元。高盛是世界范围内首屈一指的投行，以传统产业为主要投资方向，尤其青睐大型制造业。此前，高盛几乎对高科技产业毫无兴趣，当时互联网产业刚刚兴起，他们仍处于观望状态。因此，对于阿里巴巴来说，这笔从天而降的"天使基金"颇有些天上掉馅饼的感觉。大致过程是，马云把蔡崇信拉入了阿里巴巴，蔡崇信与故友偶遇，在阿里巴巴与高盛之间牵线搭桥，最终促成了这笔对阿里巴巴有着重大意义的"天使基金"。

事实上，在此之前，马云和蔡崇信已经陆续接触了很多投资人，而当时高盛开出的条件也很苛刻。也就是说，在马云接触的众多投资商中，高盛这笔投资的金额并不是最高的，他们开出的条件也不是最吸引人的。但是，马云只是当场"考虑了十几分钟"，就爽快地与高盛达成合作。

马云认为，选择高盛的原因很简单：高盛是美国知名投资公司，实力雄厚，拥有长远的战略眼光，对于阿里巴巴将来开拓国际市场、部署长远战略规划都大有助益。在马云看来，国内的本土投资者都"太中国"，高盛则更符合他战略至上的融资观念。当这笔"天使基金"成功投入阿里巴巴之后，这些投资者自觉地秉持着"绝不干涉公司管理层对公司的运营与管理"，而这正是马云所需要的，这样一来，他才能带着阿里人成就一番事业。

三次融资，战略至上

之后，阿里巴巴又基于不同的战略目标，先后进行了三次大规模融资。

第一次大规模融资是为了启动淘宝网，融资 8200 万美元。融资之前，马云就为其设定了清晰的目标，即向 C2C 进军。融资之前，阿里巴巴已经通过两次融资牢牢占据了中国 B2B 老大的位置。马云有着长远的战略眼光，他早就意识到，随着电子商务的不断发展，B2B、B2C、C2C 之间的界限必然被打破。那些大型门户网站必然会进军 B2B 领域，而成功的 C2C 网站早晚也要和 B2B 分一杯羹。这次，马云决定先发制人，秘密打造了阿里巴巴在这场大战中的制胜法宝——C2C 网站淘宝。这一次，马云与孙正义的战略构想不谋而合，于是阿里巴巴第一次大型战略融资轻松促成。孙正义为阿里巴巴融资 8200 万美元，专门用来打造淘宝网。要知道，对于当时的中国互联网界而言，这的确是一笔巨款。首先，马云斥资 1 亿元人民币，正式启动淘宝网，接着多次追加投资金额。很快，eBay 就在这场较量中败下阵来，淘宝网崛起为国内 C2C 巨头。

第二次大融资是阿里巴巴向搜索引擎发力，并获得 10 亿美元融资。这次大融资也有着清晰的战略目标，那就是向搜索领域进军。在获得这笔融资前，阿里巴巴早已坐稳国内 B2B 和 C2C 的头把交椅。这时，随着 Google 强势崛起，世界互联网产业的格局迅速转变，与此同时，百度也异军突起，并在美国成功上市，中国互联网格局发生了天翻地覆的变化。基于种种现实情况，马云当机立断，向搜索领域发力。这次，马云又与雅虎中国的杨致远达成了一致的战略目标。于是，阿里巴巴以闪电般的速度并购了雅虎中国，让国内外 IT 界人士跌破眼镜。马云通过这次并购，成功从雅虎处融资 10 亿美元。阿里巴巴与雅虎联合起来，致力于用这 10 亿美元打造世界一流的搜索引擎。

第三次大融资就是在香港上市,并直接拿到17亿美元融资。

在马云看来,任何一次融资都是阿里巴巴长远战略布局中不可或缺的一个步骤。在融资背后的诸多因素中,钱反而是最微不足道的,重要的是每次融资能为阿里巴巴注入全新的生命活力。

6.

宗庆后:输入优质的资本血液

古语有云"他山之石,可以攻玉",这是中国传统思想的精髓,要善于借用外部力量,才能最终成功。宗庆后深谙中国传统文化,对于这一思想更是倍加推崇。

20世纪90年代,简单、狭隘的排外民族主义的呼声在中国市场上此起彼伏,让很多中国企业家迷茫不已。这时,宗庆后站出来表明了自己的立场,即"一切向发展看"。就某种程度上而言,后来娃哈哈积极借助外资的"东风"在商场乘风破浪就是以宗庆后的这种观念为基础的。

当时,对于从外面引资,宗庆后有一套成熟的看法。他指出,"对于一个处于发展阶段的中国企业而言,放弃外资就等于放弃了发展机会。与外资联姻,需要勇气、坦荡的胸怀、高超的操作技巧,三者缺一不可"。

与达能的资本"联姻"

20世纪90年代初,在没有与达能合资前,娃哈哈就已经是一线国产品牌了。当时,宗庆后对品牌有清晰而深刻的认识。他在公司内部会议上多次表明："资本、产品、技术都没有国界,但品牌是有国界的。品牌是企业的灵魂,一旦品牌这面旗子倒了,人心也就散了。"于是,在此后与达能合资的过程中,宗庆后始终坚持三个原则,分毫不让:第一,合资不合牌,合资公司使用"娃哈哈"这一品牌时必须付费;第二,娃哈哈必须掌握全权经营权;第三,只接受部分合资,而不接受全部合资。

1996年3月28日,娃哈哈正式与达能携手合作。杜海德先生时任达能集团亚太区总裁,他在宴会上发表了一番简洁而幽默的祝酒词,向世人宣布一段跨国的爱情"结晶"就这样诞生了。通过这次"联姻",达能与百富勤集团向娃哈哈注入4500万美元,共占股票总额的51%,剩下的49%则由娃哈哈集团持有,仍作为三方中的最大股东。也就是从那天起,娃哈哈旗下所有的饮料公司、食品公司、保健食品公司、速冻食品公司都与法国达能、香港百富勤投资集团正式合资。

当时,引进外资已成为一种普遍的经济现象,备受国内企业追捧。在娃哈哈与达能携手之前,大批外来资本和洋品牌已涌入杭州,可谓是兵临城下。面对来势汹汹的外来资本,可谓是几家欢喜几家愁。有人不免心生疑惑:国际化大趋势不可避免,那么国货的出路又在何方?当时,中国企业经营者早在这场资本浪潮中尝遍了辛酸苦辣,他们只能长叹一声:不合资吧,是等死;合资吧,是找死。然而,娃哈哈却出人意料地利用这次合资机会登上了更高的平台。在1993年至1995年期间,娃哈哈公司年销售额以每年1个亿的速度稳定增长,年利润的增长幅度则为1000万元左右。随着娃哈哈与达能合资,从1996年到2000年期间,娃哈哈这4年的销售额分别为11.1亿元、21.1亿元、28.7亿元、45.1亿元。

资本战场,牢牢抓住话语权

与达能合资过程中,娃哈哈在金融、财务、资本运作等方面有明显弱势,因此宗庆后一度忽略了掌握资本话语权,这也成为后来达能与娃哈哈爆发纠纷的导火索。

当时,法国达能与香港百富勤一次性为娃哈哈注资4500万美元,持股51%，与娃哈哈一同形成了三方股东。作为老牌投资财团，香港百富勤集团在东南亚地区很有影响力，投资遍布14个国家和地区。在百富勤的保荐之下，不少中国企业和合资企业在香港证券交易所成功上市。1997年，受亚洲金融风暴席卷，百富勤最终破产。达能顺势收购了百富勤所持股份，实现逆袭，成为娃哈哈合资公司的控股方，从而引发了娃哈哈与达能之间一场旷日持久的纠纷。

资本战场的主旋律永远是追逐利益，一厢情愿地认为资本只是代表着进步、发达乃至历史的主流方向，早晚会落入圈套，陷入被围猎的困境。引进外资就如同与狼共舞，这并不是骇人听闻的说法。如娃哈哈与达能，从最开始的完美联姻到后来的彻底决裂，就向世人演绎了一场经典的资本博弈。

正所谓"水能载舟，亦能覆舟"，外来资本就如同一把双刃剑。而娃哈哈与达能之间的纷争对人们仍有启示作用：引进国际资本时，无论如何不可忽视资本的话语权，只有意识到资本战场的本质是追逐利益，我们才能在合作中最大限度保障自身利益，真正做到"有理、有利、有节"。

7.

李书福：中西合璧，让管理层有充分的自由，引领沃尔沃走向复兴

2015年12月，世界互联网大会在浙江乌镇正式召开，在这次会议上，李书福作为汽车领域唯一的代表发表了演讲。在演讲时，他谈到了自动驾驶，并慷慨激昂地表示，自动驾驶在不久的将来会引发人类生活一系列深刻的变革，其中最显著的就是消费者的生活和出行方式。如今，沃尔沃已经在自动驾驶领域远远领先于同行。

2015年3月26日，在北京西六环公路上，沃尔沃的自动驾驶测试成功，这是该品牌首次在中国展现这一高科技。2015年12月，在美国首都华盛顿，沃尔沃CEO汉肯·塞缪尔森庄严地向消费者承诺，沃尔沃将全权负责汽车在自动驾驶过程中所发生的任何交通事故，业内一直以来的争议也由此结束。接着，宝马、奔驰、奥迪也纷纷站出来对外宣布，将为在自动驾驶过程中发生的车祸负责。2017年，瑞典政府为了推动自动驾驶技术的发展，专门提供了一条长达100公里的高速公路，民众可以在这条高速公路上使用有自动驾驶技术配套的沃尔沃汽车。而吉利集团也正与中国交通部积极展开合作，加深对共同驾驶领域的研发工作。

7年前，沃尔沃面临着严重的财务亏损，濒临破产，如今却以自信满满的姿态出现在世人面前，而浙商李书福正是那个用资本撬动汽车行业并引领着沃尔沃一步步走出阴霾的人。

激情超速，进军汽车领域

1994年，摩托车生意越来越红火，李书福做了一个惊人的决定——要向汽车领域进军，自己"造汽车"。1998年8月8日，在浙江临海的生产基地，"吉利豪情"作为吉利集团的第一辆汽车正式下线。董事长李书福为了庆祝"吉利豪情"正式投入生产，向全国各地派发了近1000份请帖，并在酒店里摆下了100多桌宴席。然而，到了这一天，李书福左等右等，临近11点，收到请帖的领导和嘉宾一个都没有现身。原因在于"吉林豪情"是异地生产的，缺少了汽车生产的"准生证"。李书福在焦急的等待中越来越焦虑，就在他绝望之时，当时的浙江省副省长叶荣宝从杭州赶到了300多公里之外的临海基地，专程来参加吉利的这次线下庆祝。这位女领导瘦弱的身影刚在酒店门口一晃而过，焦虑多时的李书福心头一软，两行热泪瞬间淌下，心中百感交集。

都说男儿有泪不轻弹，而李书福为了在汽车行业里闯出一片天地，曾多次黯然泪下。当年，李书福刚刚进军汽车领域，曾在夜色的掩护下多次流泪，到了第二天，他又会强迫自己振作起来，精神焕发地出现在员工面前。

然而，正是吉利集团这位多次流泪但却越挫越勇的董事长带领着他的汽车王国，一次次在国际舞台上成为受人瞩目的对象。2007年已经是吉利集团向汽车领域进军的第十个年头，李书福抓准时机，决定实现吉利集团的战略转型，要跃升为汽车领域的"贵族"。当年秋天，李书福在吉利集团内部成立了并购沃尔沃的项目组。2009年10月28日，福特正式宣布，浙江吉利控股集团成为沃尔沃竞购的首选竞购方。最终，吉利集团在2010年8月以18亿美元的价格成功收购沃尔沃汽车集团的所有资产和知识产权，其中包括沃尔沃旗下的3家工厂、1万多项知识产权，还有被业内视为宝库的数据库等等，而且足足比之前60亿美元的标价低了42亿美元。这意味着中国首家跨国汽车公司正式诞生，而这一切正是浙商李书福促成的。也是在2010年，在英国媒体列出的"世界汽车领域最具影响力的十大人物"中，李书福位列其中。

放虎归山，中西合璧

吉利集团成功并购沃尔沃后，并没有致力于让这家世界级汽车公司实现中国化或本土化，而是巧妙地采取了"沃人治沃，放虎归山"的策略。所谓"沃人治沃"，指的是以目标管理为主导，让沃尔沃管理层享有充分的自由。"放虎归山"，是让沃尔沃人恢复主人翁意识，致力于再现曾经的辉煌历史。很长一段时间里，沃尔沃处于福特旗下，那时的沃尔沃人每天只是定点上下班，对于企业没有参与感，时间长了，就像一只猛虎被长时间关在笼子里，渐渐磨灭了与生俱来的王者之风。而李书福决心让沃尔沃这只猛虎重返丛林，激发它天性里的拼劲与生气。

正是在李书福这种管理策略的影响下，沃尔沃在被吉利收购的第一年里就成功逆袭，实现了扭亏为盈。沃尔沃在 2010 年的营业收入总额为 915 亿元人民币，经过短短 5 年的时间，2015 年沃尔沃的全球销量第一次突破了 50 万辆，当年的营业收入总额高达 1710 亿瑞典克朗，净利润高达近 36 亿元人民币。

李书福在吉利成功收购沃尔沃之后，曾多次跟人们强调这两家公司之间的关系："吉利还是吉利，沃尔沃还是沃尔沃，它们之间并不是父子关系，而是兄弟关系，未来的日子里要并肩作战，缔造更美好的汽车王国。"如今，距离吉利集团收购沃尔沃已经过去了 7 年时间。沃尔沃的一位高层管理者曾说过，沃尔沃在这次收购过程中学会了如何用创业的心态来面对市场与竞争，反应速度也得到了全面提升；而吉利集团同样从这次收购中获益，学到了不断推动技术、科技和管理理念进步的重要性，在西方商业文明的滋养下迅速成长起来。

其实，吉利向国际舞台进军的征途并没有因并购沃尔沃而画上句号。2009 年初，世界各国的媒体还纷纷议论着李书福收购沃尔沃的壮举，而在短短一个月的时间，他又迅速盯上了世界规模第二的汽车变速箱厂家 DSI，并迅速完成收购。2013 年 2 月，李书福再次出手，用 9000 万人民币的价格收购了孟铜公司的核心资产和相关业务,这家公司是英国老牌的出租车生产商。

在李书福看来,带领吉利向世界资本市场进军的征途还远远没有结束,"其实,生产汽车并不是什么稀奇的事情,不过就是一个方向盘、一个发动机,外加四个轮子。我们吉利人要做的就是让中国的汽车走向全世界"。

第十章

站在世界的舞台上：浙商的全球化

1.

用世界级思想成就世界级企业，从低调做起，才能成就高调

如今，中国制造业已崛起为"世界工厂"，全世界65%的儿童玩具、70%的数码相机、68%的自行车、40%的移动电话、34%的空调、57%的笔记本电脑都是由中国生产的。而浙江又是中国当之无愧的"生产大厂"，打火机在国际贸易中的总额占了70%。此外，国际贸易销售额中，从浙江出口的袜子、眼镜、羽绒服、床上用品等占了30%—50%。

沃尔玛在中国开设了物流中心，每年采购的中国产品高达200亿美元，在美国从中国的进口总额中占了15%。20世纪20年代是"德国制造"的年代，20世纪60年代是"日本制造"的年代，到了七八十年代，则由"中国香港制造""韩国制造""菲律宾制造"等唱起了主角。目前，"中国制造"正在冉冉升起，并逐渐从中国东部的生产重地向西部转移。

新犹太人，以世界格局放眼全球

纵观中国制造行业，浙商是其中不容忽视的一支力量。如今，浙江商人已在国际市场创办了30多个专业市场。浙江的义乌商人和温州商人率先前往海外创办市场，如今他们已经成功在俄罗斯、南非、德国、美国、韩国、日本、瑞典、越南建成数个专业市场。在向国际化进军的过程中，温州商人的海外网络发挥了至关重要的作用。

中国最大规模的皮革皮草市场位于浙江省嘉兴市海宁，当地的商

人把目光锁定在了天气严寒的俄罗斯，认为那里有着广阔的市场前景。于是，他们在俄罗斯成立了"海宁楼"，在那里出售各种海宁当地生产的皮草、皮革制品。如今，嘉兴市的皮革、皮草实现了向俄罗斯直销，80%以上的产品就是通过"海宁楼"这个贸易枢纽来到了俄罗斯消费者手中。浙江台州商人则另辟蹊径，在阿联酋建立起规模巨大的日用品市场，向当地消费者出售物美价廉的日用百货。

如今，浙江商人相继在俄罗斯、美国、德国、南非、阿联酋、匈牙利、巴西、尼日利亚等数十个国家和地区创办了一批颇具中国特色的市场。另外一项调查显示，到2008年为止，浙江已经有13000多家企业有了自营进出口的权利，并相继在100多个国家和地区创办了分公司。

而这一切不过是浙商登上世界舞台的第一步而已。浙商对自己的定位是"做有开放意识和远大格局的地球人"，在他们看来，企业要获得持久的生命力，就必须以世界舞台为出发点。作为阿里巴巴创始人兼CEO，马云在接受采访时说："中国企业生存下去的第一步是在中国本土市场与西方企业实现竞争与合作的协调发展，这样一来，当你去国际市场竞争的时候，才有可能成为赢家。"自从中国成为WTO的一员，市场经济模式全面开启，越来越多的海外企业向中国市场发力，中国企业同时也面临着严峻的考验，必须尽快实现从本土化向国际化的转型。

就像马云说的，"首先，中国企业要在国内市场取得优势，运用好各种资源和渠道。当跨国企业进入中国市场后，要与它们好好合作、好好竞争。在我看来，如果没有与eBay的一番较量，如今阿里巴巴也不会拥有这么大的名气"。

先低调，再高调

正泰集团董事长南存辉常常语出惊人，当谈到浙江企业向国际化舞台进军这一问题时，他的一句话同样成为名言，那就是"先把孙子当好了，日后才能做爷爷"。

2008年，中国民营企业国际竞争力峰会在温州召开，南存辉在会议上举了一个生动的例子：正泰集团与美国通用电气集团（GE）成立了合资公司，于是GE直接把很多采购订单交给了正泰。但是，GE同时提出了很多严苛的标准，对于当时的正泰集团而言，要达到标准实属不易。当时，经常有部门经理跑来向南存辉诉苦。于是，他对经理们说："这么多年来，我们一直喊着要实现国际化。如今，国际化已经来到家门口，回避不是办法。现在我们可以拒绝与GE合作，但国际化是大趋势，无论如何也拒绝不了。你要先学会做孙子，日后才能做爷爷。你不愿意低头做孙子，就是死路一条，死了再投胎，也还是孙子的命。"

南存辉的这番话深深地打动了正泰的员工，让他们明白了国际化已是大势所趋，必须放眼于全世界，向未来迈进。一直以来，正泰集团都以"打造世界第一流电器制造企业"为目标，不断调整产业结构，并在这个过程中实现产业升级。近30年来，正泰企业在稳步中快速前进，并逐渐向国际舞台发力。就像南存辉所总结的：必须不断结合自身发展的实际情况，以打造有良心的"百年企业"为宗旨，创造有世界知名度的品牌，稳打稳扎地推行国际化战略。

2003年，万向成功收购美国百年老店——洛克福特公司（Rockford），坐拥该公司33.5%的股份，成为其第一大股东。在业内，这场收购大战被视为花小钱办大事的明智示范。当时，万向与福特公司协商发展配套业务。而洛克福特公司是翼形万向节传动轴的发明者，同时也是该产品全球范围内最大的一级供应商，但它虽有先进的技术水平，但却缺乏高效产能。于是，万向、福特与洛克福特三方最终达成合作。

浙江人的性格在温润低调之余又有一股子豪情，浙江人正是凭借着这股豪气引领起了中国民营企业。在浙商看来，"如果没有国际化企业的素养和情怀，如何实现企业国际化，登上世界舞台呢"？浙江人有着强烈的谋生存、求发展的欲望，并造就了独具一格的商业文化环境。作为浙商，倘若不以谋求发展为最终目标，在浙江人的圈子里就会显得不合群。而谋求国际发展的基础就是要低调务实。

就像宗庆后所说，作为现代企业家，一定要拥有国际化视野和全球性企业家的胸怀，否则就不可能登上国际舞台。"放眼看看世界500强企业，我们的明天也许就是他们的今天。我们一定要正视差距的存在，如果我们跟不上时代的潮流，也要让自己的儿女出去学习、深造，去了解外面的世界。从低调做起，才能成就高调。"

2. 紧跟浪潮，集体突袭海外品牌

2009年7月，温州商人正在紧锣密鼓地与法国知名品牌皮尔·卡丹洽谈并购事宜，另一家金华兰溪的民营企业又低调地把意大利豪华游艇品牌"DP"纳入旗下。与此同时，温州西京集团董事长叶茂洗又不声不响地斥巨资收购了英国知名卫星电视台"螺旋桨"（PROPELLER）。

早在2009年4月，浙江省商务厅的一个调查小组就曾展开一项调查，其结果表明，2008年浙江民营企业在境外的投资总额第一次突破9亿美元大关，创历史新高，而浙江省在2009年第一季度的境外投资总额也已经突破3亿美元，比2008年同期增长近50%。2008年，全球经济受金融危机重创，而中国经济却在"一带一路"倡议的推动下，率先走出低谷，积极迈入"抄底"海外市场的新历史时期。截至2016年底，浙江民营企业的境外投资总额攀升至512亿元人民币，实现了质的飞跃。

紧跟浪潮，"不安分"的浙商

相较之下，某些国企推行的海外战略过于保守，一贯雷厉风行的浙江民营企业家并不崇尚"韬光养晦"的中庸之道，而是将"走出去"战略视为浙江企业谋求生存与发展的必然途径。

2009年6月，12家温州企业组成了一支大规模考察团，浩浩荡荡奔赴意大利马尔凯，就收购、并购、合作等事宜与意大利当地50多个知名的鞋业、服饰品牌进行洽谈。谢榕芳时任温州市鞋革行业协会秘书长，她亲自披挂上阵，率领考察团进军意大利。正所谓"无巧不成书"，这次皮尔·卡丹的收购事宜正是由温州永嘉商人洪建巧、孙小飞等一手促成的，他们自然也成了这次"意大利之旅"的一员。

实际上，温州商人素来以目光长远、胸怀宽广而闻名于各大商人群体，他们早在20世纪末就盯上了那些海外的驰名品牌。相关资料显示，仅在温州永嘉一个名为桥头镇的小地方，就有近5000人远离家乡，前往广州、深圳、东莞等地，成为国际品牌的经销商，并组建起大大小小200多家代理企业，经营的产品主要包括皮革、皮具、鞋类、服饰等，比如花花公子、皮尔·卡丹、金利来、华伦天奴等众人皆知的品牌。

战略布局，有眼光的浙商

有时候，机遇经常从人们眼皮子底下溜走，但是到了浙商那里，他们会牢牢把握住机遇。正因为浙江商人颇具战略眼光，因此机会从不轻易溜走。

浙江盛世游艇有限公司隶属于浙江万通铝业旗下，2009年7月7日，盛世游艇顺利收购意大利著名游艇品牌"DP"。该品牌是意大利的老牌造船企业，已拥有半个多世纪的历史，主要生产和销售高端豪华型游艇，常常被世界各地的游艇爱好者称为"游艇界的法拉利"。在这场时代浪潮里，盛世游艇无疑也是一家致力于"抄底"海外品牌的企业。万通铝业有限公司董事长朱健勇表示，此番收购"DP"只是万通进军国际市场的第一步，未来万通将致力于生产游艇。"就像当时汽车正式面市之前经历了漫长的酝酿期，中国当下的游艇发展程度也类似。就目前而言，中国的游艇行业还没有正式启动，只要把握住初期的起步阶段，就会收获光明的前景和巨大的商机。"在接受采访时，朱健勇对记者说，目前国内的富豪新贵们兴起了三大游戏，用来彰显自己的身份与地位，那就是开私家飞机、驾驶私家游艇、圈一片岛屿做远离人烟的"黄药师"，而这三项游戏中最流行的要数开游艇。就像早些年富豪们热衷于打高尔夫球一样，如今玩游艇也成了一种身份的象征。

麦卡锡是四大会计事务所之一普华永道策略部的主管，他表示，当收购方品质较低时，往往倾向于收购那些有较高技术水平的公司，以使产品品质有所提升。很显然，盛世游艇就深刻地明白这个道理，这次收购活动中，盛世游艇主要收购的是DP的游艇设计图纸，此外还有20艘半成品游艇。

如今，包括浙商在内的中国商人正在一步步把世界名牌收入囊中，这是一种趋势，亦是一种过程。对此，作为美国科特勒营销集团创始人的科特勒给出了很中肯的意见："对于国际并购这个问题，如今很多中国企业家还存在着畏惧心理，他们也许认为即使收购了海外品牌，也还没有足够的能力来管理它们。但是，我觉得有更便捷的途径，那就是放开手，不要管理！也就是说，放心地买过来，获得它们的所有权，然后放手让外国人管理就好，你只负责收钱就行！"

抄底，或是炒作

在当前经济新形态下，中国民营企业的"走出去"战略似乎颇具时代特征，就像《新京报》经济版所评价的，这些企业纷纷盯上了那些历史悠久、"年老体弱"的海外品牌，跃跃欲试，企图将其纳入旗下。

纵观中国服装市场的发展历程，皮尔·卡丹是第一家进入中国市场的海外品牌，随之而来的还有西方世界的时装文化。对于上海中服集团收购皮尔·卡丹一事，也不乏质疑的声音，在这些持质疑观点的人看来，皮尔·卡丹再不复当年勇，而是一步步走向没落，完全没有必要花费重金为他人做嫁衣。更何况，皮尔·卡丹为了维持生存，在全球范围内进行"海量授权"，在全球150多个国家和地区提供了近千个各种类型的产品的许可。这样一来，皮尔·卡丹的品牌溢价也大大降低，甚至不乏网友在论坛上犀利地评价道："改革开放之初，中国国门刚打开，就遇见了这位名为皮尔·卡丹的设计师，国人理所当让地认为这就是如今世界范围内最高端、最时尚的奢侈品牌，毋庸置疑，这的确是悖论。"

但企业战略专家张宏却指出，如今中国企业正值艰难的转型期，必须抓住海外"抄底"的好机会。汉能投资集团特邀专家赵小兵则指出，在金融危机的波及之下，如今很多欧美金牌的资产价值正不断下滑，相反金融危机对中国企业的影响却不算太大。此外，中国企业正在举步维艰地推动产业转型，必须抓住机会，向海外市场拓展。

这两种对比鲜明的声音碰撞出激烈的火花，一时之间，人们都把目光锁定在浙商远赴海外，疯狂抄底国际品牌的浪潮上。甚至不乏专业分析人士犀利地指出，这种行为究竟是炒作还是抄底，尚且值得商榷，一方面高度的曝光率能让浙江企业在瞬间收获更大的知名度，同时也有可能面临因曝光过度而惨遭"捧杀"的局面。孰轻孰重，还需要浙商在追溯浪潮的过程中仔细权衡。

3.

陈建成：一路驰骋，决不放弃
崭露头角，成就"东方西门子"

作为卧龙控股集团董事长，陈建成一直怀揣着一个梦想——成为"东方西门子"。如今，这个梦想正在一步步实现着。

陈建成说："我们知道，西门子当年是做电机发家的，而在产品和发展轨迹方面，我们与西门子几乎有着一样的成长历程。我相信，在几代人的努力下，我们会崛起为'东方西门子'。对我们卧龙人而言，这是一个愿景，是我们为之努力的目标。"经过三十多年的不懈努力，如今卧龙集团旗下已经陆续有 3 家公司上市，分别是卧龙电气、卧龙地产、卧龙–LJ 公司，除此之外，卧龙集团还拥有 54 家控股子公司，员工人数已逾 2 万人，资产总额高达 251 亿元，年销售额高达 300 亿元，产业发展布局呈多元化，以制造业为主，以金融投资和房地产为辅，在纵向、横向领域齐头并进。

跨国并购，成就一段美谈

2014 年 10 月 1 日，奥地利总统海茨因为了表彰陈建成这些年来为奥地利共和国所做出的诸多贡献，亲自将一枚纯银打造而成的总统勋章颁发给他。而在 30 年前，这一天正好是卧龙集团成立的日子。

早年间，陈建成顺利并购欧洲三大电机制造商之一的奥地利 ATB 电机集团，而这枚小小的总统勋章却承载着陈建成在背后付出的心血与汗水，也暗示着他对未来的美好希冀。这枚小小的总统勋章一下子让素来低调的卧龙控股集团来到了聚光灯下，一跃成为全球知名电机制造商，也打开了陈建成向国际市场昂首迈进的思路。

在并购ATB电机集团之前，陈建成早就花了大量时间来摸索国际并购的渠道，还在国内以并购的方式对上下游产业链进行了全面整合，很快就建立起卧龙控股集团的几大主营业务：电机、控制系统、电池电源、输变电等。最初，卧龙生产的产品只能用于配套一些简单的工业机械，但随着技术水平的不断提高，很快就开始参与到国内重大的基础设施建设项目之中。卧龙还与100多家世界500强企业建立了合作关系，成为他们的供货方。

在陈建成看来，要一步一个脚印，踏踏实实地走下去，才能最终成就"东方西门子"这个电机王国。他说："很长时间里，有几个问题一直困扰着我和我的团队：我们最擅长做的到底是什么？要做到什么水平才行？经过好几年的反复斟酌与尝试，我们才明白制造业，尤其是电机制造业才是卧龙最擅长的领域。这也就是为何我们聚焦于电机制造业，以此作为我们发展的主要方向。"接着，他继续解释，在电子机械制造领域里，卧龙到底要做到什么水平呢？2011年，卧龙顺利收购了ATB集团，对此向来低调的陈建成也自信地说："我们要试一试，能否成为世界范围内电机行业的第一名呢？"

研发助力，布局全球

很多浙江企业是草根出身，在起步阶段主要是让产品走量，而不太注重提升产品质量。而陈建成不同，从卧龙集团成立之初，他就有其他6位合伙人，并积极聘请浙江大学电机系的专家作为公司的技术顾问，为公司的发展出谋划策。陈建成是技术人员出身，这种追求科技、热爱研究的基因扎根在他的骨子里，久而久之，也让卧龙集团拥有了深厚的研发能力。

后来，陈建成又相继在中国杭州、德国杜塞尔多夫、日本大阪、荷兰埃因霍温这4座城市建成了相关的技术研究机构，致力于电机及其驱动控制技术的研发工作。如今，这四大研发平台与卧龙集团的整体资源密切衔接，当卧龙在这个新时期向全新的目标迈进时，这些研发平台也将为其提供最有力的支持。

现在，卧龙控股集团旗下的卧龙电气还设有4个国家重点实验室以及博士后工作站，在国家火炬计划项目中承担了15项重要项目。就像陈建成说的："如今，卧龙集团已经实现了从制造到智造的华丽转身，而创造将成为我们下一步的目标。长久以来，我们始终追求技术进步、科技创新，全情投入地发展我们的主营业务，打造属于卧龙的特色品牌。"

梦想起航，开拓全新事业版图

2003年伊始，经济全球化大势已定，并以越来越快的速度发展着。随着国内城市化进程的加快，基础设施建设需求越来越强烈，对于企业而言，这意味着新一轮的发展机遇。这时，在陈建成的带领下，卧龙控股集团的董事会抓住时机，开始积极部署跨越式发展战略。

2007年，卧龙成功并购银川变压器有限公司，并正式成立卧龙电子控制器分厂，继续以电机、电气为公司的主导业务，全面完善上下游产业链。与此同时，卧龙集团开始全面向电气产业的国际化市场进军。世界500强企业艾默生选择卧龙灯塔电源作为其在中国境内蓄电池的生产基地，与此同时，世界500强日本松下集团与卧龙科技股份有限公司以合资的方式正式成立卧龙家用电机有限公司。不久后，卧龙集团对其进出口部进行重新定位与扩建，正式成立卧龙国际贸易有限公司，以服务于公司正在快速发展的自制产品外销业务。

2015年，陈建成在接受记者采访时表示："我们现在规划，在今后两年的时间里大力推动电机驱动控制系统相关产品的研发和生产，如果按照1:1的比例来生产电机驱动控制系统和点机产品的话，那资产规模应该会突破200亿。放眼世界范围内的各大电机企业，除了美国雷勃电机之外，再也没有第二家能把主营的电机业务做到200亿元了。可以说，卧龙集团今后的目标就是超越雷勃，成为电机行业的第一。"然而，陈建成在心中勾勒的电机王国远不止于此，他甚至开始设想未来的某一天卧龙可以实现对雷勃电器的收购，到那时候，市场规模就直逼500亿元。

事实上，卧龙电机的事业版图将遍布国际市场的每个角落，一块专攻成本，崛起于中国；另一块专攻技术，成长于欧洲；还有一块长于市场营销，开拓于美国。以上三个板块下面又设有20多家分工厂，形成资源共享、优势互补的协作共生关系。陈建成就如一个追风的少年，他知道梦想在何方，一路驰骋，决不放弃。

4.

徐文荣：让"好莱坞"崛起于东方，用最先进的技术和最低廉的成本

现年85岁的徐文荣是横店集团的创始人兼董事长。1996年，著名导演谢晋准备拍摄影片《鸦片战争》，迎接香港回归祖国怀抱。为了表示支持，怀抱着拳拳赤子之心的徐文荣斥以巨资，建成了"19世纪广州街"的外景基地，由此企业界与影视界联姻的历史拉开序幕。与此同时，徐文荣还别具匠心地把旅游业与影视拍摄联系起来，由此形成了别具一格的横店影视文化旅游产业，吸引着南来北往的游客。如今，横店总共有包括清明上河图、古战场、香港街、广州街等在内的十几个影视拍摄基地，还打造了目前国内最大规模的摄影棚。对于横店影视城，美国《世界日报》大加称赞，并将其誉为"东方影视城"，美国《好莱坞

报道》更是认为这是一座正在冉冉升起的"中国好莱坞"。近年来，总计有近 200 部影视剧相继在横店完成拍摄工作，在每年最繁忙的那段时间里，每天会有 7、8 个剧组同时在横店拍戏。

2016 年 5 月，徐文荣参加了一场在山东济南举行的高规格会议，并荣获了"飞马奖"，要知道，这可是国内旅游行业内最高规格的奖项。2016 年度，徐文荣是整个浙江省唯一获此殊荣的民营企业家。早在 20 多年前，徐文荣就开始向影视旅游产业发力，横店集团累计在旅游产业上投资近 100 亿元，打造了世界上规模最大的影视拍摄实景基地。

初出茅庐，梦想萌芽

1975 年，徐文荣在浙江横店创办了一家缫丝厂，走上了创业的漫漫征途。之后 10 年时间里，横店的经济飞速发展，并最快成为浙江省的"亿元镇"。徐文荣很有经商头脑，希望抓住这个机会，让横店这个小镇面目一新，并将其打造成一座城市。

当时正逢中央电视台相继在江苏无锡的太湖湖畔打造了一系列颇具历史韵味的影视基地，比如说"三国城""唐城"等，影视基地带上了文化气息，也由此吸引了大批游客前来观光旅游。在无锡影视城的启发之下，徐文荣决定也在横店建立几个影视基地，给当地的经济发展注入新鲜血液。1995 年，徐文荣专程赶往北京，前去拜访当时的中央电视台台长，希望能获得他的支持。然而，满腔热血的徐文荣却被狠狠地浇了一头冷水：地图上根本找不到横店这个地方啊，它到底在哪里？那里没有机场或火车站，甚至连高速公路都没有，从杭州去横店足足要五六个小时，谁乐意去那么偏僻的影视基地拍戏呢？这简直是白日做梦啊！

徐文荣是个硬脾气，吃了闭门羹，心里也憋了一团火，心想：你不乐意建，那我们自己把它建起来！

抓住机遇，声名鹊起

机遇总是眷顾有想法、有准备的人。1995年底，中国著名导演谢晋打算筹拍一部历史大片——《鸦片战争》，来迎接香港回归，并专程前往横店为拍摄做考察。刚到横店后，当地的大佛寺、娱乐村、文化村等颇具历史韵味的景点让谢晋称赞不已，当地保存完好的古建筑更是让他心动。在此期间，徐文荣把握机会，全程陪同谢晋和他的考察团，并得知《鸦片战争》的外景基地还没有最终确定下来。于是，徐文荣主动提出要承担起搭建拍摄基地的责任，"别人用一年的时间，我们可以用半个月甚至三个月来完成任务，保质保量，绝不耽误您开拍的时间！"徐文荣拍着胸脯向谢晋保证。

接着，徐文荣带领他的团队紧锣密鼓地开始了拍摄基地的建设工作。很快，"广州街"拍摄基地于1996年7月底搭建完成。春夏时经常有暴雨来袭，然而横店人仍然用短短三个月的时间完成了一项如此浩大的工程，这也是后来一次次让人们为之震惊的"横店速度"。

徐文荣牢牢抓住了《鸦片战争》这一契机，为横店影视文化产业的发展打开了一扇窗，随后他开始大举建设横店影视城，陆陆续续在横店搭建并把影视、文化和旅游产业紧密地结合起来，人们漫步于偌大的横店影视城，转瞬间就可以领略中华五千年浩浩汤汤的文明。不久后，著名导演陈凯歌又相中了横店影视城，电影《荆轲刺秦王》的开机仪式正式于1998年1月在这里举行，当时国内外有20多家主流媒体的记者前来参加新闻发布会，这为横店日后的进一步发展积累了人气。在之后的日子里，国内外知名导演纷纷前来，很多叫好又叫座的影视剧相继在横店诞生。2000年，徐文荣又出新招，对外宣布横店影视城将免除国内外剧组的场租费，更是吸引了大批剧组前来拍摄。

崛起于东方的"好莱坞"

徐文荣为横店树立了"高起点、高标准、高品味"的发展标准，中国首个国家级影视产业的实验区于2004年4月在横店正式挂牌，接着横店的影视产业进入了高速发展阶段。2010年，横店影视城在旅游领域也取得了长足进步，成为国家5A级旅游景区之一。2015年年底，已有累计700多家影视企业聚集在横店，总共拍摄了42000多部由国内外剧组拍摄的剧集，全国有2/3的古装剧是在横店诞生的，其中不乏《荆轲刺秦王》《英雄》《满城尽带黄金甲》等蜚声国际的优秀影视作品。不仅如此，影视文化还成为旅游产业的助力器，光是2016年一年，来横店观光旅游的游客总数累计达2100万人次。

2008年，中国电影市场进入空前的快速发展阶段，徐文荣把握时机，开始了横店院线在全国范围内的布局，相继在长沙、武汉、太原等二线城市推出了一批高质量的影城。到2016年底，横店院线已经陆续开设了200多家五星级标准的影城，盈利模式呈现票房、"爆米花+可乐"卖品、广告等状态，年度票房也一路高歌，挺进全国院线前十名。

在徐文荣看来，应该将"最宏大的规模、最集中的要素、最先进的技术、最低廉的成本"作为横店影视城的发展标准，积极打造一个兼具东西方风韵与文化特色的影视发展基地。如今，每年都会有许多国内外剧组在横店影视城取景、拍摄，东西方文化在这里交织、融合，成就了一部又一部穿越时间和空间的影视作品。

5.

鲁冠球：用海外资本去收购海外企业，把中国汽车开向世界

现年71岁的万向集团董事局主席鲁冠球曾在四年时间里三次陪同国家领导人前往美国访问。这位已至古稀之年的老人是最受国人敬重的老一代企业家，他总是挂着满脸笑容，说起话来中气十足，每次在公共场合露面都带着一股与生俱来的强大气场。

万向集团是国内目前最大的汽车零部件生产商，于2014年成功收购美国豪华混合动力跑车制造商菲斯科，而这只是万向迈向世界舞台的第一步。鲁冠球的一句名言流传甚广，他立志"要做就做洋人的老板"，如今他已经做到了。

成为全球行业领跑者

鲁冠球是国内投身创业大潮的第一批创业者。他15岁那年，为了养家糊口，早早辍学，当起了打铁匠。鲁冠球当了3年铁匠，并疯狂地迷上了机械农具。1969年，鲁冠球靠着4000元白手起家，如今已经在创业路上走过了几十年。鲁冠球经常教育公司员工："其他人一周工作5天，你就365天都工作。只要能尽心尽力去做，一定能做好。"这也是鲁冠球一直秉持的成功秘诀。

1990年，鲁冠球开始向国际市场进军。他利用"钱潮牌"万向节能产品相继在包括意大利、澳大利亚、英国、法国、日本等国家和地区打

开了市场。1991年，万向总资产突破1个亿，同年5月美国《时代周刊》将鲁冠球作为封面人物，他一时之间风光无两。

1994年，鲁冠球迈出了整合海外资源的重要一步，在美国注册成立万向美国公司。1997年，经过短短3年时间，全球汽车行业巨头美国通用公司向万向集团抛出橄榄枝，由万向集团为其提供零部件。2000年，万向集团正式收购美国舍勒。2001年，万向拉开了中国乡镇企业收购海外上市公司的序幕，正式收购美国一流汽车零部件供应商UAI。2003年，万向收购美国路克福特公司，这是世界范围内规模最大的翼形万向节能传动轴供应商。2005年，万向再次向海外市场发力，成功收购美国PS公司，开始直接作为美国通用、福特、克莱斯勒等大型企业的供应商。2007年，万向成功并购美国AI公司，这意味着万向在全球范围的汽车产业链中已处于顶尖水平。

经过40多年的不懈努力，万向集团已经成为不容忽视的大型跨国公司。自2008年后，万向集团每年通过海外投资能收获超过投资额50%的回报率，正如《福布斯》(2008年中文版)对鲁冠球做出的评价："万向集团接连向美国汽车零部件领域发力，在并购的路上越走越远，而万向掌门人鲁冠球也成为汽车领域内不容忽视的领袖人物。"

抓住时机，发展新能源汽车

鲁冠球是一个不折不扣的机械迷，心中一直怀揣着造车梦。2013年初，万向成功收购美国电池制造商A123系统公司，在业内同行看来，此番收购是在为向电动零配件进军做准备。2014年2月，万向美国公司成功收购美国电动车巨头——菲斯科公司，并购得该公司制造整车的技术。2015年，万向和上海汽车集团股份有限公司强强联手，通过合资的形式成立了新能源客车企业，相应的生产基地也在杭州建成，致力于向环保节能的汽车新市场进军。从2013年到2016年，万向集团就实现了飞跃式转型，从原来单一的汽车零部件供应商发展成为综合制造企业，涉及电机、电控、电池、研发整车等多个方面。

1999年，万向开始向新能源汽车领域发力，迄今为止，已相继投入20多亿元人民币。鲁冠球对于技术孜孜以求，毫不懈怠地推动公司的技术与研发，甚至不惜花费重金从美国通用、福特公司挖来精于技术和管理的高管为万向坐镇。在鲁冠球的努力下，万向集团内部建立起现代化管理模式，向着新能源汽车领域大步迈进。

虽然鲁冠球早早出来讨生活，甚至连初中都没念完，但却是业内人士眼中不折不扣的管理学大师，被人们誉为"农民理论家"。鲁冠球对自己要求严苛，每天早晨5点钟就会按时起床，6点45准时抵达公司；晚上6点准时离开办公室，回到他位于郊区的那个农家小院里，陪着妻子一起吃饭；晚上7点钟，他会准时打开电视，开始收看《新闻联播》，了解全球各地的一手资讯；7点40分，他又重新坐在书房的办公桌前，继续处理白天尚未完成的公务；9点30分冲一个澡，洗去一天的疲惫，再次端坐在桌前看书学习，一直忙碌到晚上12点，才准备入睡。

在将近半个世纪的时间里，鲁冠球孜孜不倦，率领着万向南征北战，还写了130多篇有关中国经济的专业论文，篇篇一阵见血、切中要害，堪称中国企业家中最具理论修养的人物之一。鲁冠球在书中曾写道，"要成为洋人的老板，用海外资本去收购海外企业，在海外市场赚钱"。他早早就设定了这个目标，并朝着这个目标不断努力。

6.

陈爱莲：迈开大步，登上世界舞台

作为万丰奥特董事局主席，陈爱莲于 2016 年 4 月带领着她的考察团前往德国、捷克、意大利等国进行考察，并与制造领域和航空领域的有关企业进行了深度洽谈。陈爱莲早就在心中为万丰奥特谱写了走向国际化的宏伟蓝图，而为了让这条国际化的漫漫征途走得更快、更稳当一些，她决定以国际化并购作为公司的核心竞争力。而陈爱莲所做的这一切都是为了让万丰奥特从汽车零部件领域的激烈竞争中脱颖而出，成为行业内的领跑者，并向高端制造业进军。

迈向国际化，成就全球领跑者

万丰奥特于 1994 年 10 月正式成立，最早从汽车零部件领域发家，在 20 多年的时间里，实现了公司上市、跨国并购，并在镁合金新材料领域成为全球的业内领跑者，在新能源混合动力产业、智能工业机器人、新工艺涂覆产业等三个领域成为国内的业内领跑者。万丰积极地与国际高端品牌达成战略合作关系，相继在英国、美国、印度、加拿大、捷克等国家和地区开设了 8 个生产基地，并搭建了 5 家研发中心，在技术、管理、资本、人才、品牌等多个领域实现了国际化。

陈爱莲说，"对于万丰来说，未来的 20 年必定非同凡响，要从汽车零部件领域走向更广阔的天地，成为高端制造业的全球领跑者"。2013 年 12 月，万丰奥特成功收购美瑞丁，为万丰实现在国际市场的下一步战略布局奠定了基础。

美瑞丁 1981 年创办于加拿大,是世界镁合金领域的领跑者,其镁合金研发水平在全球范围内处于领先水平,在镁合金铸造、表面防护处理、模具设计、镁合金焊接等方面拥有数十项在全球处于领先水平的技术。中国汽车产业发展趋势向轻量化倾斜,而美瑞丁的产品和技术无不与国内汽车行业的发展趋势相吻合,而且其所需的原材料——镁,有 70% 来自中国。

陈爱莲在接受采访时说:"总体来说,未来汽车产业有两大发展趋势,那就是车联网和以轻量化为追求的材料革命。如今,中国是当之无愧的汽车大国,但距离真正的汽车强国还有一段很长的路要走。实现从大国到强国的飞跃,汽车零部件领域是其中的重要环节。"万丰奥特通过这次跨国收购实现了产品的转型与升级,而且先发制人,一跃成为镁合金全球领域的技术领跑者。

多管齐下,进军高端制造业

陈爱莲早在心中为万丰描摹了一幅宏伟的产业蓝图,在她看来,万丰应该将并购整合的对象重点锁定在有关汽车制造、智能装备、飞机制造等高端制造行业的国际知名企业上。而在行业的细分市场中,这些并购对象也必须处于全球领先水平,拥有行业内最高端的技术,并在市场中占据着制高点,拥有绝对的话语权。

2013 年 11 月,万丰奥特向汽车制造行业发力,成功收购了上海达克罗涂覆工业有限公司的所有股权。达克罗涂覆技术可以有效防治腐蚀,在陈爱莲看来,如今相关环保政策的要求逐渐提升,传统电镀技术终究会被无铬达克罗技术取而代之。

2016 年 2 月,万丰奥特再次向智能装备领域发力,在美国通用汽车公司总部以 22 亿人民币的价格成功并购全球焊接机器人领跑企业——美国 Paslin 公司。

万丰奥特同样没有忽视通用航空领域,如今已成功收购一家加拿大知名航校和一家捷克的轻型飞机制造企业。陈爱莲说:"在未来5年时间里,我们希望将万丰航空打造成同行领域的巨头,集飞机制造、机场建设与管理通航运营和空中服务站等于一身,成功覆盖长三角地区的空中交通。"

在企业向国际化市场迈进的征途中,国际并购是企业的核心竞争力之一。早在15年前,陈爱莲就颇具前瞻性地提出"绿色万丰"的管理理念,以建设绿草茵茵、花团锦簇的纯天然工厂为核心内涵,致力于实现节能减排的环保生态,万丰人也正是基于这种理念来建设万丰智慧工厂的。

在建设万丰智慧工厂的过程中,陈爱莲又进一步提出与国际接轨的目标:为了实现节能减排的目标,在工厂的屋顶上安装了先进的太阳能设备;为了提高劳动生产率,工厂厂房全套使用业内最领先水平的技术设备;为了实现绿色环保的初衷,在工厂地面供应天然气;同时还实现了仓储上的互联网物流,在工厂半空建立了环绕一周的玻璃墙参观通道。这一切无不成为最引领潮流的智能化工厂的范本。相信在不久的将来,万丰就会成为全球高端装备制造领域的领跑者,成为行业内争相效仿的经典范本,带领着中国制造步入更辉煌的时代,成为真正意义上的中国创造。

7. 庄启传：让宝洁棋逢对手，永不满足，超越自我

2016年1月31日，纳爱斯集团董事长庄启传在股东大会上说道："花了47年的时间，我们才看着纳爱斯一点点成长到今天这样的规模，但在未来的一年里，我们要让纳爱斯的规模翻番，缔造一个崭新的纳爱斯！"庄启传的这番话让许多纳爱斯的业内对手肃然起敬，又寝食难安。

2015年一年里，纳爱斯的年度营收总额高达200亿，如果真如庄启传所说，在短短一年的时间内要让纳爱斯翻番，那就意味着纳爱斯在一年之内要横跨过去47年里走过的漫漫长路，这展现的是纳爱斯这家以生产和出售洗涤用品为主的传统制造企业的勃勃野心和雄厚实力，而庄启传作为这家企业的"领头羊"，也有着永不满足、超越自我的价值取向。

在最差的条件下做到最好

纳爱斯旗下有包括超能、雕牌等十几个品牌，这些日用品如今已成为中国人日常生活中必不可少的产品。但是，作为纳爱斯的董事长，庄启传素来行事低调，外界对他的评价也相当精准到位，"理想很大，调子很低"。多年以来，无数中国富豪在"胡润百富榜"榜上有名，但庄启传这位洗涤用品界的大亨却很是让"胡润百富榜"头疼，时至今日，他们仍不清楚庄启传究竟身家几何。久而久之，庄启传成了浙商圈子里有名的"隐形富豪"。

庄启传原本是知青，1971年被调到了丽水"五·七"化工厂工作，成为工厂里的一名普通工人。而这家工厂就是纳爱斯集团的前身。当时，在国内120家洗涤类用品企业之中，"五·七"这家小工厂排名倒数第二，随时面临着倒闭。然而，这家奄奄一息的小厂在1984年却迎来了命运的转机：厂内举行民主选举，庄启传凭借出众的个人能力被职工选为厂长。庄启传的梦想就是从那一刻扬帆启航，驶向汪洋的。

当时，纳爱斯远在偏僻的丽水，工业基础远远逊色于同行业的竞争对手，交通也十分不便，让这样一家小企业与那些行业巨头一较高下，实在是强人所难。但是，庄启传的想法却很乐观，他暗暗给自己鼓劲加油：在最差的条件下也要努力做到最好，要让这只穷乡僻壤里的"丑小鸭"完美逆袭，成为振翅高飞的"白天鹅"。

两个"例外"，颠覆宝洁常规思维

当时，宝洁已经是洗涤日用行业内的巨头，而纳爱斯的发家路径与宝洁类似，也是从做好一块小小的肥皂开始的。当时，纳爱斯经过3个月的设计研发，出产了一种"蓝"肥皂，也就是现在人尽皆知的雕牌超能皂。这块"蓝"肥皂就像业内杀出来的一匹"黑马"，一经面世就很快取代了中国老百姓用了百十年的"黄"肥皂，销量跃居国内第一。于是，这家曾经名不见经传的小企业漂亮地扔掉了行业倒数第二的帽子，成了中国"肥皂王国"的领军人物，并且时至今日仍保持着绝对优势。

洗衣粉让纳爱斯与宝洁结下了不解之缘。1998年，纳爱斯正式向洗衣粉领域发力，并推出了雕牌洗衣粉。2000年这款洗衣粉销量高达30万吨，2001年则超过了100万吨，稳坐洗衣粉销量排行榜的头把交椅。更值得称道的是，排名在纳爱斯之后的那9家前10的企业的洗衣粉销售量总额加起来才与纳爱斯齐平。包括德国汉高、美国宝洁在内的数家世界500强企业都为纳爱斯贴牌加工雕牌洗衣粉。

纳爱斯就如同一棵从石头缝里冒出来的小草，迎着惊风暴雨顽强生长，它势如破竹的发展势头颠覆了美国宝洁的传统思维，并出现了两个

"例外"现象：第一，宝洁是世界500强企业，在业内一直处于领先地位，都是别的企业帮它贴牌生产，而它此前从未给别的企业贴牌生产过。而宝洁却在中国为纳爱斯的雕牌洗衣粉进行贴牌加工，这是宝洁历史上的一个"例外"。第二，宝洁资金雄厚、实力超群，在商业舞台上长袖善舞，频频收购异己品牌。但宝洁却频频向纳爱斯抛出合作的橄榄枝，还提出双方可以签订"空白合同"，条件由纳爱斯开出，却被庄启传婉拒。不得不说，这也是宝洁发展历史上的又一个"例外"。

宝洁全球总裁对这家崛起于中国的企业充满好奇，甚至亲自来中国做调研，并观看了纳爱斯在电视上播出的雕牌洗衣粉"懂事篇"广告。对此，他深有感触地说道："我终于明白，有些地方水源都不充沛，但纳爱斯却能轻松进入当地市场。这是一家有着深厚文化底蕴的公司，也是宝洁在中国最强劲的对手。"

崛起于本土市场的世界级企业

纳爱斯在2014年的世界洗涤用品行业内位列第5，2015年以全资顺利收购台湾知名品牌妙管家，并以中国台湾地区作为展现实力的T台，昂首挺胸地向国际市场迈进。如今，纳爱斯在世界上100余个国家和地区注册了品牌商标并申请了多项专利。产品的出口额以极快的速度增长着，这家成长于中国本土的企业正在茁壮成长，向世界级企业迈进。

俗话说得好，"同行三分冤"，宝洁怀着惺惺相惜的心情再三与纳爱斯展开激烈的竞争。对于这种局面，庄启传始终保持着从容淡定，正如他说的："企业能获得超常规的发展，都源自于他们不断超越自我的心态。有一天，当有些东西国际公司不能做，而我们却能做，我们就真正牛了。因此，在纳爱斯人看来，并不存在竞争对手，都是不断敦促自己成长、进步的战友。所有在努力做企业的人都怀揣着同一个梦想，就是让人们的生活更美好！"

第十一章

犹太式中国人的经商法则:温商的风起云涌

1.

温商崛起：别具一格的地缘文化

正如管理大师所说："如今，真正占据主导地位的生产要素并不是土地、劳动力或资本，而是文化。"很多对温州了解不足的人认为，温州是"经济的森林，文化的沙漠"，温州人一门心思赚钱，但缺乏文化。事实上，经济发展必须以文化为驱动力，植根于骨子里的文化根基塑造了温州人的思考方式和行为模式，温州之所以成为"经济森林"，与这片富饶的文化沃土息息相关。

敢闯敢拼的海洋文化

温州濒临东海，自古以来就在海上谋生。波涛汹涌的海洋造就了温州人别具一格的地缘心理，他们富有冒险精神，敢闯敢拼，热爱竞争，在追求功利的过程中获得满足感。就像著名经济学家董辅礽所说："温州模式最重要、最宝贵之处在于其精神：第一是强烈的创业精神和功利心理；第二是永不满足，不断追逐更高的目标；第三是吃苦耐劳，富有冒险精神，努力学习本领，有很强的适应能力。"

自古以来，温州人就靠着海洋生存，他们对海洋非但不畏惧，还有一种与生俱来的亲切感。对于温州人来说，漂洋过海讨生活是一件再寻常不过的事情。温州人富有冒险精神，海上的大风大浪和神出鬼没的强盗对他们来说更像是枯燥的海上生活的一种调味品。他们追寻着潮起潮落，追求走得更远，去拥抱属于他们的广阔天地。

走出去,温州人的地理分布图

温州有 750 万人口,其中有 230 万在外创业,也就是说,每 4 个温州人里面就有一个人远离家乡,在外打拼,这些人里还有 50 万人在海外谋求发展。可以说,温州人淘金的足迹遍布于世界上的每个角落。

相关数据显示,20 世纪 70 年代,在美国闯荡的温州人还不足 5 万,如今 30 年过去了,至少有 25 万温州人在美国打拼。据美国《世界日报》报道,纽约法拉盛那些最有人气的超市,几乎清一色都是温州人开的。在巴黎 13 区、14 区的"温州街"上住的都是温州人,充斥在耳畔的是地道的温州方言,就连警察也必须学会温州话才能处理公务。如今,温州人遍布在世界各地每个有市场前景的地方,商业势力逐年扩大,这正是温州独具一格的文化精神的有力体现。

世人皆知,温州人最擅长做生意,沿海靠山的地缘特征赋予了他们独特的冒险精神与开放精神。人们戏言,温州光是打个喷嚏,全球市场可能都要感冒几天,这种说法固然夸张,但"走出去"的温州人确实在"见缝插针"地影响着世界的方方面面。有人说,温州人最可怕的地方在于他们有着远超常人的适应力,无论面对如何恶劣的生存环境,他们都会用强悍的生命力和无穷的潜力去征服它们。

远渡重洋的移民文化

温州有着上千年的移民史,是中国重要的侨乡之一。早在三国时期,这里就是吴国的流放之地。南宋以来,衣冠南渡,隐居瓯越,又有大批人员从温州移入或迁出。久而久之,温州成了中原文化与地域文化的交汇之地,糅杂并形成了温州当地特殊的地缘文化。温州的本土文化深受温州移民的影响,据相关史料记载,历朝历代温州取得殿试资格者,有六成祖籍为南方,三成祖籍为北方,只有不足一成祖籍为本地。移民文化最典型的特征就是动态的、碰撞的、交融的,久而久之,也塑造了温州人合作抱团、独立进取、敢闯敢拼的地缘人格。

在温州移民文化的影响下，温州人乐于抱团打拼，有钱大家要一起赚，通过"传帮带"的方式让弱势群体的能力提升。温商不仅自己创办实业，同时还会把自己获得的有价值的商业信息带给同乡，让老乡们经过实地考察后决定是否投资。

移民文化的另一个典型特征就是通过家族这个纽带来实现温州企业的成长与产业规模的升级。大多数温州产业是轻工产业，复制性很强，竞争愈演愈烈。大多数年轻人要解决就业问题时，就会自然而然地想到去学一门手艺，最好的方法是求教于本家族内某个精通这门手艺的前辈。作为温州吉尔达鞋业公司董事长，余阿寿就先后带出来16名徒弟，其中15名徒弟创办了属于自己的皮鞋厂。

这些年来，许多温州人背井离乡，走南闯北，在大江南北创建了独树一帜的"温州经济"。但是，他们的根仍然留在温州，纵然在远离温州的地方，他们仍过着颇具温州本土特色的生活。比如，一个温州人离开温州农村，来到法国创业，却可以完全置身于法国人的圈子之外生活。他会去温州人当老板的工厂里打工，从温州人那里租房子，去温州人开的饭馆里吃饭，去温州人开的理发店里理发，甚至让他的孩子在温州人创办的学校里上学。就这样，这些温州移民远离故土，翻山越海来到万里之外，又再次选择回归海外的微型家园。

正所谓经济是形，文化是神，正因形神兼备，温州才能在经济新态势下昂首挺进。正是在文化的驱动力下，温州人的经商理念才能上升至哲学的高度，在世界舞台上演绎出与众不同的"温州模式"。

2.

拿来主义：模仿是创新的基础

任何震惊世人的创新都是从模仿开始的。瓦特之所以发明了蒸汽机，是因为他对小水壶热蒸气原理的模仿与运用；卫星之所以能在天空中围绕着地球运行，是因为牛顿在模仿苹果掉落的原理上进行了创新。一项调查结果显示，任何形式的创新在 80% 到 90% 的模仿之上实现了 10% 到 20% 的突破。

世人皆知，温州商人有着让人震惊的模仿能力，他们常常从别人那里买回畅销的眼镜、低压电器、打火机等小物件，拆开后重新组装起来，很快就能模仿着生产出毫无差别的产品。温州人聪慧且大胆，在没有资金、技术和资源作为支持的条件下，靠着一遍遍的"模仿"在激烈的市场竞争中开拓了一片天地。如今，他们则是在模仿的基础上追求着创新。

从模仿到创新

正如鲁迅先生所说的，"我们要拿来。没有拿来的，人不能自成为新人；没有拿来的，文艺不能自成为新文艺"。就拿来主义而言，温商是不折不扣的践行者，拿来主义于他们而言，是漫漫征途上不可或缺的成功阶梯。

有学者将温州商人这种"群起效仿"的行为模式称为"蜂群现象"，其中打火机就是这种"蜂群现象"下的产物。1986 年前后，一些常年漂泊在海外的温州人回到家乡探亲，把日本生产的一些打火机送给亲友。不少机灵的温州人心思活络起来，把这些漂洋过海带回来的打火机拆开，逐一研究里面的每个零件。结果，这些温州人只花了3个月的时间就手工制作出第一只打火机。20世纪90年代，日本生产的打火机在市场上的售价高达30美元，而温州人则靠着低廉的劳动成本和高超的仿造工艺生产出大批多级打火机，并以1美元的价格出售。当时世界上最大规模的3家打火机生产基地分别位于日本、韩国和中国台湾，因为温州打火机的出现，这两个国家和地区有80%的打火机厂家没能逃过倒闭的命运。如今，温州打火机已经占据了80%的世界市场份额和96%的国内市场份额，如果把温州人每年生产的打火机连起来，足足可以绕地球两圈。

然而，任何事物都有其两面性。从某种程度上而言，正是超强的模仿能力成就了温商的辉煌，但同时也让温商陷入阴霾之中。温商在20世纪80年代面临着前所未有的困境，某些小企业一味地模仿，滋生了众多假货，低压电器、眼镜、打火机、皮鞋等假货跟随着温州庞大的经商群体充斥于全国各地的市场中。时间长了，温州便成为消费者心中"假冒伪劣产品"的代名词。比如，温州人在仿造电表时，会先把真电表拆开后细细观察，再根据各个零部件的形状进行模仿，铁的还用铁的，塑料的还用塑料的，铜的还用铜的，但是毫不理会材料的各项参数。这样一来，虽然模仿出来的东西看似与正品差不多，却很不经用。

温商固然精明，但血一般的现实无异于当头棒喝，让他们意识到光靠模仿是走不长远的，要在"拿来主义"的基础上追求创新，走出一条不寻常的道路。

温州市鹿富物流有限公司总经理陈坚走的就是一条从模仿到创新的道路。不同于大多数创二代，陈坚2010年大学毕业后没有立即进入家族企业，而是四处投简历、应聘，并成功进入世界500强的快递公司DHL。对此，陈坚解释道："初入社会，我想去大公司多历练一下，学习标准化管理模式，也就相当于为自己的企业'偷师学艺'。"

进入DHL后，陈坚从最基层的扫货操作员做起，在短短一年时间里，他便对现代物流行业有了全面认识。2012年，陈坚回到"鹿富物流"，也从公司最基层的工作开始做起，他甚至学会了驾驶叉车，并成为一名技术高超的叉车卸货工人。在陈坚看来，这不仅是为了更细致地了解企业的每个运作环节，也是希望不走捷径、身体力行，得到公司上下的认可。

在效仿DHL等传统物流行业运营模式的基础上，陈坚为"鹿富物流"打开了新格局，将其定义为电商服务的新物流业务，也就是在物流运输的基础上，与自建仓储的智能化管理紧密结合，为与其合作的电商提供成本更低、效率更高的物流仓储一体化服务。陈坚解释说："与我们合作的电商不用建仓，直接把货物存放在我们的仓库里。一旦有人下单，我们会直接发货，这样一来，物流成本至少节省了10%。"经过短短一年的时间，"鹿富物流"就实现了从0单开始，到如今每天平均7000单的飞跃。与此同时，"鹿富物流"还与唯品会、天猫等电商平台达成物流合作，致力于将公司触角从供应链向生产链扩展，积极为电商寻找低成本、高效率的代加工厂商。

模仿萌生灵感，创新成就辉煌

中国社会科学院社会学研究所研究员王春光将温商的模仿性总结为另一种意义上的创新：温州人会挑选有市场前景的产品，他们最初是模仿、"抄袭"和"复制"其他人的产品，到了一定程度后，就开始创造属于自己的产品和品牌。

20世纪90年代，温州一跃成为国内规模最大的皮鞋生产基地，而这里几乎所有的鞋厂使用的鞋机都是从意大利或日本进口的，成本高昂，服务又跟不上。胆大心细的大隆人从中窥探到了商机。1994年，温州大隆机器有限公司积极与台湾鞋机生产商益鸿公司合作，主要为其生产配件。不到两年时间，大隆就成功仿制了属于自己的鞋机，几乎每项指标都与台湾同款产品持平。大隆人又对台湾的核心技术进行了深入的消化与吸收，积极展开自主创新，发明了全自动鞋帮机、真空加硫定型机等领先于行业水平的设备，从而奠定了温州"大隆"品牌在国内鞋业的领先地位。但是，大隆人的勃勃雄心远不止于此，不久后，他们又盯上了意大利制鞋机。在前行的道路上，大隆人遵循着"模仿—创新—模仿"的发展规律，并认为这种"与巨人同行"的模式能让自己站得更高、看得更远。

清华大学法学院知识产权专家陈建民教授则指出，经过20多年的发展，如今温州企业已走过了产品模仿的最初阶段，步入了产品创新的新阶段。为了保护企业的自身利益，在产品设计阶段就要有维权意识，尽量以自我创新为目标，即使不能完全创新，也要在原有基础上有所改进。对于自己的创新设计要及时申请专利，获得法律的保护。

3.

抱团打拼：温商的资本纽带

商业的繁荣与竞合观念的滋生息息相关。所谓竞合，指的是竞争与合作的有效组合，即在竞争中展开有效的合作，形成合力，并收获更大的功效，从而实现双赢或多赢。纵观温商的发家史，联合作战是他们的不二之选。

曾听过这样一个小故事：一个孩子问神，何谓天堂，何谓地狱？神带着孩子去亲身体会：在天堂，男女老少互相协助，愉快地分享着从高高的树枝上摘下来的水果；在地狱，一群恶汉面黄肌瘦，却不愿意彼此协助，只能眼巴巴地看着枝头的水果，却束手无策。正所谓合则两利，分则两败，唯有合作才是商界正道。

抱团打拼

北美国际交流中心总裁贾浩指出，温商的成功并非偶然，他们之所以能遍布世界各个角落，与他们之间团结互助的精神密切相关。漂泊异乡的温州人扎堆抱团的过程大致如下：一个温州人或一个温州家庭漂泊到远离故土的某个地方，刚刚稳定下来，发现当地某个商机，就会立即向血缘亲属或非血缘的同乡发出类似的信号：这里人傻，钱多，速速赶来！于是，这个消息一传十、十传百，如滚雪球一般，越滚越大。在地缘和血缘关系交织而成的社会网络中，各种有用的市场信息在温商之间迅速传递。正是基于这种社交网络，他们所能触及的市场往往不再局限于某座城市的范畴，茶余饭后，他们总是轻轻松松就能了解到千里之外的北京、天津、广州、深圳的信息，甚至还能掌握国外市场的第一手信息。

温州人做生意是出了名的爱抱团，无论在哪个国家或哪个行业，他们总是一群群地出现。就像中国社会科学院社会学研究所研究员王春光说的："一旦第一个做生意的温州人来到了某个谋生的城市，很快，第二个、第三个、第四个温州人就会赶来，不久后，就会有一群温州人在这个城市从事这个行业。庄吉集团前任董事长陈敏说，他在业余时间没有什么爱好，就喜欢约上三五同行吃吃饭、喝喝茶、聊聊天。而温商的一大特色就是，他们看似在喝茶聊天打发时间，实际上却是在交流行业内的信息。这样的"交流"正是基于"抱团"这个前提下的一种资源共享。

蚂蚁精神

有人这样形容温州人骨子里的投资天赋："温州人就像一只只蚂蚁，一旦发现了一块肉多的好骨头，便会马上掉回头，招呼亲友一同组团投资。"在这种"蚂蚁精神"的影响下，温州财团的投资模式也颇具特色。他们经常将一个大项目分割成若干份股份，再在企业协会内部分给那些有实力、有兴趣的企业。如果某家企业获得了20%的股份，却不足以将其彻底消化，就会进一步将这部分股份细分，寻找新的股东加入其中。

温州人抱团的商业性格在房地产投资方面也表现得尤为明显，他们会把散户的资金集中起来，最大限度地利用银行贷款，团购批发大量房屋，再在二手市场上分割成若干份，进行出售。王春光指出，大多数温州人个体未必拥有强大的实力，但如果他们抱团行动，就会成为中国最富有的群体之一。

事实上，温州人抱团打拼的经营模式可以概括为"两个分享，一个担当"。所谓"两个分享",其一是利润分享,大家一块儿赚钱,不会关上门来吃独食;其二是分享信息、人才、技术等各种资源,实现资源的优化配置。所谓"一个分担",指的是分担风险。温州人做生意从不把鸡蛋都放在同一个篮子里,比如一个温州人经常投资十几个项目,这样一来,既分散了风险,又保证了相对稳定的收益。

合作双赢

提及竞争,人们不免会联想起"一山不容二虎"等句子,然而这在市场中无疑是错误的竞争观念,现代化的"竞合"观念也应运而生。最初,"竞合"观念在日本产生,日本用"竞合"观念来鼓励国民,让大和民族积极地参与到世界市场的激烈竞争中去,并展现了基于团队精神的超强战斗力。

在竞合风潮的影响下,温商也积极展开联合作战,并塑造了独具温州特色的集约型经济格局。由粗放的分工到有效的协调,这种小区域的产业链所引起的联动效应在纺织、制鞋、印刷、包装、低压电器等产业都获得了前所未有的成功,分工合作也给温州商人带来了巨大的好处。"温州模式"研究专家周德文教授介绍:"一旦这种集群经济给温州人带来了甜头,他就会积极主动地发挥想象力和创造力,比如正泰、人民电器、德力西等企业,通过积极展开集群合作,已成为国内低压电器领域内的上游企业。"在周德文看来,这种集群经济可以生动地称之为"蚂蚁经济","一只只蚂蚁看上去很渺小,但工作上却有明确的分工,这大大提高了它们的工作效率。温州的个体企业同样很渺小,但一旦联合起来,就能成就一番大事业"。

最初,温州人"扎堆"做事业只是为了生存下去,结构松散,而且合作局限于亲友或同乡之间。现在,温州企业已从过去的"扎堆"模式升级为"团队"模式,他们有意识地联合出击,成为市场竞争中的无冕王者。

4.

温州模式：不断追求突破

红杉资本中国基金董事周逵说："好的模式是寻求优秀创业者的根本。"而"温州模式"的特色在于根本没有固定模式。模式往往意味着条条框框，而有胆有识的温州人总是不断尝试着打破过去的条条框框，寻求新的突破。温州模式缔造了温州速度，但根本不存在一成不变的模式，只有与时俱进，温州模式才能与温州经济齐头并进。

著名社会学家费孝通堪称温州模式的代言人，从1986年开始，他曾先后三次前往温州进行实地调查，并多次撰文对温州经济的发展情况进行分析，广为学术界和经济界所探讨的"温州模式"就是从这里而来。

费孝通眼中的"温州模式"

20世纪70年代末至80年代中，温州陷入困境，当时人们广泛讨论"温州模式"究竟是姓"社"还是姓"资"，温州商人也面临着巨大的压力。1986年2月，费孝通前往温州，走访了当地的4个县和5个镇，甚至还参观了市区两家厂区。结合这次调查，费孝通撰写了《小商品，大市场》这篇文章，其中写道："在我看来，'小商品，大市场'是温州农村经济发展最鲜明的特点，用商品带动工业，就这一点而言，'温州模式'不仅对温州本地有意义，在全国范围内同样有普遍的借鉴意义。"正因费孝通的发声，全国范围内开始普遍关注温州和温州人的形象，而"温州模式"最经典的概述就是"小商品，大市场"。

1994年底，已84岁高龄的费孝通再次来到温州。当时，各地疯狂地复制着温州模式，温州正在积极探索"二次创业"。经过一番实地考察，费孝通撰写了《家底实、创新业》一文，并在《瞭望》周刊上发表。在文章中，费老写道："我们通过温州实践可以得知，市场经济并非舶来品，也可以在中国土生土长。一开始，它也许有点四不像，但草根经济有着最顽强的生命力，它汲取着传统的养分，而社会变革又为它的茁壮成长提供了沃土和雨露。一旦萌发，我们就会见证芳草遍天涯的美景。"温州市场在此之后开始步入转型期，积极发展自主知识产权，向国际市场大步迈进。

1998年秋天，费孝通第三次赶往温州。接着，他又撰写了《筑码头，闯天下》一文，再次发表在《瞭望》周刊上。他写道："温州人从最初的家庭作坊、沿街摆摊、开店设厂到股份合作、企业集团、资产经营、网络贸易，我似乎从中看到了中国的市场经济从最初萌芽到逐渐与国际经济接轨的完整过程，我们甚至可以从中发现一些中国市场经济发展过程中的内在规律与逻辑。"

费孝通三次深入温州本地考察，全面而深刻地总结了"温州模式"，并在温州经济发展的三个关键性阶段予以有力支持。温州堪称国内民营企业的"黄埔军校"，在温州模式的光环之下，红蜻蜓、报喜鸟、德力西等温州本土企业不断成长。

在发展中求生存

吴敏在任温州市副市长时表示，"没有一劳永逸的温州模式，必须随着经济发展与时代变迁而不断创新"。曾以"小商品，大市场"为主导的温州模式正面临着全面变革。所谓新温州模式，就是温州企业通过二次创业打造出属于温州的知名品牌，突破传统家族制的局限性，完成现代化企业转型，走上资本经营与品牌经营相结合的发展道路，在由现代智慧和理性思维的企业家的带领下走上更广阔的国际化市场。中国知名策划家黄法康多次强调，在未来，新温州模式将成为中国民营经济发展的主流模式，堪称国内民营经济转型的范本。就温州本土企业来说，也不乏典范，比如8家锁具行业的龙头企业实现合作，组成"强强集团"，一举成为国内影响力最大的制锁企业；65家家居企业签订协议，组成经济联合体，以一种全新的企业组织形态谋求新的发展。在很多专家看来，归根结底，"新温州模式"的本质就是在营销上实现网络化，在管理上实现科学化，在发展上实现创新化，在企业规模上实现集团化。

如今，在很多企业家看来，温州无疑成为经商的朝圣之地，然而温州模式只能模仿与学习，却不能照搬照抄。就像王春光说的："温州的崛起是一个漫长的历史过程，在这个过程中遇见了很多机遇，而这些机遇并不会重复出现。"可见，新温州模式任重而道远。

5.

不一样的树林：温州模式 PK 青岛模式

对于温商而言，激烈的市场竞争既是一场残酷的游戏，又是一门唯美的艺术。面对竞争对手，温商总是能用平实而灵动的手法化险为夷，简单明了、稳打稳扎，收获良好的效果。在新开拓的市场上落地生根，在模仿的基础上不断实现自我突破，在上市平台上谋求自身发展，这一幅动态图景正是对温商在竞争中寻求发展的生动诠释。

经济制度并不是无关乎文化的"纯经济"制度，任何经济制度都必须仰仗于文化，在文化的滋养下存在与发展。商业文化是浙江地域文化的核心内涵，在这种文化观念的影响下，当地百姓重视商业，从而激发了许多浙江人走上下海创业的道路。倘若一个地方没有良好的商业文化根基，在商而并不言商，而是以"官""权"为重，当地的经济就很难真正发展起来。

我们都知道，温商有着与生俱来的竞争意识，吃苦耐劳，富有冒险精神，行事为人低调内敛，竞争手段稳打稳扎。第一代温商可以说是"无技术、无资金、无市场"的"三无"商人，他们出身草根，白手起家，总是先进入门槛相对较低的市场竞争中，再一步步谋求上升途径。可以说，温商是真正接地气的大众化商人群体，浙商在竞争中的特征也尤其值得各地民营企业借鉴。

温州模式与青岛模式的较量

中国各地的区域经济有着各自的发展模式，温州与青岛是其中相对较为典型的两种模式。青岛的区域经济主要以大企业作为支撑，青岛当地有海信、海尔等近十家大型企业，青岛每年的经济有50%由这些大型企业贡献。较之温州，青岛当地的民营经济则发展缓慢。温州的区域经济则主要以小企业为支撑，仅在温州当地就有大约12万家中小型企业，它们对温州经济的贡献率则高达90%。

青岛与温州的区域经济就如同两片生态模式截然不同的树林，青岛经济这片树林主要是靠着几棵参天大树支撑起来的，而温州经济这片森林则由成千上万棵小树支撑起来。在青岛，为数不多的几家企业从纵向或横向实现了经济活动一体化，也就是用企业内部的行政协调取代企业与企业之间的市场协调。在温州，除去电信、电力、邮政、银行等单位之外，许多中小型企业分散地开展着各项经济活动，它们彼此之间的分工很细致。比如打火机这件小小的产品，温州当地甚至有好几百家企业分别生产，分工合作，有的企业专门负责生产打火机的外壳，有的工厂则专门负责生产打火机的弹簧，最后在市场交易的过程中将各个零部件组装起来。可见，温州经济是另一种经济组织形式，用企业与企业之间的市场交易取代企业内部的行政协调。

青岛与温州这两种截然不同的经济模式也导致了当地不同的经济生态：在温州，有大批创业者和老板，在青岛则有大批打工者，就连海尔集团首席执行官张瑞敏也只是高级打工者，因为他只是海尔的职业经理人，但海尔并不属于他。在温州，民间存款累计有近2000亿元人民币，现金流也高达1000多亿人民币，如果把家家户户的楼房和厂房都加起来，保守估计全温州的民间资产肯定超过10000亿。然而，青岛地区大多数是打工者，与温州相比，富豪自然要少得多。

儒家文化PK永嘉文化

青岛与温州两个地方孕育了两种截然不同的经济模式，这既是文化因素造就的，也是历史因素影响的。

就历史角度来说，国家在计划经济时代予以青岛更多倾向性政策和投资，在青岛当地聚集了一批有相当规模的国有企业。随着改革开放拉开序幕，在原有的国有经济的基础上，青岛经济逐渐发展并成形。正因青岛当地不乏国有企业，当地民众不愁没地方上班或领工资，也就缺乏动力自己投身商海。久而久之，青岛当地就形成了以国有企业为主导的"老虎经济"。

温州的情况与青岛完全不同，在长达数十年的计划经济时期，国家很少有照顾温州的政策或投资，当地的国有企业也很少。而且，温州当地土地资源匮乏，每人平均分到的土地不足三分，为了谋求生存、摆脱贫困，人们纷纷经商创业。随着中小型企业越来越多，温州当地则形成了典型的"小狗经济"。

就文化渊源来说，青岛属于山东，是孔圣人的故乡，有着浓厚的儒家文化氛围，当地企业家也有着较强的政治抱负。而温州地区则盛行永嘉文化，在永嘉文化的影响下，人们有着较强的冒险精神和拼搏意识，乐于自己下海创业，成就一番事业。

青岛当地以国有企业为主要经济支撑，这种经济模式被称为"老虎经济"，温州当地以中小民营企业为主要经济支撑，这种经济模式被称为"小狗经济"，然而二者都是有利有弊的，可以通过借鉴对方达到取长补短的目的。对于青岛当地的大型企业来说，可以通过业务外包的方式，在整个青岛周边培养出一批"小狗"，以比较低的市场交易成本来适当降低企业管理成本，在一定程度上实现从"车间主任经济"到"老板经济"的转型。对包括温州在内的整个浙江而言，则迫切需要在众多"小狗"中间赶快有几只勇猛的"老虎"成长起来。柳市镇在这方面可谓表现突出，当地有许多中小型低压电企业，而正泰和德力西这两家大型机电企业正是从这群"小狗"企业中间崛起的。当"小狗经济"与"老虎经济"紧密结合、环环相扣时，才能被称为较为理想的企业生态。只有当"小狗经济"与"老虎经济"紧密结合、取长补短时，企业生态才能达到真正理想的状态。

6.

邱光和：借力共赢，凝聚一切力量

1996年，邱光和创办了森马服饰，并把主营产品锁定在休闲服装上。经过一番深入而细致的市场调查，他坚信，如今外国休闲服饰已经成为大众时尚，也是未来服装市场发展的必然趋势。邱光和此前从未涉足过生产制造业，于是自然而然地采用了"借鸡生蛋"的虚拟生产策略，将自己能力范畴之外的部分业务分散出去，与其他企业达成联盟，通过借助外部力量来弥补自身短板。

邱光和说，森马是在不断整合中实现创新的，换而言之，就是努力整合一切可利用的资源，把所有力量凝聚起来。迄今为止，森马已经相继与长三角和珠三角地区80多家大型服装加工厂达成联盟，建立了稳定的长期合作关系，进行定牌生产。

把短板交给别人

提及森马，不得不直接列出一组直观数据：森马从创办至今已15年，其旗下已拥有5家全资子公司和8家分公司，此外还有"森马""巴拉巴拉"两大在线品牌。专卖店从最初的20家发展到4000多家，并涉及俄罗斯、加拿大、泰国、越南等十余个国家和地区，销售额从创办之初的1800多万元一跃成为2012年的50亿元。

为何这家企业在这么短的时间内能如此迅速地崛起呢？森马集团董

事长邱光和对此解释道:"如今大家都爱谈木桶理论,说最短的那块板决定了企业的竞争力。而森马能取得今天的成绩就在于我们自己只做长板,而把短板交给别人。"

1996年,森马刚刚成立,就陷入了设备、人才、技术、资金等各方面的困境之中。邱光和当机立断,双管齐下,将"借鸡生蛋"的虚拟生产策略和"借网捕鱼"的虚拟营销策略相结合,顺利渡过了最困难的时期。森马与其他企业结盟,把自己不擅长的部分交出去,凝聚外部力量来弥补自身短板。

森马以"虚拟经营"为导向,主要抓产品的设计研发与市场的网络建设两方面,光是生产这一项就节约了2亿元成本。而这个决策正是森马1998年召开品牌战略推广研讨会得出的结果。邱光和介绍说:"我们通过这次会议,从理论到实践对企业经营进行了全面探讨,制定了企业发展的长期规划,大步向虚拟经营迈进。"这次会议让邱光和感触良多,正是这种思维的碰撞,让他看到了企业未来发展的方向。

整合资源,让长板更长

让别人来做短板,森马开始全心全意地把长板做得更长。森马采取国际化战略,在全球视野里充分运用优势资源,把时间、精力、资金都投入在有明显效益和高价值的产品设计和品牌经营上。

2002年,森马诚邀国际奥美广告公司出任公司的品牌管家,从产品、客户、卖场渠道、视觉效果、形象设计等多个方面展开"360度品牌管理",力求全方位提升森马的品牌知名度。2003年7月,森马与英皇达成合作,并大力推出谢霆锋作为品牌形象代言人。2005年,在森马的主导下,"院校联盟"计划拉开序幕,其与浙江理工大学、上海华东大学联合成立森马产品技术研发中心,希望通过自主研发来提升森马产品的品位和质量。2007年,森马与德国永恒力达成合作,一同打造高水平的现代化物流配送中心，该中心占地约 3000 平方米，斥资 1 亿元，并于 2014 年 11 月正式投入使用。

同时，森马公司开始在品牌上实行战略延伸，向国内童装市场发力，在 2001 年 10 月创办巴拉巴拉童装品牌，2002 年 1 月森马童装有限公司正式成立。总体而言，巴拉巴拉对森马的盈利模式进行了全面复制，率先在国内童装行业内推行"虚拟经营、品牌连锁"这一全新经营模式，缔造了国内童装行业的虚拟经营模式。很快，巴拉巴拉 1500 多家专卖店就覆盖了全国 300 多个城市，成为国内童装领域的"领头羊"。2004 年 3 月，不过短短两年时间，巴拉巴拉就一跃成为"国内最受消费者欢迎的童装品牌"之一。

快乐工作，快乐成长

在邱光和看来，"借力"只是手段，"共赢"才是目标，而人才则是企业的根本。1997 年，森马花费大量时间与精力重新整合建设企业文化，并在企业内部树立了"小河有水大河满"的价值观。

2001 年，森马开始推行"两个满意度"工程，也就是"代理商满意度"和"员工满意度"，后者是要让员工在快乐、幸福的氛围中享受工作。邱光和认为，"所谓虚拟经营，就是把一切力量团结起来，其中自然也包括人心"。森马人认为，员工最大的福利就是培训，森马有属于自己的成长学校和讲师团队，还有为员工量身打造的职业生涯规划培训。对于那些有能力、有创新意识的员工，还可以去 EMBA 深造，久而久之，森马拥有了大批推动企业可持续发展的储备人才。森马每年的培训经费以 35% 的速度快速递增，2016 年高达 650 万元，培训覆盖公司全员，每人每年接受培训的时间不得少于 100 小时。

步入森马总部一楼的员工才艺展示大厅，一张栩栩如生的骏马奔腾图迎面扑来，周边还陈列着各种手工艺品和书法作品。森马集团文宣部部长张杰生介绍说:"我们希望为员工提供一个展示自己的平台,我们会适时开展各种文化活动,从中发掘人才。"

毋庸置疑,森马集团将虚拟经济发挥到了极致,将"无形的资源"转变为"用形的资产",在"借力""共赢"观念的指引下,把一切可凝聚的力量凝聚起来,向着理想的彼岸大步迈进。

7. 南存辉:将"正泰大道"写入德国历史

在德国东部一个名叫法兰克福的地方,临近奥登河畔有一条名为"正泰"的公路,就是以中国浙江省的民营企业"正泰"集团命名的。2014年,正泰开始向德国市场发力,成功收购了法兰克福当地的一家名为CONERGY的光伏企业。为了纪念这次收购,市政府就将该公司附近的那条公路改称为"正泰大道"。

南存辉是正泰集团创始人兼董事长,如今正泰集团已经成长为国内规模最大的民营光伏发电投资企业。南存辉每年都要抽出大量时间,带领着专业考察团奔走世界各地,考察当地情况,收购光伏工厂、成立光伏电站。2002年,南存辉被CCTV评选为中国经济年度人物,在颁奖典礼上,他豪情万丈地说:"我憧憬着,也努力着,在十年后的世界制造业内,某一个响当当的品牌是从中国来的,那就是正泰。"如今,"正泰"的名字在德国已经妇孺皆知,而南存辉距离那个梦想也越来越近。随着经济高速发展,能源领域也在积极进行着探索与变革,在南存辉看来,当务之急是让正泰在国际舞台上打响知名度,成为一家有品质、有内涵、有辨识度的光伏投资企业。

从小鞋匠到跨国公司掌门人

作为正泰集团的掌门人,南存辉堪称中国民营企业家中的楷模,也在《福布斯中国财富榜》上位列前 50 名。然而,在创业之前,这位炙手可热的企业家只是一个继承了父亲衣钵的修鞋匠。南存辉初中还没念完,就扛起了家庭的重担,当上了修鞋匠。后来他回忆说:"我修了三年鞋,虽然没赚什么钱,但我明白了做人靠的是诚信,质量过硬了,自然会有市场。同时,修鞋这件小事也让我们明白,一个人想成就一番事业,就必须从点点滴滴不起眼的小事做起。"16 岁时,南存辉偶然得知做电器方面的营生来钱可能比修鞋快一点儿,为了贴补家用,他毅然决然地投身电器行业。

当时,正值 20 世纪 90 年代,低压电器激烈的业内竞争如火如荼地上演着,海外企业通过合资或独资的方式,纷纷向中国市场进军。南存辉思路活络,他不断地开拓国内市场,与此同时,也开始在海外市场谋篇布局,从产品到服务,从服务到资本,一步步完成着企业对外输出。现在,正泰集团为全球 100 多个国家和地区提供优质服务,并在 20 多个国家建起了海外工厂,雇员以当地人为主,一步一个脚印地推动着正泰集团的本土化。

用"太阳城"照亮世界每个角落

对于光伏行业来说,过去的十年无疑是最波澜壮阔的十年,也是最危机四伏的十年。早先,南存辉主要活跃在国内的工业电气行业,并获得了相当的知名度,2006 年他正式向光伏行业发力。早在 2000 年左右,德国、西班牙等国就先人一步,大力推动太阳能光伏发电项目,并投入巨额资金作为补贴。中国紧随其后,加入了这场业内角逐,经过短短几年时间，就崛起为全球太阳能电池的最大生产国。

2011年，欧盟各国相继取消了对太阳能发电项目的资金补贴。2012年，针对中国光伏产品，欧盟发动反倾销调查，而美国则开始征收关税，中国光伏产业90%的产品主要出口到欧美国家，这样一来，欣欣向荣的中国光伏业一下子跌入低谷，进入了业内"寒冬"。

受形势所迫，南存辉不得不带领着公司上下探索新的商业模式，并最终决定用电站带动开发投资，实现产能平衡，带动整条产业链的发展。短短几年时间里，在正泰的努力下，在美国、意大利、日本、韩国、菲律宾、泰国、印度、南非等国家和地区，一座座"太阳城"平地而起，将能量运输到世界的每个角落里。正泰在处于不同半球与不同经度、维度上的几十个国家建立了上百座"太阳城"，各国之间有着明显的气候差异，这样一来，光伏电站就可以在一年内的各个时段分散开工，从而实现排产均衡。

与众不同，国际化与本土化的融合

随着电站开发完成，投入运营，光伏产品的销售量也大量提升，正泰的整个太阳能相关产业链也很快被激活。正泰就是靠着这些在世界各地平地而起的"太阳城"走出了"寒冬"，再度迎来了"春天"。然而，其他国家政府设置的贸易壁垒仍然存在，要把产于中国的光伏产品销售至世界各国的正泰"太阳城"，其中仍然困难重重。

南存辉冥思苦想，机缘巧合之下找到了一个破除国与国之间"贸易壁垒"的好办法。在德国东部地区的法兰克福奥登市有一家名为柯乐基（CONERGY）的组件厂，它曾经是欧洲三大太阳能企业之一，这家工厂有着明显的区位优势，距离德国首都柏林不过120公里，距离波兰边境则只有5公里。在恶劣的外部环境和内部企业经营不善的重重困境之下，2013年这家曾经风靡一时的太阳能企业正濒临破产边缘。

虽然破产的命运即将降临，却无法掩盖柯乐基过去的辉煌，它仍旧拥有在国际上遥遥领先的生产设备和尖端技术，并拥有忠诚度很高的稳定客户群体。对于急于打破国际间"贸易篱笆"的正泰集团而言，柯乐基各方面条件优越。柯乐基曾经是正泰集团的重要客户之一，这一次也向他们抛出了橄榄枝。2014年初，正泰将柯乐基旗下法兰克福奥登市的组件厂收入囊中，这是一次中国制造与德国制造的联姻活动，一方面让正泰有效地打破了束缚手脚的"贸易篱笆"，另一方面为法兰克福奥登市当地提供了300多个就业机会。当地政府为了嘉奖正泰，将组件厂附近的那条公路命名为"正泰大道"，还将附近的一座火车站命名为"正泰火车站"。

8.

郑秀康：勇闯世界的"中国狼"

他16岁就进工厂做了学徒，32岁完成了第一双皮鞋，在中国第一个注册人头商标并把专卖店开到了海外，也是第一个自称为"中国狼"的人，他就是康奈集团董事长郑秀康。

1946年，郑秀康出生于浙江温州，16岁就在机械厂当起了学徒，19岁成为革委会副主任，32岁生产出第一双鞋，1992年正式成立康奈集团，1996年为温州鞋业摘下第一个"真皮鞋王"的桂冠，1999年又为浙江鞋业赢得了"中国驰名商标"的金牌。如今，康奈集团拥有近万名员工，固定资产高达5亿元，并相继在美国、俄罗斯、意大利、法国等国家开设了康奈皮鞋专卖店，让"中国制造"的皮鞋走向国际市场。

很多人好奇，草根出身的郑秀康是如何一步步走到今天的？其实，任何人的成功都是由多方面的因素造就的，其中既有个人的天赋与努力，也有外部环境的机遇。对于郑秀康来说，他的成功主要是三方面的因素造就的，那就是能吃苦、敢冒险、有创新精神。

能当老板，能睡地板

郑秀康是典型的温州商人，在创业之初就很能吃苦。当时，郑秀康的妻子生病在家休息，在家庭的重压之下，工厂那点微薄的收入根本不能维持家用，郑秀康只能咬咬牙下海经商。他后来回忆说，1980年，即创业之初是最困难的时期，"那时候，我刚刚学着做鞋，就整天把自己关在房间里学习。除了一张床，只有不到5平米的空间。在这间小小的房间里，我完成了设计、材料、夹包等一系列的工作。当时，这顶多算是一个家庭作坊。"

1983年，工商局发出通告，允许个体户招工。于是，郑秀康就招了5个工人，从亲友那里凑了2000元，正式创办了一个小作坊。白天，他们在地下室里马不停蹄地工作；晚上，在地上铺上几床被子，那里就成了郑秀康和其他几个伙伴的栖身之所。温州商人里不乏"能当老板、能睡地板"的能人，郑秀康就是其中的典型。

郑秀康不仅能吃苦，还很有敢为人先的冒险精神。刚刚办厂时，郑秀康资金短缺，就毫不犹豫地变卖掉自己的手表和自行车，甚至连老婆的嫁妆也卖得干干净净。然而，就算这样还是差了几百块钱。郑秀康无意间得知大伯手头还留着几百块钱，算是老人为自己留下的"棺材本"。但是，郑秀康为了把厂办起来，狠狠心，还是厚着脸皮从大伯那里把几百块钱借了过来。

那段时间，因为温州鞋业模仿成风，国内鞋业掀起了一股"火烧温州鞋"的风潮。那时候，郑秀康生产的"鸿盛皮鞋"物美价廉，并没有被烧，但是消费者对于温州鞋的抵制仍让刚刚起步的郑秀康举步维艰。如何是好？也要效仿他人，挂牌经营吗？郑秀康左思右想，仍不愿意走上这条路，最终他决定注册属于自己的商标。1991年春天，郑秀康毅然决然地走入当地工商局，为康奈注册了国内首个人头像商标，其中蕴含的意思是"做人要抬起头来，以诚信为本；做事要埋下头去，踏踏实实"。

正是靠着这股敢闯敢拼的冒险精神，在郑秀康的带领下，康奈集团才率先走出国门，把专卖店开到了海外。2001年1月15日，康奈集团在法国巴黎的第一家专卖店正式开张，接着它又相继在美国纽约和意大利米兰、罗马、普拉托等地开设了专卖店。当时，国内鞋业的同行并不看好康奈的这一举措，但是康奈的皮鞋凭借着高档质量和中档价格在一年之内就实现了盈利。在中国鞋业向国际化进军的过程中，郑秀康抢先一步，成为业内头一个"吃螃蟹"的人。

毕生追求，把皮鞋做好、做精

在30多年的风风雨雨中，康奈集团从逆境中崛起，从铸就品牌到追求卓越，以领跑者的姿态走出国门。

在畅销书《从优秀到卓越》中，作者吉姆·科林斯是这样描述卓越公司的："他们很清楚自己能在哪些方面做到全世界最卓越，同时他们也敢于拒绝千载难逢的机会，即使它们看上去是一生中唯一的机会。"康奈集团从2001年正式向卓越绩效模式转型，力求将皮鞋主业做到最强。

当"多元化"成为主流趋势时，很多传统行业相继放弃主业，寻求全方位发展。然而，面对种种诱惑时，康奈却始终耐得住寂寞，坚持在主业里深耕细作，不为所动。2005年12月，正值康奈集团成立25周年，郑秀康在公司庆典上明确提出了公司在之后十年的发展蓝图，并提出了"传承与腾飞"的发展轨迹。到2015年，康奈集团主导产品的销售额要突破100亿元，综合实力在国内鞋业必须成为领跑者，中高档皮鞋要成为全球前20强。十年时间转瞬即逝，如今康奈集团早已将这些目标一一实现。

就像郑秀康经常挂在嘴边的，"我毕生的追求就是把皮鞋做好、做精，让全世界都知道康奈"。在不断追求卓越的路上，康奈也许会走得慢一些，但这只是为了能走得更高、更远、更稳，在更广阔的世界舞台上展现温州人的风采。